Müller · Schlanke Führungsorganisationen

Dieses Buch wurde mit dem
Schmalenbach-Preis 1994
ausgezeichnet

Schlanke Führungsorganisationen

Die neuen Aufgaben des mittleren Managements

von

Uwe Renald Müller

WRS VERLAG WIRTSCHAFT, RECHT UND STEUERN

Die Deutsche Bibliothek – CIP-Einheitsaufnahme

Müller, Uwe Renald:
Schlanke Führungsorganisationen : die neuen Aufgaben des mittleren Managements / von Uwe Renald Müller. – Planegg :
WRS, Verl. Wirtschaft, Recht und Steuern, 1995
(WRS-Betriebs-Praxis)
ISBN 3-8092-1111-7

ISBN 3-8092-1111-7 Bestell-Nr. 01.92

Postanschrift: Postfach 13 63, 82142 Planegg
Hausanschrift: Fraunhoferstraße 5, 82152 Planegg
Telefon (0 89) 8 95 17-0, Telefax (0 89) 8 95 17-2 50
Lektorat: Dipl.-Kfm. Richard Kastl, Freiburg i. Br.

Satz: Satzstudio »Süd-West« GmbH, 82152 Planegg
Druck: Schoder Druck GmbH & Co. KG, 86368 Gersthofen

Zum Geleit

Der Verfasser wurde aufgrund der vorliegenden Arbeit im Oktober 1994 von der Schmalenbach-Stiftung gemeinsam mit einem weiteren Kandidaten mit dem 3. Schmalenbach-Preis ausgezeichnet. Die Schmalenbach-Stiftung hat das Ziel, hervorragende betriebswirtschaftliche Arbeiten zu fördern, die im Sinne Eugen Schmalenbachs sowohl von wissenschaftlichem als auch von praktischem Nutzen sind. Die Förderung erfolgt auf dem Wege der Preisverleihung für Arbeiten zu vorgegebenen Themenbereichen. Das Augenmerk engagierter Wissenschaftler und Praktiker soll durch den Preis auf Gebiete gelenkt werden, auf denen ein Mangel an systematischer Forschungsarbeit zu erkennen ist, d. h., es sollen vor allem neue Arbeiten zu den ausgeschriebenen Themen angeregt und nicht nur gute betriebswirtschaftliche Arbeiten im nachhinein ausgezeichnet werden.

Thema der 3. Ausschreibung des Schmalenbach-Preises – sie erfolgte im April 1992 – war „Neugestaltung der Führungsorganisation zur Stärkung der Wettbewerbsfähigkeit". Die Schmalenbach-Stiftung wählte dieses Thema, weil sich schon zur Zeit der Ausschreibung die Tatsache abzeichnete, daß die noch vorherrschenden Organisationsstrukturen in der Industrie wie auch im Dienstleistungsbereich aufgrund der Verschärfung der internationalen Wettbewerbsbedingungen sowie der beschleunigten technologischen Innovationen einer grundlegenden Veränderung bedürfen.

Um im Sinne der Ausschreibung sowohl den wissenschaftlichen Wert der Arbeiten als auch deren praktische Bedeutung beurteilen zu können, wurde eine Jury gebildet, die sich aus Wissenschaftlern und Praktikern zusammensetzt. Es sollte gewährleistet werden, daß die Auswahl unter ausgewogener Berücksichtigung dieser beiden Aspekte erfolgen würde.

Die Jury wurde aus drei maßgebenden Wissenschaftlern und vier erfahrenen Praktikern gebildet. Der wissenschaftlichen Seite gehörten neben dem Vorsitzenden, Prof. Dr. Erich Frese, Universität Köln, die Professoren Dr. Diether Gebert, TU Berlin, und Dr. Dr. Arnold Picot, Universität München, an. Für die praktische Seite hatten sich

Dipl.-Kfm. Paul Helmut Hay, Vorsitzender des Vorstandes der Mannesmannröhren-Werke, Dr. Kurt J. Lauk, Mitglied des Vorstandes der VEBA AG, Dr. Ernst F. Schröder, pers. haftender Gesellschafter der Dr. August Oetker Nahrungsmittel KG und Dipl.-Kfm. Bernd Wrede, Sprecher des Vorstandes der Hapag-Lloyd AG, zur Verfügung gestellt.

Die Arbeit von Uwe Renald Müller wurde durch die Ausschreibung des Schmalenbach-Preises 1994 initiiert und erfüllt damit in besonderem Maße den Zweck, den die Schmalenbach-Stiftung erreichen will. Der Verfasser entwickelt ein Konzept zur Anpassung an die verschärften Wettbewerbsbedingungen; es betrifft die Neugestaltung der internen Unternehmensstruktur, insbesondere die Organisationsstruktur und das Führungsverhalten. Hierbei greift er auf persönliche Führungserfahrungen – vor allem als Leiter eines internen Dienstleistungszentrums – zurück und formuliert übertragbare allgemeine Handlungsempfehlungen. Die Umsetzungsperspektive wird explizit einbezogen und konsequent bis auf die Ebene von konkreten Anweisungen und Check-Listen verfolgt. Die Arbeit verzichtet – ihrem Charakter als Erfahrungsanalyse entsprechend – weitgehend auf eine kritische Auseinandersetzung mit konzeptionellen und theoretischen Fundamenten; dennoch ist dem Verfasser insgesamt eine bemerkenswerte Mischung aus Praxisnähe und theoretischer Reflexion gelungen.

Besonders hervorzuheben ist die Tatsache, daß die Jury in diesem Jahr erstmals zwei Praktiker für die Auszeichnung ausgewählt hat, während es in früheren Fällen vorwiegend Arbeiten von Wissenschaftlern waren, die mit dem Preis bedacht worden sind. Für die Schmalenbach-Stiftung, deren Anliegen es ist, Praxis und Wissenschaft zusammenzuführen, ist das ein sehr schönes Ergebnis.

Wir wünschen dieser Schrift, daß sie ihr Ziel, der Praxis zu nutzen, erreicht. Nicht weniger hoffen wir jedoch, daß die in ihr aufgezeigten Ansätze die Wissenschaft zu weiterführenden Untersuchungen anregen. Wenn dies gelingt, hat die Vergabe des Schmalenbach-Preises ihr Ziel erreicht.

Dr. Dr. h.c. Marcus Bierich
– Vors. der Schmalenbach-Stiftung –

Prof. Dr. Erich Frese
– Vors. der Jury –

Vorwort

Bei den Kalinga, einem Volksstamm auf den Philippinen, werden die Entwicklung und der Reifegrad eines Menschen nicht – wie bei uns – nach Monaten oder Jahren gemessen. Die Kalinga identifizieren vielmehr zehn Stadien der Entwicklung von der Geburt bis zur Reife: „ist neugeboren“, „beginnt zu lächeln“, „krabbelt“, „kann sitzen“ usw. usw., bis die letzten Stufen erreicht sind. „kann Feuerholz aus dem Wald holen“ und schließlich „ist Gefährte, Begleiter“ – die endgültige Anerkennung als vollwertiger, erwachsener Mensch.

In meinem Beruf als Unternehmensberater lebt und arbeitet man meistens in einer mehr oder weniger stark wechselnden Rollenmischung von „Butler“, „Geburtshelfer“ und „Über-Vater“. Dann und wann, wenn man Pech hat, wird plötzlich auch zusätzlich verlangt, daß der Berater „Zauberer“ zu sein hat. Und nur in den seltenen Situationen großen Glücks ist es dem Unternehmensberater erlaubt, die höchste Entwicklungsstufe der Kalinga zu erreichen: er wird „Gefährte“, als „Begleiter“ von denjenigen angenommen, die er berät.

Uwe Müller, den Verfasser dieses Buches, durfte ich mehr als zehn Jahre lang auf seinem langen, abwechslungsreichen Weg beruflicher Herausforderungen und vor allem beruflicher Erfolge begleiten – bis hin zum vorliegenden Buch. In dieser Begleitung spiegelt sich eine Qualität von Beratungstätigkeit – oder von *Coaching*, wie Herr Müller es richtigerweise in diesem Buch nennt –, die auch für einen managementerfahrenen Coach deshalb nur selten zu erreichen ist, weil die Klienten sich der damit verbundenen Intensität der Beratung, des „Begleitet-Werdens“ nur selten stellen mögen – oder weil sie vielfach die damit verbundenen Kosten scheuen.

Dabei ist die „Begleitung“ eines Kunden nichts anderes als die logische Erweiterung des Standard-Beratungsportfolios von Management-Trainings, Seminaren, Workshops, dem Moderieren von Problemlösungs- oder Kreativitätsgruppen etc. um eine weitere wichtige Komponente bis hin zu einem ganzheitlichen Betreuungsansatz mit dem Ziel, durch *Veränderungsmanagement* dem heutzutage meist rasanten Wandlungsbedarf eines Unternehmens (Kundens) zu entsprechen. Begleitung bedeutet Präsenz beim Kunden über längere Zeiträume. Bedeutet intime Kenntnis der Probleme des Kunden. Bedeutet auch individuelles Coaching von einzelnen Führungskräften im Sinne einer Sparrings-Partnerschaft in Diskussionen, Entscheidungen und Problemlösungsprozessen aller Art. Und bedeutet letztendlich gegenseitiges Vertrauen.

Damit ist zugleich mein persönliches Verhältnis zu dem Verfasser dieses Buches charakterisiert. Ich bin stolz darauf, daß Uwe Müller bekennt, ohne die aktive Begleitung von mir und meinen Kollegen das Abenteuer dieses Buches nie unternommen zu haben. Ohne das Schreiben dieses Buches, ohne die dadurch entstandenen intensiven parallel laufenden Diskussions- und Abstimmungssprozesse hätten viele konstruktive Wandlungs- und Neuschöpfungsanstöße im Unternehmen des Verfassers niemals stattgefunden. Dabei ist es wichtig, hier ganz deutlich herauszustellen, daß Coaching und Begleitung nicht bedeuten, daß der oder die Berater direkte inhaltliche Verantwortung für das Ergebnis übernehmen. Es ist erklärte Beratungspolitik – jedenfalls bei meinen Kollegen und mir – dem Kunden nicht Lösungen, nicht in erster Linie Antworten zu liefern, sondern ihm vielmehr wieder und wieder die richtigen Fragen zu stellen. Und allenfalls den Mut zu haben, selbstgefundene Antworten des Kunden kritisch zu hinterfragen oder ihnen im Extremfall begründet zu widersprechen.

So ist es selbstverständlich, daß im vorliegenden Buch hier und da von dem Verfasser auch Standpunkte, Thesen und Formulierungen vertreten werden, mit denen meine Kollegen und ich mich nicht notwendigerweise identifizieren. Standpunkte, Thesen, Formulierungen zu lebenswichtigen Problemstellungen im Arbeitsalltag des Unternehmens, in dem Uwe Müller eine Führungsposition innehat. Es ist beeindruckend, welche deutliche, ja mutige Sprache er in diesem Buch benutzt, um dem Leser ehrlich zu berichten und ihm genauso offen seine z. T. sehr unkonventionellen wie zugleich pragmatischen Ratschläge zu erteilen. Er spricht von der Notwendigkeit des Leidensdrucks als Voraussetzung für die Bereitschaft zu Veränderungen bei Mitarbeitern und Führungskräften genauso nüchtern und ungeschminkt, wie er seine Ideen zur Schaffung einer Zusammenarbeitskultur im Unternehmen durch Beziehungsgeflechte, virtuelle Organisationsformen und andere Mittel anschaulich und eindrucksvoll darlegt. Seine Darstellung und sein Stil sind pragmatisch, Wiederholungen sind gewollt: man spürt seine Begeisterung und sein

Engagement, mit dem er dem Leser, der ratsuchenden Führungskraft im Arbeitsalltag Wichtiges vermitteln möchte: Einsicht, Erkenntnis, Verstehen, Hilfe – als Hilfe zu Selbsthilfe. Es geht ihm – und darin ist er sich mit der Coverdale-Beratungsphilosophie einig – weniger um rasche, handfeste Ergebnisse als vielmehr um das Ingangsetzen von Prozessen. Ich wünsche ihm und seinen Lesern, daß ihm das mit diesem Buch gelingen möge.

Dr. Jan Bodo Sperling

Inhaltsverzeichnis

Verzeichnis der Vorschlagslisten

Hinweise zur Struktur und zum Gebrauch des Buches

Im ersten Teil schildere ich die eigenen Erlebnisse als Führungskraft. Im zweiten Teil befasse ich mich mit den aus dem eigenen Erleben gewonnenen Erkenntnissen und versuche, diese in einen größeren Zusammenhang zu stellen. Im dritten Teil, der als Anhang zu sehen ist, möchte ich erprobte Hilfestellungen für die tägliche Führungspraxis geben. In jedem Kapitel finden sich konkrete Vorschläge für den Führungsalltag. Die Fußnoten verweisen auf ergänzende Literatur, bringen Zitate, Fakten, persönliche Interpretationen oder weitere Praxisbeispiele. Die durch Kursivschrift hervorgehobenen Randbemerkungen heben mir besonders wichtig erscheinende Erfahrungen hervor.

Wer ein Buch schreibt, verfolgt immer auch ein Ziel damit. Wozu habe ich also dieses Buch geschrieben, welche „Botschaften" möchte ich übermitteln?

Zunächst wendet sich das Buch an die Führungskräfte der mittleren Ebenen. Nach der in diesem Buch gebrauchten Definition werden darunter all diejenigen Führungskräfte verstanden, die zwischen der Mitarbeiterebene und der Top-Managementebene angesiedelt sind. Es sind ja gerade die Bereichs-, Hauptabteilungs,- Abteilungs- und Gruppenleiter, welche die maßgebliche Verantwortung für notwendige Wandlungsprozesse in unseren Unternehmen tragen. Es soll eine Aufforderung an sie sein, auch dann Änderungen herbeizuführen, wenn sich das Unternehmen noch nicht auf den Weg zu einer (neuen) Führungskultur begeben hat. Wer den Mut dazu hat, wird feststellen: Es lohnt sich!

Für diejenigen Führungskräfte, die zum ersten Mal mit einer Führungsaufgabe konfrontiert sind oder noch am Anfang ihrer Karriere stehen, wird das Buch eine Orientierungshilfe bieten und ihnen Hinweise auf erfolgversprechende Maßnahmen geben. Auch wenn sie vielleicht danach vieles ganz anders machen werden, wäre ein Ziel des Buches dennoch erreicht: Führungskräfte müssen sich aktiv mit Führungsfragen auseinandersetzen!

Auch für die Manager der obersten Führungsebenen liefert das Buch einige nützliche Informationen, indem es eine zeitgemäße Situationsbeschreibung des mittleren Managements liefert. Viele unserer Top-Manager sind (viel zu) weit weg von den spezifischen Problemen der operativen Ebenen. Das mittlere Management dagegen ist genau im Spannungsfeld dazwischen angesiedelt („Warum tut ihr da unten nicht, was wir euch gesagt haben?“ und „Warum steuern die da oben uns nicht richtig?“). Die mittlere Führungsebene muß Mittler und Ausgleicher zwischen den strategischen Direktiven der obersten und den Tagesproblemen der untersten Ebenen sein – und droht dabei aufgerieben zu werden. Vielleicht beantwortet dieses Buch die Frage mancher Top-Manager, wieso ihre Entscheidungen und Anweisungen so häufig nicht erfolgreich umgesetzt werden (können!).

Wenn man vorhat, eine Führungskultur zu schaffen oder zu ändern, kommt es weniger darauf an, mit welchen Maßnahmen begonnen wird, als darauf, daß man den Prozeß initiiert und seine Kontinuität erhält. Gerade auf dem Gebiet der Führung sind selten Einzelmaßnahmen wirksam. Führungserfolg zu haben heißt, ständig auf vielen Ebenen etwas dafür zu tun.

Zur Unterstützung eines raschen Einstiegs und um einen themenorientierten Gebrauch zu ermöglichen, dient die graphische Darstellung der Kapitelstruktur, die auf der nächsten Seite folgt. Abgesehen von den beiden Kapiteln des ersten Teils braucht keine strenge Lesesequenz eingehalten zu werden.

Übersicht über die Kapitelstruktur

1. Teil: Erlebtes und Erkenntnisse

Einleitung

1. Kapitel
Mein Weg zu einer neuen Führungsorganisation

2. Kapitel
Gemeinsame Werte und Normen - Grundstock für Führungserfolg

2. Teil: Organisation - Die wichtigsten Aspekte

1. Kapitel
Stabsstellen versus Fachstellen - eine Analyse

2. Kapitel
Ein erfolgversprechendes Organisationsmodell

3. Kapitel
Führung und Führungskultur - Zweck u. Ziel sind bestimmend

4. Kapitel
Die Führungskraft - Aufgaben und Verhalten

5. Kapitel
Informationsverarbeitung (IV) - Mythos oder Führungshilfe?

3. Teil: Hilfestellungen für die tägliche Führungspraxis

1. Kapitel
Ratgeber und Leitsätze

2. Kapitel
Metaphern - eine bildhafte Sprache für Führungsgespräche

3. Kapitel
Die Führungskultur eines internen Dienstleistungsbereichs - ein Vorschlag

Einleitung

Als ich vor einigen Jahren die Führung eines Datenverarbeitungsbereichs übernahm, sah ich eine Chance, meine Vorstellungen von Führung in Industrieunternehmen zu verwirklichen. Autoritäres Verhalten, einsame Entscheidungen, Filtern von Informationen, Gängeln und Manipulation sollten endlich der Vergangenheit angehören.

Partizipativ und kooperativ sollte es zugehen, primus inter pares wollte ich sein, Fehler tolerieren, Freiräume gewähren, Hierarchiedenken abbauen, „dynamische" Abläufe[1] zulassen und eine strukturarme, vorwiegend „virtuelle" Organisation[2] schaffen.

Mein Ziel war, eine völlig neue Zusammenarbeitskultur in meinem Verantwortungsbereich zu entwickeln. Diese sollte die Basis sein für eine bisher in industriellen Großunternehmen selten erreichte Effektivität und Effizienz.

Aber die Realität sah zunächst ganz anders aus: Ängste, Unsicherheiten, Egoismus, Machtdenken, Beharrungsvermögen, Verwaltermentalität, Absicherungsverhalten, mangelnde Bereitschaft zur Übernahme von Verantwortung, Passivität, Skepsis und Desinteresse bis hin zur offenen Auflehnung begleiteten den Weg. Dazu kamen meine eigenen Fehler, wurden persönliche Vorurteile und Schwächen sichtbar, die immer wieder Anlaß für Probleme lieferten.

---

1 Unter dem Begriff „dynamische Abläufe" wird im Rahmen dieses Buches eine a priori nicht determinierbare Vorgangskette verstanden. Die Folge der Vorgangsbearbeitung liegt dabei allenfalls in einer groben Struktur fest. Der im Einzelfall stattfindende Ablauf wird im wesentlichen durch aktuell vorliegende Ereignisse und Fakten bestimmt. Diese Auffassung einer Vorgangskette als eine unscharfe und bis zu einem gewissen Grad auch unbestimmbare Folge beruht auf der Beobachtung, daß im betrieblichen Umfeld vorkommende Abläufe – anders als meist unterstellt – nur temporär beschreibbar und gültig sind. Vgl. Teil 2: Organisation.

2 Eine mehr oder weniger „virtuelle Organisation" im Sinne des Buches wird charakterisiert durch Beziehungsgeflechte, temporäre Organisationselemente und durch das weitgehende Fehlen von hierarchischen Strukturen. Virtuelle Organisationen sind eine der Voraussetzungen für dynamische Abläufe. Das einfachste Beispiel einer virtuellen Organisation ist das virtuelle Team, auch Projektgruppe oder Spezialistenteam genannt. Vgl. Teil 2: Organisation.

Einige meiner Ziele mußte ich aufgeben oder anpassen, aber im nachhinein betrachtet war das Ergebnis schließlich so positiv, daß es sich lohnt, darüber zu berichten. Dieses Buch schildert die Ziele, den Weg, die aufgetretenen Schwierigkeiten und das schließlich erreichte Ergebnis. Auch werde ich versuchen, allgemeingültige Erkenntnisse und Regeln aus dem Erlebten und Erfahrenen abzuleiten, um die Frage zu beantworten: „Wie verhalte ich mich als Führungskraft, und was muß ich tun, um für meine Mitarbeiter und Kollegen eine Arbeitsumgebung – eine Zusammenarbeitskultur – zu schaffen und zu pflegen, die erfolgreiches Arbeiten ermöglicht?“

Um eine für mich besonders wichtige Erfahrung gleich zu Anfang auf den Punkt zu bringen: „Man führt andere immer nur durch das eigene Beispiel“.

Dieses Buch versucht Anregungen und konkrete Vorschläge für den Aufbau einer erfolgreichen Führungskultur zu machen. Es soll eine Hilfe für die Praktiker in den Unternehmen sein, die tagtäglich mit den vielen Facetten einer Führungsaufgabe konfrontiert sind. Es versucht zu zeigen, daß der Schlüssel für die heute zum Überleben an unseren Standorten dringend notwendigen Produktivitätssteigerungen zuallererst in der Fähigkeit der Menschen zur Zusammenarbeit liegt – und damit in jedem einzelnen Menschen selbst.

Was sind die Voraussetzungen für erfolgreiches Führen? Wie muß sich eine Führungskraft verhalten, welche Maßnahmen muß sie ergreifen, um erfolgreich zu sein? Welche Fähigkeiten und Fertigkeiten braucht sie? Kann man gute Führung lernen? Und schließlich: Was ist gute Führung?

In der Theorie ist sicherlich alles klar. Es gibt eine nahezu unüberschaubare Vielfalt an Grundlagenseminaren, ergänzenden Spezialtrainings, Büchern und Zeitschriften, Unternehmensberatungen und Trainern, die sich mit dem Thema befassen.

Die Menge und Vielfalt des Angebots machen deutlich, daß es einen erheblichen Bedarf gibt. Und das ist nicht verwunderlich. Denn als Führungskraft im Industrieunternehmen, fachlich zwar exzellent geschult, hat man kaum je einmal eine geschlossene Ausbildung zum Thema Führung erhalten. Freilich haben die meisten Führungskräfte eine Reihe von Führungsseminaren besucht und lesen regelmäßig einschlägige Literatur. Doch die eigentliche Führungsqualifikation wurde in langjähriger mühevoller Praxis erworben – nach der Methode Versuch und Irrtum.

Es ist daher nicht verwunderlich, daß gerade bei der Mitarbeiterführung schwerwiegende Fehler gemacht werden. Miserables Arbeitsklima, innere Kündigung, mangelhafte Effizienz, unnötig hohe Personalkapazität und unbefriedigende Arbeitsergebnisse sind sichere Kennzeichen für schlechte Führung. Oder, anders ausgedrückt, zu lange Durchlaufzeiten, mangelnde Flexibilität, unzufriedene Kunden, sinkende Renditen und die Gefährdung der Unternehmenszukunft sind die zwangsläufigen Folgen von mangelnder Führungsqualifikation. Es ist daher für jede Führungskraft unumgänglich, sich aktiv ihrer Führungsaufgaben zu stellen: Denn eine deutlich geringere Personalkapazität, ungewöhnliche Flexibilität, verblüffend kurze Reaktionszeiten und konkurrenzfähige Kostenstrukturen sind das Ergebnis erfolgreichen Führens. Es lohnt sich daher, etwas dafür zu tun.

Siehe Teil 2, Kapitel 4: Die Führungskraft – Aufgaben und Verhalten

Gute Führung kann man nicht so einfach lernen wie die Bedienung einer Maschine. Aber man kann lernen, die Voraussetzungen für eine Führungskultur zu schaffen, die Fehler toleriert, den Menschen in den Mittelpunkt rückt und seine Motivation nicht untergräbt. Der wichtigsten Ressource in unseren Betrieben wird selten einmal die angemessene Aufmerksamkeit gewidmet. Dabei ist es doch vor allem der Mensch, und nicht so sehr die Technik, der über den langfristigen Erfolg oder Mißerfolg eines Unternehmens entscheidet. Von seinen Fähigkeiten, insbesondere von seiner Fähigkeit Solidargemeinschaften zu bilden, hängt es ab, ob das Unternehmen im Wettbewerb um die Marktanteile bestehen kann.

Der Erfolg der japanischen Industrie[1] ist nicht zuletzt darauf zurückzuführen, daß in japanischen Firmen eine andere Art der Zusam-

1 Was die Unterschiede Japans zu Deutschland oder anderen westlichen Kulturkreisen anbelangt gibt es umfangreiche Literatur. Ich möchte mich im Rahmen dieses Buches nicht näher damit befassen. Ich glaube auch nicht, daß es Sinn macht zu versuchen, die japanischen Unternehmenskulturen in irgendeiner Weise zu kopieren. Nicht nur, daß es vermutlich katastrophale Folgen hätte, sondern im Gegenteil, wir brauchen es nicht. Die traditionellen Stärken unseres Kulturkreises, wie z. B. Kreativität, Individualität, Flexibilität und daraus resultierende Eigen-

menarbeit praktiziert wird. Das in der japanischen Gesellschaft geltende Gruppenprinzip, also das Zurücktreten des einzelnen zugunsten der Gruppe, findet sich naturgemäß auch als Element ihrer Unternehmenskulturen wieder. Bedingt dadurch dauern Entscheidungsprozesse für unsere Verhältnisse scheinbar unnötig lange. In Wirklichkeit finden dabei jedoch die für den späteren Erfolg maßgeblichen Abstimmungsprozesse statt. Denn das Ergebnis ist Konsens zwischen allen beteiligten Mitarbeitern bezüglich des zu erreichenden Zieles und der hierfür erforderlichen Maßnahmen. Ein weiteres wichtiges Element japanischer Unternehmenskultur ist der Grundsatz der ständigen Verbesserungen (Kaizen) – ein Prinzip, das ebenfalls bereits normativ in der japanischen Gesellschaft angelegt ist. Nun sind das Konsensprinzip und das Prinzip der ständigen Verbesserungen auch bei uns nichts Unbekanntes. Sie werden seit langem von verschiedenen Managementtheorien vertreten. Aber der grundlegende Vorteil der japanischen Unternehmen ist darin zu sehen, daß das Sozialverhalten ihrer Mitarbeiter bereits gesellschaftlich verankert ist. Die für eine erfolgreiche Zusammenarbeit erforderlichen Verhaltensweisen der Menschen sind also verinnerlicht, während die individualistischer orientierten Menschen unseres Kulturkreises dies anscheinend erst mühsam lernen müssen.

Siehe Teil 2, Kapitel 3: Führung und Führungskultur – Zweck und Ziel sind bestimmend

Eine Unternehmenskultur steht immer im Kontext zur Gesellschaftskultur, und damit kann das Verhalten der Menschen innerhalb von Unternehmen auch nur ein Abbild der Normen und Werte der sie umgebenden Gesellschaft sein. Dies zeigt sich im Kulturvergleich mit Japan noch in einem weiteren, soziologisch auch durch das Gruppenprinzip begründeten Unterschied, der für die

---

schaften wie Forscherdrang und Risikofreude, sind völlig ausreichend, um im internationalen Wettbewerb zu bestehen. Wir müssen sie nur (wieder) konsequent einsetzen.
Ergänzende Literatur:
Meier, B. (1992)
Seitz, K. (1991)
Cusumano, M. A. (1991)
Porter, M. E. (1990) S. 704 ff.
Womack J. P.; Jones, D. T.; Roos, D. (1989)
James, B. G. (1990)

Führungspraxis wichtige Bedeutung hat. Während die japanische Gesellschaft zur Konformität neigt, tendieren westliche Gesellschaften zu einer individualistischen Grundhaltung. Dies mag an sich noch keinen Nachteil darstellen, führt jedoch bei überzogener Ausprägung zu egoistischerem und rücksichtsloserem Verhalten. Und leider haben wir es heute immer häufiger mit Vorgesetzten und Mitarbeitern zu tun, die ihr Recht auf Selbstbestimmung auch dann noch anwenden, wenn sie bereits die Rechte anderer verletzen[1].

Nun kann man sich aber Industrieunternehmen als zweckorientierte Solidargemeinschaften vorstellen, deren wichtigstes Bestreben es ist, dauerhaft erfolgreich am Markt zu sein. Die Teilnahme an dieser Gemeinschaft ist prinzipiell freiwilliger Natur, sieht man einmal von der Tatsache ab, daß Arbeit in den meisten Fällen notwendige Voraussetzung für die Sicherung der persönlichen Existenz ist und somit durchaus auch als Zwang gesehen werden kann. Immerhin ist aber die Wahl des Arbeitsortes und -platzes eine weitgehend freie Willensentscheidung, und somit kann von allen Mitgliedern einer betrieblichen Zweckgemeinschaft Loyalität bezüglich den Unternehmenszielen erwartet werden.

Siehe Teil 1, Kapitel 2: Gemeinsame Werte und Normen – Grundstock für Führungserfolg

Für das Zusammenarbeiten im Unternehmen müssen klare, von allen akzeptierbare Grundwerte für die Zusammenarbeit definiert und miteinander vereinbart werden. Aspekte wie *Solidarität, Gesamtnutzen vor Einzelnutzen* und *Gruppendienlichkeit* müssen im Unternehmen in den Vordergrund gerückt und bewußt gelebt werden. Sie stellen die ethische Basis für die Zusammenarbeitskultur dar. Dauerhafte und absichtliche Verstöße gegen diese Grundsätze schaden dem Unternehmen und allen seinen Mitarbeitern und müssen im Extremfall den Ausschluß aus der Gemeinschaft zur Folge haben.

---

[1] Ergänzend hierzu Dönhoff, M. u. a. (1992) S. 12: *„Ein anderes beängstigendes Faktum, das verdrängt oder jedenfalls nicht zur Kenntnis genommen wird, ist der allgemeine Verhaltenswandel, der sich breitmacht: Von Gemeinwohl spricht keiner mehr – dafür soll gefälligst der Staat aufkommen. Der Bürger sorgt für sich selbst, die meisten denken an nichts anderes, als an ihr eigenes Wohlergehen. Die Ansprüche wachsen von Jahr zu Jahr."*

Siehe Teil 2, Kapitel 1: Organisation – die wichtigsten Aspekte

Außerhalb unserer Unternehmen reklamieren wir die freie und soziale Marktwirtschaft, intern jedoch haben sich ebenso unzeitgemäße wie störende planwirtschaftliche und unsoziale Verhaltensweisen fest verwurzelt. Die Einführung von marktwirtschaftlichen Prinzipien in den Unternehmen, ergänzt durch eine strenge Dienstleistungsorientierung, schafft den notwendigen existentiellen Leidensdruck, der allein Veränderungen zu bewirken vermag. Die starren Hierarchien, mit ihren umständlichen und langwierigen Entscheidungs- und Informationswegen, sind ganz wesentlich an der heutigen Misere vieler Unternehmen beteiligt. Ein Unternehmen muß aber um ein vielfach höheres Maß flexibel auf Markteinflüsse reagieren können, als sich dies durch simple Optimierung auf Basis seiner bisherigen Struktur machen läßt. Traditionelle Organisationselemente wie die Gruppe, die Abteilung oder der Unternehmensbereich werden künftig einen zunehmend temporären Charakter haben. Je schneller sich die Anforderungen an das Unternehmen ändern, desto dynamischer und unbeständiger wird die Organisationsstruktur sein müssen. Dies erfordert die Einführung von Strukturen, die eine kontinuierliche Adaption bereits als internes Wirkungsprinzip verankert haben, wo also Anpassungen der Organisation nicht mehr nur von oben nach unten, sondern weitgehend endogen ablaufen können.

An die Stelle starrer Hierarchien mit vertikalen und formalen Berichts-, Entscheidungs- und Befehlswegen treten neue, flexible Strukturen, die netzförmige Beziehungsgeflechte, virtuelle Strukturelemente und vorwiegend informelle Kommunikations-, Kooperations- und Konsensmechanismen aufweisen. Die auffallendsten äußeren Merkmale einer solchen Organisation sind ihre spärliche Hierarchie[1], eine teilweise eingeschränkte Determinierbarkeit (oder auch Unschärfe) ihrer Abläufe, die geringe Beständigkeit ihrer Strukturelemente und die scheinbare Absenz von Ordnung. Alles Eigenschaften, die auf den ersten Blick einen Eindruck von Chaos vermitteln und damit auf viele hierarchisch orientierte Führungskräfte schockierend wirken können. Für diese kann die künftige Kultur leicht eine existentielle Krise bedeuten, dann nämlich, wenn sie nicht in der Lage sind, die damit verbundenen neuen Verhaltensweisen zu internalisieren.

---

[1] Vgl. Teil 2, Kapitel 2: Spärliche Hierarchien.

Unsere Gratifikationssysteme dürfen künftig als Maßgröße für die Höhe des Gehalts nicht mehr die Anzahl der unterstellten Mitarbeiter ansetzen, sondern müssen Fertigkeiten wie Änderungsfreude und Anpassungsfähigkeit der Führungskräfte und die Schnelligkeit der Umsetzung neuer Anforderungen honorieren.

Siehe Teil 2, Kapitel 5: Informationsverarbeitung – Mythos oder Führungshilfe?

Die Informationsverarbeitung (IV) kann für die neue Führungskultur entscheidende Beiträge liefern. Hierzu müssen die Schwerpunkte des IV-Einsatzes richtig gesetzt werden. Bei genauer Betrachtung des Nutzens der IV für Industrieunternehmen zeigt sich schnell, daß ihr Einfluß auf die Produktivität der Entwicklung, Fertigung oder Verwaltung häufig weit überschätzt wird. Dagegen wird sie dort, wo sie ihren wahrscheinlich wirksamsten Beitrag liefern kann, nämlich bei der Unterstützung der Informations-, Kommunikations- und Kooperationsprozesse, viel zu selten in ausreichendem Umfang vorgefunden. Man kann wohl davon ausgehen, daß die neuen hierarchiearmen, netzförmigen und dynamischen Ablaufstrukturen mit ihren informellen Kommunikationswegen ohne flächendeckende Informations- und Kommunikationssysteme (I&K-Systeme) nicht erfolgreich sein können.

1. Teil
Erlebtes und Erkenntnisse

1. Kapitel: Mein Weg zu einer neuen Führungskultur – Erfahrungen, Frustrationen, Erfolge

Während eines Zeitraums von mehr als fünfzehn Jahren bin ich mit den verschiedenartigsten Vorgesetzten und Führungsstilen konfrontiert worden. Anfangs eher unbewußt, später immer konkreter, habe ich mich mit dem Verhalten dieser Führungskräfte beschäftigt und schließlich begonnen, eigene Vorstellungen zu den Themen Führung, Organisation und Führungskultur zu entwickeln und umzusetzen.

Bereits während meiner allerersten Zeit in der Industrie, als ich Auszubildender in der Lehrwerkstatt war, habe ich gespürt, welche Bedeutung ein Vorgesetzter für die Motivation von Mitarbeitern haben kann. Noch geprägt durch unangenehme Erfahrungen aus der Schulzeit mit unfairen, ungerechten und despotischen Lehrern, war ich damals, wie viele meiner Kollegen, nicht gerade ein engagierter und arbeitsfreudiger Auszubildender. Dem Gespür und Geschick unseres damaligen Lehrmeisters war es zu verdanken, daß sich das grundlegend änderte. Er vermittelte uns das Gefühl, als eigene Persönlichkeit beachtet und akzeptiert zu werden. Und plötzlich war alles ganz anders. Lernen und arbeiten machten Spaß und waren nicht mehr nur lästige Pflicht. Daß dies mein allererstes Zusammentreffen mit einer fähigen Führungskraft war, sollte mir aber erst viele Jahre später klarwerden.

In den Jahren danach hatte ich vielfältige Gelegenheit meinen Erfahrungsschatz aufzubauen. Kurze Zeit als Facharbeiter in Entwicklungslabors, dann, während des Studiums, als Werkstudent und Praktikant in verschiedenen Elektronikunternehmen, danach als Jungingenieur in der Fertigungsvorbereitung, später als Projektleiter im Bereich der Fertigungsautomatisierung, dann als Gruppenleiter in der technischen Datenverarbeitung und schließlich als Leiter eines Datenverarbeitungszentrums. Im Laufe der Jahre bekam ich so Einblick in praktisch alle betrieblichen Funktionsbereiche und Hierarchieebenen von Industrieunternehmen.

Die meisten meiner Vorgesetzten waren in der Hauptsache technische Spezialisten, und als „ideale Führungskraft“ hätte man keinen bezeichnen können. Aber irgendwie hatten sie alle vorbildhafte Eigenschaften und Fertigkeiten, die sie neben ihrer fachlichen Qualifikation besonders auszeichneten. Eigenschaften wie z. B. Fleiß, Integrität, Disziplin, Sachlichkeit, Toleranz, Offenheit, Konstruktivität, Achtung vor der Persönlichkeit des einzelnen und anderes mehr. Daneben wurde ich auch mit weniger positiven Verhaltensweisen von Vorgesetzten konfrontiert. Zu nennen wären hier z. B. übertriebene Systemkonformität, mangelnde Verantwortungsbereitschaft, Zaudern und Zögern, Inkonsistenz zwischen Reden und Handeln, Filtern von Informationen, Opportunismus, Bücken nach oben und Drücken nach unten, fehlende Zivilcourage, Absicherungsverhalten und Bereichsegoismus. Beide, sowohl die positiven wie auch die negativen Beispiele, waren wichtige Quellen meiner eigenen Führungserfahrung. Darüber hinaus habe ich noch jede sich mir bietende Gelegenheit genutzt, um ein eigenes Führungsideal herauszubilden: durch Beobachten des Verhaltens anderer, Besuchen von Führungsseminaren, Studium einschlägiger Literatur, eigenes Tun (Ausprobieren) und durch Diskussionen mit Kollegen, Mitarbeitern, Führungskräften und Personalberatern. Schließlich hatte ich eine mehr oder weniger klare Vision von einer erfolgreichen Führungskultur. Es fehlte mir nur noch die Gelegenheit, sie umzusetzen.

Diese Chance kam, als ich die verantwortliche Leitung eines DV-Zentrums in einem international operierenden Unternehmen übernahm. Ein Bereich, der mehr als 5000 ausschließlich unternehmensinterne Kunden mit einer umfangreichen Palette an DV-Leistungen zu versorgen hatte. Die Kunden hatten prinzipiell die Möglichkeit, sich mit DV-Leistungen anderer, d. h. interner oder externer Anbieter, zu versorgen. Dieser zunächst für Industrieunternehmen eher ungewöhnliche Umstand stellte sich als eine wichtige Einflußgröße auf alle späteren Maßnahmen heraus. Denn der dadurch entstehende Wettbewerbsdruck zwang uns dazu, kreativ und flexibel auf Kundenbedürfnisse einzugehen, und war letztlich der Garant für kontinuierliche Bemühungen zur Verbesserung unserer Effizienz und Kosten.

Der Ausgangszustand

Das DV-Zentrum hatte in der zweiten Hälfte der achtziger Jahre enorme Wachstumsraten zu verkraften. Zwischen 40 und 60 % betrug die jährliche Umsatzsteigerung bei gleichzeitig rapide ansteigendem Dienstleistungsportfolio.

Damit verbunden war ein starker Personalaufbau, der wegen der damals herrschenden Arbeitsmarktsituation fast ausschließlich mit Berufsanfängern realisiert werden mußte. Eingestellt wurden in der Regel junge Diplomingenieure technischer Fachrichtungen (Elektrotechnik, Informatik, Physik), aber auch Wirtschaftsingenieure und Mathematiker. Dieser unüblich hohe Anteil an Berufsanfängern erforderte bei uns erhebliche Integrationsaufwendungen. Daneben brachte er auch einige generelle Probleme unserer (Hoch-)Schulausbildung zum Vorschein, auf die ich am Ende dieses Kapitels noch näher eingehen werde.

Zum Zeitpunkt meines Eintritts war das DV-Zentrum bereits seit drei Jahren auf Wachstumskurs. Es gab noch keine sichtbare Aufbauorganisation, keine Führungsmannschaft, noch nicht einmal eine funktionierende Assistenz durch ein eingearbeitetes Sekretariat. Alle Mitarbeiter hatten spezielle Zusammenarbeitsseminare besucht und wendeten routinemäßig die dort gelernte Arbeitsmethodik an.

Die Mitarbeiter beklagten zwar den dürftigen Informationsfluß, die fehlende Kommunikation untereinander, die unklaren Zuständigkeiten und die zu geringe Personalkapazität, waren aber dennoch engagiert und motiviert. Die Stimmungslage war ausgesprochen positiv, es herrschte Aufbruchstimmung.

Bereits vor meinem offiziellen Amtsantritt wurden die Ziele und alle beabsichtigten Maßnahmen gemeinsam mit unserem externen Berater, einem Spezialisten für Zusammenarbeit, erarbeitet. Als hauptsächliche Zielsetzungen waren die Festlegung einer klaren Aufbauorganisation, die genaue Definition der Zuständigkeiten und des Handlungsspielraums der Führungskräfte, die schriftliche Formulierung der Grundlagen für eine unkonventionelle Zusammenarbeitskultur und die aktive Einbeziehung der Sekretariate in die Bereichsführung vorgesehen. Die Besetzung der sich daraus entwickelnden Verantwortungsbereiche sollte ausschließlich mit bereits vorhandenen Mitarbeitern erfolgen. Alle schließlich ausgewählten Kandidaten waren seit einigen Jahren im Unternehmen, aber keiner hatte bislang Führungspositionen innegehabt.

Das erste Jahr – Frust und Hoffnung

Den ersten Workshop mit dem Führungsteam und den beiden Sekretärinnen des Bereichs arrangierte ich außerhalb der nüchternen Büroatmosphäre – in einem Jagdhaus in einem idyllischen Seitental des Schwarzwalds. Ein Ambiente aus der Zeit der Jahrhundertwende, original erhalten, liebevoll gepflegt und als Privatpension betrieben. Ganz offensichtlich die ideale Atmosphäre, um persönlichere Beziehungen etablieren zu können.

Die Moderation der zweitägigen Veranstaltung wurde von unserem externen Coverdale-Berater[1] (Coach) durchgeführt. Dies sollte Raum schaffen für gleichberechtigte Kommunikation und helfen, eventuelle Spannungssituationen zu entschärfen. Eine von mir sorgfältig vorbereitete Präsentation leitete am Vorabend die Veranstaltung ein. Es war ein Kamingespräch inmitten einer Runde von 10 Personen zum Thema: „Die künftige Führungskultur im DV-Zentrum“. Die zur Eröffnung eines Dialogs vorgesehene Präsentation geriet zum Monolog – eine quälende Stunde lang. Danach herrschte zähes Schweigen, nur unterbrochen durch das Prasseln des Kaminfeuers. Alle Anläufe von mir und dem Coach, ein Gespräch in Gang zu bringen, scheiterten. Nach einer kurzen Schamfrist verschwanden die Teilnehmer in ihren Zimmern.

Am nächsten Morgen das gleiche Bild. Während der Coach und ich abends noch gehofft hatten, die Teilnehmer würden über Nacht doch noch auftauen, wurden wir nun eines besseren belehrt. Auch während des Frühstücks herrschte eisernes Schweigen, genauso wie bei allen anderen Mahlzeiten dieses und des darauffolgenden Tages. Einer der Teilnehmer hatte einen Migräneanfall und fiel mehr oder weniger ganz aus. Die Veranstaltung schleppte sich bis zum Schluß ohne eine spürbare Verhaltensänderung bei den Teilnehmern durch die Tagesordnung. Am Ende saßen der Coach und ich sprachlos da. Was war die Ursache für

[1] Coverdale Team Management Deutschland GmbH

diesen Verlauf gewesen? War das Ziel falsch? Hatte ich die falschen Führungskräfte ausgewählt? War ich selbst das Problem? Versuche, von den Teilnehmern Aufschluß über die Ursache für dieses Verhalten zu bekommen, waren nicht besonders ergiebig. Entweder wußten sie es selbst nicht genau oder sie wollten es nicht sagen. Schließlich gaben wir uns damit zufrieden, daß Unerfahrenheit, Überforderung, Ängste und persönliche Eigenschaften eine Rolle gespielt haben mußten. Was blieb, war die Enttäuschung über die ablehnende Haltung gegenüber dem Angebot, gemeinsam einen unkonventionellen Führungsstil zu diskutieren und aufzubauen.

Ungefähr drei Jahre später bot sich die Gelegenheit, mit einem mittlerweile ausgeschiedenen Mitarbeiter frei über die Ursache des damaligen Schweigens zu sprechen: Wie wir zuvor bereits vermuteten, gab es bei allen Teilnehmern im Grunde genommen die gleichen Probleme. Einige der Mitarbeiter standen unter einem Trennungsschock. Mit dem ausgeschiedenen Chef, meinem Vorgänger, hatten sie ihre bisherige Bezugsperson verloren, auf die sie stark fixiert gewesen waren. Hinzu kam bei manchem noch ein unbewußtes Gefühl von Existenzangst. Sie zweifelten insgeheim an der Fähigkeit des neuen Chefs, den Bereich erfolgreich führen zu können, weil er nicht, wie der bisherige, über ausgezeichnete persönliche Kontakte zum Top-Management des Unternehmens verfügte. Einige hatten auch erhebliche Zweifel an ihren eigenen Fähigkeiten angesichts der vor ihnen liegenden Ziele. Alle waren durch die plötzliche Konfrontation mit einer derartigen Führungskultur thematisch überfordert, regelrecht überrollt worden. Sie waren dadurch vorübergehend so blockiert, daß sie das herrliche Ambiente des Jagdhauses gar nicht wahrgenommen hatten. Genausogut hätte der Workshop in einem fensterlosen Besprechungszimmer bei Kaffee aus Pappbechern und Folienbrötchen stattfinden können.

In der Folgezeit, nach dem ersten Workshop, wußten die neuen Führungskräfte nicht so recht, wie sie sich verhalten sollten. Unsicherheit und fehlende Initiative prägten ihr Verhalten. Etwa drei Monate später fand das erste gemeinsame Coverdale-Seminar mit allen Mitarbeitern und den Führungskräften statt. Dieses brachte die ersten Fortschritte. Der nächste Workshop, allein mit den Führungskräften und demselben Coverdale-Coach, ein halbes Jahr später, verlief dann zufriedenstellender. Aber immer noch gab es vereinzelt diese unerträglichen Schweigeszenen. Einige Führungskräfte hatten begonnen, die neue Kultur zu verinnerlichen. Immerhin, auch wenn bei manchen wohl nur Anpassungsverhalten vorlag: am Ende des ersten Jahres gab es wieder Hoffnung.

Die Maßnahmen und Ergebnisse des ersten Jahres sind in Tabelle 1 zusammengefaßt.

	Maßnahmen	**Reaktion der Führungskräfte**	**meine persönliche Reaktion**
1. Jahr (Bildung von Teams, Festlegung einer klaren Hierarchie, Ernennung der Führungskräfte, Delegation von Verantwortung)	– Erster Workshop mit den Führungskräften – Festlegung der Aufgaben, Ziele und Erfolgskriterien für jede organisatorische Einheit – wöchentliche Führungssitzung – Zweites Seminar mit allen Führungskräften und Mitarbeitern – Frühstücksrunden mit Chef – monatliche Bereichsinformation – Aktion „offene Türen“ – öffentliches Kennziffernsystem – Zweiter Workshop mit den Führungskräften	Abwarten Angst Schock Irritation Schweigen kühle Atmosphäre Passivität höhere Selbständigkeit, höhere Sicherheit, bessere Stimmung	Unverständnis Ratlosigkeit Hoffnung

Tabelle 1: Die Maßnahmen und ihre Wirkungen im ersten Jahr

Das zweite Jahr – Zufriedenheit und Euphorie

Nach dem zweiten Coverdale-Seminar mit allen 50 Mitarbeitern und Führungskräften – diesmal in der Abgeschiedenheit eines ehemaligen Klosters – war die Welt in Ordnung. Wir hatten gemeinschaftlich in nur eineinhalb Tagen ein konkretes Thema bearbeitet, das alle Mitarbeiter tangierte. Es wurde die Konzeption für eine Kundenzeitschrift (Startauflage 500 Exemplare) erarbeitet, das Redaktionsteam ausgewählt, Beiträge geschrieben, die ersten 50 Exemplare (handgeschrieben) gefertigt und ein Zeitplan für das Erscheinen der ersten Ausgabe aufgestellt. Das Coverdale-Trainer- und Moderatorenteam, von dem dieses Projekt konzipiert worden war, staunte. Der Erfolg sprach für sich. Es gab für das Team dieses Mal keine emotionalen Eisberge, keine Kommunikationsdefizite und keine Kooperationsprobleme mehr aufzuarbeiten.

Mit dieser Veranstaltung war der Knoten endlich geplatzt. Das gemeinsame Ziel und das gemeinschaftlich erarbeitete Produkt – die Zeitschrift – hatten das nötige Verbundenheitsgefühl geschaffen. Im Haus

	Maßnahmen	**Reaktion der Führungskräfte**	**meine persönliche Reaktion**
2. Jahr (Optimierung der Zusammenarbeit und des Infoflusses, Erhöhung der Selbständigkeit)	– Zweites Seminar mit allen Mitarbeitern – fachliche Infositzungen – Projekt Kundenzeitschrift – Dritter Workshop mit Führungskräften – gemeinsamer Bergwerksbesuch – Transferprogramm Bereichskultur	verbesserte Zusammenarbeit, entstehendes Wir-Gefühl große Selbstsicherheit, Aufgeschlossenheit gegenüber routinemäßigen Verbesserungen	Zufriedenheit

Tabelle 2: Die Maßnahmen und ihre Wirkungen im zweiten Jahr

dominierte eine entspannte Atmosphäre, in den Gängen, wo früher Grabesstimmung zu sein schien, war jetzt häufig Lachen zu hören. Die kleine Cafeteria wurde zur Drehscheibe der informellen Kommunikation.

Die Maßnahmen und Ergebnisse des zweiten Jahres sind in Tabelle 2 zusammengefaßt.

Das dritte Jahr – Stagnation und Krise

Gemessen an den erfreulichen Fortschritten des zweiten Jahres stagnierte die Weiterentwicklung der Zusammenarbeitskultur wieder im dritten Jahr. Wir hatten im zweiten Jahr beachtliche Fortschritte erzielt und eine Organisation aufgebaut, die sich nach außen als geschlossene Einheit präsentierte. Dazu war in der zurückliegenden Zeit ein ganzes Bündel von Maßnahmen beschlossen und umgesetzt worden, das zum Ziel hatte, die Kooperation und Kommunikation untereinander zu regeln. Es wurden hierfür unter anderem eine Reihe von Kommunikationsforen etabliert und konsequent veranstaltet. Einige möchte ich besonders herausstellen. So zum Beispiel die wöchentliche Führungssitzung, an der alle Führungskräfte und das Sekretariat teilnahmen. Oder die allgemeine ein- bis zweimonatliche Bereichsinformationssitzung für die Mitarbeiter. Oder die Frühstücksrunden beim Chef, die zweimal jährlich mit jeder organisatorischen Einheit stattfanden. Zusätzlich wurde das interne Fachforum geschaffen, in dem jeder bei Bedarf über die Ergebnisse seiner Arbeiten und seine (Miß-)Erfolge berichten konnte. Daneben wurde eine lange Reihe von Pinwänden angebracht, an denen jede Organisationseinheit ihre Ziele, Aufgaben und wichtige Kennziffern (Graphiken, Daten, Fakten, Trends, usw.) veröffentlichte und laufend aktualisierte.

Die enge Einbindung des Sekretariats in die fachlichen und disziplinarischen Aufgaben des Chefs bringen diesem eine wirksame Entlastung.

Als ungemein wertvolle Maßnahme erwies sich auch der enge Einbezug des Sekretariats in die Bereichssteuerung. Die gleichberechtigte Behandlung der Sekretärinnen und insbesondere auch ihre bedeutungsmäßige Anhebung als Assistenz des Chefs trugen ganz wesentlich zu der reibungsfreien und effizienten Kooperation im Bereich bei. Anfangs wurde die Teilnahme der Sekretärinnen an Abteilungs- und Gruppensitzungen sowie Workshops von den Führungskräften allerdings mit einer gewissen Skepsis aufgenommen. Vor einer Sekretärin über eigene Probleme zu sprechen, personelle Angelegenheiten vorzutragen, kritischen Fragen ausgesetzt zu sein oder Anweisungen vom Chef zu erhalten, war für einige eine unbehagliche Situation. Auch die Sekretärinnen hatten anfängliche Ängste zu überwinden: der neue Status als Assistentin war für ihr bisheriges Selbstverständnis total ungewohnt. Mit der Zeit wurde aber für alle Beteiligten deutlich, wie wichtig diese Verfahrensweise für die Gestaltung einer reibungsloseren Zusammenarbeit war. Das Sekretariat, nun ausgestattet mit allen relevanten Informationen, wurde innerhalb eines Jahres zu einer Informationsdrehscheibe und Servicestation. Die Sekretärinnen konnten Kundenprobleme hinsichtlich ihrer Dringlichkeit und Wichtigkeit besser einschätzen, eingehende Post sowie Anrufer und Besucher viel treffsicherer an die zuständigen Sachbearbeiter weiterleiten, von mir an die Führungskräfte delegierte Vorgänge und Aufgaben zeitlich und in mancher Hinsicht auch inhaltlich überwachen, Führungskräfte und Mitarbeiter gezielter beraten und unterstützen und waren wichtige Sensoren und Ratgeber für die zwischenmenschlichen Probleme unserer Zusammenarbeit.

Es konnten keine Zweifel mehr darüber bestehen -wir hatten bei uns eine wirksame Zusammenarbeitskultur etabliert. Vorbei war das Nebeneinander der Anfangszeit. Unsere Kundenumfragen lieferten durchweg positive Beurteilungen. Der Personalaufbau war abgeschlossen. Die wirtschaftliche Situation konnte sich sehen lassen: Der dramatische Kostenanstieg war gestoppt, unsere internen Verrechnungspreise sanken kontinuierlich. Trotz weiterhin erheblich wachsender Dienstleistungsmengen hatte sich unser Preis/Leistungsverhältnis auf das von unseren Kunden gewünschte Niveau eingestellt. Wir waren rundherum zufrieden.

Die Krise kam völlig überraschend, als wir versuchten, ein virtuelles Team aufzubauen. Es ging hierbei um ein neues, im Aufbau befindliches Geschäftsfeld, dessen Ausprägung und Organisationsform zum damaligen Zeitpunkt noch nicht konkretisiert war. Zumindest in der Aufbauphase sollten nun die damit zusammenhängenden Aufgaben von dieser virtuellen Einheit (vgl. hierzu Teil 2, Kapitel 2) wahrgenommen werden. Das Team sollte sich aus Mitarbeitern dreier Organisationseinheiten zusammensetzen. Die Moderation und Steuerung des Teams hätte durch ein temporäres Führungsteam wahrgenommen werden sollen. Für den Fall, daß sich diese Organisationsform bewähren sollte, war durchaus daran gedacht, dieses virtuelle Team als formelles Element der Aufbauorganisation dauernd beizubehalten. Schnell stellte sich jedoch heraus, daß das Beharrungsvermögen der bisherigen Führungskräfte dem neuen Konzept entgegenstand. Für die meisten Führungskräfte ist es offensichtlich ein unerträgliches Gefühl, nicht genau zu wissen, was ihre Mitarbeiter gerade tun, oder sie mit anderen Führungskräften teilen zu müssen. In diesem Fall waren zwar drei Organisationseinheiten betroffen, in der Hauptsache war es aber ein einzelner, der durch sein Verhalten, seine Einstellung und durch seinen Widerstand nicht nur für den Aufbau des virtuellen Teams, sondern für die gesamte Zusammenarbeitskultur des Bereichs eine ernste Krise heraufbeschwor. Innerhalb weniger Wochen waren die Führungskräfte des DV-Zentrums in mehrere Lager gespalten. Es gab hitzige Diskussionen mit nur scheinbar sachlicher Grundlage, Vorwürfe, Stellungnahmen, Gegenstellungnahmen, selbst auf den unbedeutendsten Nebenschauplätzen. Das Klima vereiste, die Produktivität sank und die Zusammenarbeit innerhalb unseres Bereichs geriet in eine ernste Krise.

Die Maßnahmen und Ergebnisse des dritten Jahres sind in Tabelle 3 zusammengefaßt.

	Maßnahmen	**Reaktion der Führungskräfte**	**meine persönliche Reaktion**
3. Jahr (Bildung virtueller Teams)	– Vierter Workshop mit den Führungskräften – Vereinbarung von Verfahren für den Umgang mit virtuellen Strukturen	teilweise positive Reaktionen teilweise Ablehnung, bis hin zum offenen Widerstand	Enttäuschung Aggression

Tabelle 3: Die Maßnahmen und ihre Wirkungen im dritten Jahr

Das vierte Jahr – Aggression und neue Hoffnung

Drei Jahre Arbeit umsonst, so schien es! Ich gebe es unumwunden zu: Ich war kurz davor, alles bisher Erreichte meinem Zorn über das Verhalten meiner Mitarbeiter und Kollegen zu opfern. In der wöchentlichen Führungssitzung brachte ich meine Enttäuschung zum Ausdruck und drohte damit, die Lösung im autoritären Führungsstil zu suchen. Das Führungsteam war schockiert.

Allerdings, einige der Führungskräfte suchten einige Tage lang unabhängig voneinander das Gespräch mit mir. Ihrer Initiative und einem längeren Austausch mit unserem langjährigen Coverdale-Coach war es zu verdanken, daß ich damals meine Drohung nicht wahrgemacht habe. Es wäre ein nicht wieder gutzumachender Fehler gewesen.

Das Ende der Querelen brachte ein Gespräch mit dem ärgsten Quertreiber. Er wurde mit den Alternativen konfrontiert, entweder ab sofort uneingeschränkt mitzuziehen oder ausgewechselt zu werden. Er blieb.

Das eigentliche Rezept für das Ende der Stagnationsphase aber lieferte, wie so oft, der Zufall. Der Austausch von sechs von acht Führungskräften innerhalb von 12 Monaten – drei davon verließen den Bereich, um an anderer Stelle im Konzern in verantwortlichere Positionen aufzurücken, die restlichen drei übernahmen intern neue Fachbereiche, brachte eine überraschende Wende. Alle bisherigen Hindernisse waren praktisch schlagartig ausgeräumt.

Die Maßnahmen und Ergebnisse des vierten Jahres sind in Tabelle 4 zusammengefaßt.

	Maßnahmen	**Reaktion der Führungskräfte**	**meine persönliche Reaktion**
4. Jahr (aktive Personalplanung)	– Beginnender Austausch der Führungsebene – Job-Rotation, Beförderungen	positive Reaktionen Verbesserungen bei der Zusammenarbeit	 erneute Hoffnung

Tabelle 4: Die Maßnahmen und ihre Wirkungen im vierten Jahr

Erfahrungen und Folgerungen

Im Rückblick stelle ich fest, daß ich bei allen Änderungen der Führungskultur immer zuerst mich selbst geändert habe.

Im Rückblick betrachtet hat es sich mehr als gelohnt. Obgleich der Weg steinig war und es wesentlich langsamer voranging als geplant, das Ergebnis kann sich sehen lassen. Die Leistungskennziffern des Bereichs verbesserten sich kontinuierlich und nachhaltig. Nicht nur die relativen Leistungskennziffern sanken, wie z. B. die Kosten einzelner Dienstleistungen oder DV-Kosten pro Kunde, sondern auch die absoluten Kosten (interner Umsatz). Trotz quantitativer und qualitativer Leistungserhöhung gab es sinkende Gesamtkosten und rückläufige Personalzahlen in einer Zeit, als unternehmensweit noch Personal- und Umsatzwachstum üblich waren.

Die passive Haltung der Führungskräfte in der Startphase, die Stagnationsphase im dritten und vierten Jahr und, unabhängig davon, die plötzliche Krise des dritten Jahres waren überraschende Ereignisse, trotz aller Fortschritte der Jahre davor. Wie waren sie zu erklären?

Ein Wechsel des Chefs hat immer auch eine Änderung der Führungskultur zur Folge. Je krasser die Unterschiede im Führungsverhalten sind, desto sorgsamer muß dieser Wechsel geplant und umgesetzt werden. Tabelle 5 zeigt die Unterschiede im Führungsverhalten zwischen meinem Vorgänger und mir. Erstaunlich war die große Zufriedenheit der Mitarbeiter trotz der eher ungeeignet erscheinenden Führungskultur des seitherigen Chefs, und ebenso überraschend wie unverständlich war für mich zunächst ihre Reaktion auf mein Angebot eines partizipativen Führungsstils.

Die Stagnation des Fortschritts in der Zusammenarbeitskultur drückt sich vor allem in einer gewissen Ermüdung beim Umsetzen neuer Abläufe und einer zunehmenden Abneigung gegen Veränderungen aus. Ein Deutungsversuch: Bei den meisten Mitarbeitern bleiben trotz aller Veränderungsbereitschaft immer auch kleine Reste von emotionalem Ballast übrig, verursacht von Vorurteilen, stillen Ressentiments, klammheimlicher innerer Ablehnung oder nicht aufgearbeiteten Problemen, der sich wie der Bodensatz im Rucksack eines Wanderers ansammelt und als Übergepäck mitgeschleppt werden muß.

	Bisheriger Führungsstil: eher autokratisch	**Neuer Führungsstil:** eher partizipativ
Chef	Vorgesetzter Entschied vorwiegend allein Gab Strategie vor Steuerte im Detail und war dadurch bottle-neck Nutzte Teams als Assistenz Verzichtete weitgehend auf Aufbauorganisation Nahm Außenvertretung allein wahr	Partner, Helfer, Moderator Entscheidet im Team Erarbeitet Strategie im Team Steuert über Ziele, läßt Freiräume zur Realisierung Sieht sich als Teil der Teams Legt Wert auf eine (flache) Aufbauorganisation Nimmt selbst nur bestimmte Teile der Außenvertretung wahr, läßt auch andere extern agieren[1]
Zugeordnete Führungskräfte	Waren unselbständig Hatten geringen Handlungsspielraum Hatten nur fachliche Verantwortung Waren ohne Gesamtübersicht	Müssen selbständig handeln Haben klaren Handlungsspielraum Müssen ihren Bereich weitgehend allein verantworten und sind auch für Prozesse verantwortlich Sind voll im Informationsfluß integriert
Ergebnis	Führungskräfte waren aber dennoch – zufrieden – engagiert aktiv bisheriger Chef war erfolgreich!	Führungskräfte sind aber – unsicher – irritiert – passiv jetziger Chef ist im Begriff zu scheitern!

Tabelle 5: Führungsstile im Vergleich

Die Änderungsbereitschaft und -fähigkeit der Mitarbeiter erschöpft sich im Laufe von einigen Jahren

Neue Mitarbeiter begegnen dagegen einer bereits gelebten Kultur, die sie meist nach nur kurzer Eingewöhnungszeit selbst leben. Sie haben dazu nicht erst den mühsamen Erfahrungsweg ihrer Vorgänger zurücklegen müssen. Für sie ist die vorgefundene Kultur Ausgangspunkt eines neuen Weges. Zu diesem Zeitpunkt ist ihr „Rucksack" noch leer, sie können (vorerst) noch unbelastet losgehen.

---

[1] Ein speziell konzipierter Präsentationstechnik-Workshop vermittelte hierzu wichtige Fertigkeiten.

Daraus möchte ich zwei Schlußfolgerungen ziehen:

- Veränderungen der Zusammenarbeitskultur sind schwer möglich, ohne daß zumindest ein Teil der Führungskräfte (und der Mitarbeiter) wechselt.
- Stagnationsphasen treten zwangsläufig nach einer gewissen Anzahl von Jahren[1] ein (in unserem Fall waren es rd. 3 Jahre).

Abbildung 1 verdeutlicht den Effekt der periodischen Stagnation.

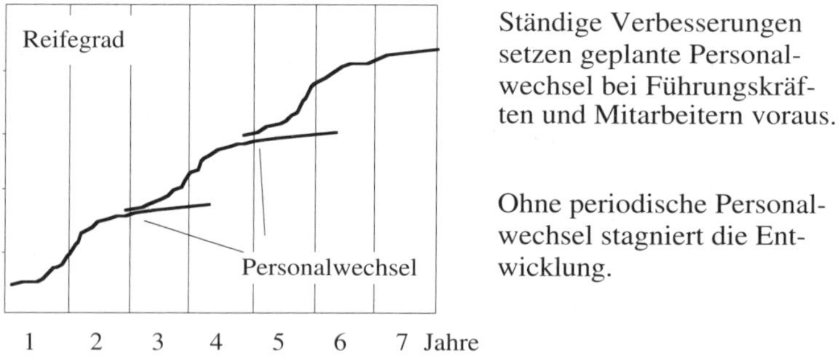

Abb. 1: Entwicklung des Reifegrads der Zusammenarbeitskultur

Funktionierende Konsensprozesse sind die Basis organisatorischer Veränderungen

Es gibt noch eine weitere wichtige Erkenntnis. Bevor Kulturänderungen möglich sind, bedarf es der Zustimmung aller Betroffenen. Ohne diesen Konsens gibt es nur angepaßtes Verhalten (siehe: „Das erste Jahr"), nicht aber die für eine dauerhafte Veränderung not-

[1] Als Faustformel scheint hier zu gelten, daß pro Ebene ungefähr ein Jahr angesetzt werden kann. Dieser Wert korreliert auch mit dem Erfahrungswert bei Kulturänderungen, wonach Führungskulturänderungen mit jeder hierarchischen Ebene ein Jahr länger dauern. Und vielleicht gibt es noch einen weiteren Zusammenhang: Heute geht man davon aus, daß man idealerweise etwa drei bis fünf Jahre an einem Arbeitsplatz verbringen sollte. Ein Zusammenhang mit der Änderungsdauer und den Stagnationszeiten bei Kulturänderungen scheint naheliegend. Stimmt diese empirische Beobachtung, dann würde uns dies Hinweise für die maximale Ebenenzahl einer Organisation geben, nämlich drei bis fünf und optimal wahrscheinlich vier.

wendige Akzeptanz und Verinnerlichung. Auf das für eine reibungslose Zusammenarbeit ungemein wichtige Konsensprinzip wird in Teil 2, Kapitel 3 näher eingegangen.

Alle Kulturänderungen brauchen Zeit, viel mehr Zeit, als man zur Verfügung zu haben glaubt. Ich mußte lernen, Geduld zu haben.

Ohne qualifizierte Unterstützung inner- und außerhalb des Unternehmens geht es nicht. Dies fängt bei den unvermeidlichen Teamtrainings für jeden neuen Mitarbeiter an und endet beim persönlichen Coaching der Führungskraft durch einen erfahrenen und unbedingt unternehmensexternen Berater.

Zum Schluß des Kapitels möchte ich zwei Themenkreise anschließen, die mir besonders erwähnenswert scheinen, weil sie trendmäßig immer häufiger Probleme verursachen: Erfahrungen mit Berufsanfängern und Erfahrungen mit Frauen in der Industrie.

Erfahrungen mit Berufsanfängern

„Wir haben ihm doch das Zusammenarbeiten mehr aberzogen, als ihn darauf vorbereitet.“ (Peter Eyerer)[1]

Die überwiegende Mehrzahl unserer Mitarbeiter besteht aus Hochschulabsolventen. Sie waren zum Zeitpunkt ihres Eintritts bei uns zwischen 25 und 30 Jahre alt und meist Berufsanfänger. Diese Tatsache war ausschlaggebend für einige zusätzliche Probleme, auf die ich kurz eingehen möchte.

Um mit dem Positiven anzufangen: die Absolventen unserer Hochschulen verfügen meist über ein ausgezeichnetes Fachwissen, sind selbstbewußt, motiviert und leistungsbereit.

Wenn man sich vergegenwärtigt, daß die meisten Hochschulabgänger, rechnet man noch die Schulzeit hinzu, ungefähr zwanzig Jahre Ausbildung durchlaufen haben, dann sind die nachfolgend geschilderten Schwächen im Hinblick auf ihre Häufigkeit und Ausprägung doch etwas überraschend.

[1] Eyerer, P. (1989) S. 169

So zeigten sie fast einheitlich Defizite

in der Zusammenarbeit

- da sie nicht gelernt haben, mit oder in einer Gruppe ein Ziel zu erreichen,
- mit anderen Menschen partnerschaftlich umzugehen oder
- effizient zu kommunizieren;

im Gebrauch der deutschen Sprache

- sowohl verbal: in Diskussionen und bei der Präsentation von Arbeitsergebnissen als auch
- schriftlich: beim Erstellen grammatisch und semantisch einwandfreier Texte;

immer dann, wenn es darum geht,

- sich selbständig in unbekannte, komplexe Sachverhalte einzuarbeiten (auch wenn das erforderliche Basiswissen vorhanden ist),
- unkonventionelle Lösungen außerhalb eines bekannten (gelernten) Kontextes zu suchen oder
- komplexe technische Sachverhalte lebendig, knapp und verständlich zu präsentieren.

Es steht für mich nach diesen Erfahrungen außer Frage, daß unser Bildungssystem und insbesondere die Hochschulausbildung erheblich modifiziert werden müssen. Dabei muß ein Schwerpunkt auf die sozialen Fertigkeiten und gemeinsame, auf den Menschen gerichtete Grundwerte gelegt werden. Ergänzend dazu muß eine gründliche Rückbesinnung auf die Ausbildung der sprachlichen Fertigkeiten erfolgen. Sprache ist das Trägerelement jeder menschlichen Kultur. Ohne Klarheit und Korrektheit der Sprache kann es keine klaren Denkvorgänge geben (und umgekehrt) und damit keine fachlichen und kulturellen Höchstleistungen. Die einseitige Orientierung der Ausbildung auf fachliche, bei gleichzeitiger Vernachlässigung sozialer Fertigkeiten scheint aber wohl ein klassisches Problem der Industriegesellschaft zu sein[1].

---

[1] Schon 1930 hat der Physiker und Philosoph Albert Einstein dazu Stellung bezogen und die Erziehung (des Menschen) zu selbständigem Denken gefordert. Auch wies er auf die Gefahren einer frühzeitigen fachlichen Spezialisierung und der Überbetonung des Konkurrenzprinzips hin.

Vorschläge für den Umgang mit Berufsanfängern

- Investieren Sie in Grundlagenseminare „Zusammenarbeit in Gruppen", Rhetorik, Verhandlungstechnik, Gesprächsführung, Redetraining, Vortragstechnik, Präsentationstechnik und all jene Veranstaltungen, welche die sozialen Fertigkeiten der Mitarbeiter verbessern.
- Sprechen Sie regelmäßig mit jedem Neuen. Versuchen Sie, ihn möglichst früh bei einer Positivleistung zu „erwischen", und geben Sie ihm entsprechende Rückmeldung![2]
- Benennen Sie für jeden Berufsanfänger einen Paten, der ihn während des ersten Jahres in regelmäßigen Abständen (z. B. ein Mal pro Monat) berät. Halten Sie selbst Rücksprache mit dem Paten, und versuchen Sie, daraus eventuell notwendige weitere Hilfsmaßnahmen abzuleiten.
- Loben Sie (öffentlich) gruppendienliches Verhalten. Möglichst, indem Sie das lobenswerte Tun/Verhalten mit den eingetretenen oder erwarteten positiven Folgen in Zusammenhang bringen und die Wirkung verdeutlichen.
- Widerstehen Sie den Forderungen nach Fachseminaren, solange es sich für den Mitarbeiter nicht um ein gänzlich neues Fachgebiet handelt oder extremer Termindruck herrscht.
- Gründen Sie ein Weiterbildungsgremium, bestehend aus erfahrenen Mitarbeitern, das für Ratsuchende Hilfestellungen bei der Erarbeitung einer eigenen Lernmethodik, Beschaffung von Informationen und fachlicher Unterstützung durch Kollegen gibt.

Ergänzend hierzu auch Einstein, A. (1974) S. 23: *„Es ist nicht genug, den Menschen ein Spezialfach zu lehren. Dadurch wird er zwar zu einer Art benutzbarer Maschine, aber nicht zu einer vollwertigen Persönlichkeit.*
Er muß die Motive der Menschen, deren Illusionen, deren Leiden verstehen lernen, um eine richtige Einstellung zu den einzelnen Mitmenschen und zur Gemeinschaft zu erwerben.
Überbetonung des kompetitiven Systems und frühzeitiges Spezialisieren unter dem Gesichtspunkt der unmittelbaren Nützlichkeit töten den Geist, von dem alles kulturelle Leben und damit schließlich auch die Blüte der Spezialwissenschaften abhängig ist."

[2] Blanchard, K. (1982) S. 40 f.

Erfahrungen mit Frauen in der Industrie

Es wird in den letzten Jahren viel geschrieben über die Rolle von Frauen im Geschäftsleben, über die Chancen(un)gleichheit zwischen Frauen und Männern und über die besonderen Eigenschaften von Frauen. In Büchern und Zeitschriften finden sich Überschriften wie: „Frauen erobern die Chefetagen“; „Die Zukunft gehört den Frauen“; „Das Ende des Partriarchats“; „Warum Frauen die Führung übernehmen werden“. Und dennoch, in der Industrie ist, abgesehen von wenigen Ausnahmen, nicht viel davon zu spüren. Auch in unserem Fall wurden alle Führungspositionen schließlich von Männern besetzt. Woran mag das gelegen haben? Im Rückblick war es eigentlich eine beinahe ideale Situation: Es gab keine traditionellen Strukturen, die etwa schon mit Männern besetzt gewesen wären. Ferner waren die Mitarbeiter(innen) in etwa gleich alt, hatten die gleichen Ausbildungsniveaus und die gleiche Berufserfahrung. Der Frauenanteil lag, gemessen an den sonst üblichen Verhältnissen in technischen Berufen, mit fast 25 % überdurchschnittlich hoch. Es gab also durchaus Chancengleichheit, und somit wäre zu erwarten gewesen, daß zumindest auch 25 % der Führungspositionen mit Frauen besetzt worden wären. Woran lag es also, daß trotz gleicher Startbedingungen und gleicher Leistungen der Frauen, Männer alle verfügbaren Führungspositionen besetzen konnten? Um es gleich zu sagen, ich habe keine einfache Antwort gefunden. Ich möchte daher einige generelle Beobachtungen zum Verhalten von Männern und Frauen in gemischten Teams darstellen, mich aber aller psychologischen Deutungs- oder Erklärungsversuche enthalten.[1]

---

[1] Weitere Fakten, Erklärungen und Differenzierungen der Unterschiede im Verhalten von Frauen und Männern finden sich z. B. in:
Aburdene, P.; Naisbitt, J. (1993)
Naisbitt, J.; Aburdene, P. (1990)
Höhler, G. (1993)
Sveiby, K. E.; Lloyd, T. (1990)
Schork, E. (1977)
Ogger, G. (1992)
Siegel, M. (1989)
Helgesen, S. (1991)

- Frauen sind erheblich abwartender, wenn es darum geht, von sich aus innerhalb neugegründeter Teams die Moderation zu übernehmen. Praktisch immer sind es Männer, welche die Gruppenmoderation an sich ziehen. Frauen dagegen übernehmen oft nur dann die Moderation, wenn sie dazu aufgefordert werden.
- Frauen sind zurückhaltender bei der Präsentation von Arbeitsergebnissen oder persönlichen Leistungen. Ihr Hang zur Selbstdarstellung ist nicht so ausgeprägt wie bei vielen Männern, die jede Gelegenheit nutzen, sich „in Szene" zu setzen.
- Die Arbeitsergebnisse einer gemischten Gruppe werden praktisch immer von Männern präsentiert.
- Frauen dulden meistens (erstaunlich gelassen) die Dominierungsversuche von Männern. Bei Männern führen (männliche) Dominierungsversuche meistens zu unproduktiven Rangkämpfen, die vordergründig auf der Sachebene ausgetragen werden.
- Frauen sind selbstkritischer und realistischer bezüglich ihrer eigenen Leistung. Männer dagegegen machen oft selbst aus geringen Leistungen eine perfekte Darstellung (Show). Sie produzieren sich bei jeder sich bietenden Gelegenheit und zeigen auch weniger Hemmungen, Ergebnisse zu schönen.
- Frauen setzen eigene Vorschläge und Ideen innerhalb von gemischten Arbeitsgruppen oft auch dann nicht durch, wenn diese objektiv besser sind. Männer sind dagegen erheblich aggressiver, wenn es darum geht, Interessen durchzusetzen.
- Frauen versuchen aggressive Situationen eher durch Gespräche zu lösen und streben Kompromißlösungen an. Männer dagegen versuchen eher kompromißlos, anderen ihre Lösung aufzudrängen.
- Aus Frauen und Männern zusammengesetzte Gruppen werden von den Mitgliedern in aller Regel als angenehmer empfunden als gleichgeschlechtliche.
- Reine Frauenteams haben eher Zusammenarbeitsprobleme als Männerteams oder gemischte Teams.
- Frauen/Männer-Teams haben geringere Zusammenarbeitsprobleme als reine Männerteams.

- Innerhalb gemischter Teams bleiben Paarbildungen und Affären nicht aus. Das Arbeitsklima wird dadurch aber meist nicht beeinträchtigt.
- Frauen äußern seltener den Wunsch in Führungspositionen aufzusteigen. Sie scheuen manchmal selbst dann noch davor zurück, wenn ihnen entsprechende Positionen angeboten werden.

Vorschläge für die Zusammenarbeit mit Frauen

- Nutzen Sie die Potentiale von Frauen. Machen Sie sich ihrer besonderen Stärken bewußt, und geben Sie ihnen Gelegenheit, ihre Stärken einzubringen.
- Fragen Sie in Teamsitzungen gezielt die Meinungen und Einschätzungen der oftmals schweigenden Teilnehmerinnen ab.
- Geben Sie Frauen die gleichen Chancen und Verantwortungen wie den Männern Ihres Bereichs.
- Achten Sie darauf, daß sich bei der Vergabe von Aufgaben nicht immer Männer die besten Aufgaben wegschnappen.
- Setzen Sie für die Moderation von „schwierigen Gruppen" Frauen ein.
- Versuchen Sie nach Möglichkeit gemischte Gruppen aufzubauen.
- Achten Sie auf einen möglichst hohen Frauenanteil[1] in Ihrem Bereich. Versuchen Sie Frauen bei der Einstellung zu bevorzugen (zumindest aber gleichberechtigt zu behandeln).

[1] Das oft geäußerte Argument, daß man Frauen wegen der latent drohenden Mutterschaft keine qualifizierten Stellen anbieten könne, kann ich nicht akzeptieren und aufgrund meiner Erfahrungen auch nicht nachvollziehen. Im Gegenteil, die mit einer Mutterschaft oder vielmehr dem temporären oder langfristigen Fehlen der Arbeitskraft verbundenen Effekte auf die Organisation (Aufgabenumverteilungen, Stellenneubesetzungen, Personalverschiebungen, ...), haben sogar einen ausgesprochen positiven Einfluß auf die Zusammenarbeitskultur. Daneben kann diese „natürliche" Fluktuation in wirtschaftlichen Krisenzeiten ein hilfreiches Reservoir für die sanfte Umsetzung von Personalanpassungen darstellen.

2. Kapitel: Gemeinsame Werte und Normen – Grundstock für Führungserfolg

„Es ist eine alte Beobachtung, daß aus den verschiedenen Stufen und Rängen des Unternehmens die Klage kommt, man kenne das Unternehmensziel nicht oder nicht ausreichend. Jedoch weiß in Wirklichkeit jeder zumindest soviel, daß das Unternehmen die ihm innerhalb des Ganzen zugewiesene Rolle nur ausfüllen kann, wenn es Erlöse erzielt, die höher sind als die Kosten, also einen Überschuß, den wir uns nicht scheuen, Gewinn zu nennen." (Hans L. Merkle)[1]

Die in diesem Kapitel behandelten Werte und Normen stellen sozusagen das Primat des Denkens für die Ausführungen der weiteren Kapitel dar. Sie orientieren sich ganz pragmatisch an Bedürfnissen menschlicher Zweckgemeinschaften und verzichten auf politisch ideologisches Beiwerk[2]. Objekt der Betrachtungen ist das Unternehmen als eine sozioökonomische Gemeinschaft, die das Ziel hat, innerhalb einer marktwirtschaftlich ausgerichteten Gesellschaft zu überleben. Dabei gehe ich von zwei Prämissen aus:

- Das wichtigste Unternehmensziel ist die Erhaltung der eigenen Existenz.
- Die wichtigste Ressource des Unternehmens ist der Mensch.

Jedes Unternehmen hat einen Unternehmenszweck, es bietet materielle oder auch immaterielle Dienstleistungen für seine Kunden an. Ein primäres Ziel wohl jeder Unternehmung ist, dauerhaft am Markt erfolgreich zu sein, woraus sich das mit Abstand wichtigste Unternehmensziel folgern läßt: *Gewinn zu machen.* In der betrieblichen Realität wird man aber zumeist mit sekundären Zielen konfrontiert. Zielen also, die zwar ursprünglich aus dem obersten Ziel abgeleitet wurden,

---

[1] Merkle, H. L. (1987) S. 1373

[2] Genaugenommen ist dieser Ansatz aber wohl auch eine Art von Ideologie und könnte als „sozioökonomischer Pragmatismus" bezeichnet werden.

deren Auswirkungen aber nicht mehr in Gewinnanteilen ausgedrückt werden können. Zusätzlich werden selbst die Sekundärziele noch durch die viel unmittelbarer wahrgenommenen, weil dringlichen Aktionen des Tagesgeschäfts, überstrahlt. Und so ist es nicht verwunderlich, daß im Trubel der täglichen Arbeit den meisten Mitarbeitern das Bewußtsein um das Primärziel schließlich ganz verlorengeht.

Ein Wirtschaftsunternehmen kann aus eigener Kraft nur dann dauerhaft erfolgreich sein, wenn es positive Betriebsergebnisse erzielt. Nur wenn der Markterfolg gewährleistet ist, können die Beschäftigten am Gewinn partizipieren, Gehälter erhalten und über eine gesicherte Existenzgrundlage verfügen. Im Grunde genommen sollte darin der ursächliche Motivator für die Leistungsbereitschaft von Mitarbeitern begründet sein. Ein Mitarbeiter, dem der Zusammenhang zwischen Existenz des Unternehmens und seiner persönlichen Existenz klar ist, hat ein ureigenes Interesse am Ziel des Unternehmens, möglichst viel Gewinn zu machen. Doch leider sieht die Realität häufig ganz anders aus. Das Bewußtsein so mancher Mitarbeiter um diesen Zusammenhang ist nicht (mehr) besonders ausgeprägt. Vielmehr sind Freizeitorientierung, Selbstverwirklichung und Anspruchsdenken die neuen Werte vieler Menschen. Da Unternehmenskulturen nur ein verkleinertes Abbild der sie umgebenden Gesellschaftskultur sein können, halten deren Werte auch in unseren Unternehmen Einzug. Es läßt sich auch hier ein Rückgang der einstigen bürgerlichen Werte wie Disziplin, Pflichtbewußtsein, Verantwortungsbereitschaft, Solidarität und Loyalität beobachten. Etwas überspitzt ausgedrückt betrachten heute manche Mitarbeiter ihre Arbeitszeit als eine unangenehme Unterbrechung ihrer Freizeit, kennen nur ihre allernotwendigsten Pflichten, dafür aber alle ihre Rechte um so besser und sehen ihr Gehalt unabhängig von der Höhe ihres Beitrags zum Unternehmensergebnis. Daneben begegnen uns aber in zunehmendem Maße Mitarbeiter, die ein rigides Karrierebewußtsein zeigen. Bei ihnen nehmen Begriffe wie Macht, Ansehen und Geld die erste Stelle im Leben ein. Das Unternehmen dient für sie lediglich als Vehikel für die Realisierung ihres (erschreckenden) Egoismus, bei dem nur noch das Individuum zählt. Sie zeigen eine bemerkenswerte Teilnahmslosigkeit im Umgang mit anderen Menschen und bringen für die Solidargemeinschaft ständig weniger Gefühle und schon gar kein Verständnis auf. In der aktuellen wirtschaftlichen Situation wiegt dieser Wertewandel dann auch besonders schwer. Mittlerweile ist allen kritischen Beobachtern der derzeitigen Situation klar, daß etwas geschehen muß, daß es unter anderem einer Rückbesinnung auf die alten Tugenden bedarf.[1] Nur, mit dem Fordern allein ist es nicht getan. Wenn sich etwas ändern soll müssen wir zunächst die richtigen Randbedingungen schaffen und dann konkrete Schritte einleiten, um schließlich den Wertewandel möglich zu machen. Wegen des drastisch zunehmenden Wettbewerbs können wir es uns jedoch nicht erlauben auf den globalen gesellschaftlichen Wertewandel – falls es den je geben sollte – zu warten, sondern müssen für das betriebliche Umfeld schon jetzt Maßnahmen ergreifen.

Die auf Eigennutz beruhende Disziplinlosigkeit – nicht die Freiheit – des einzelnen muß beseitigt werden

Zusammenarbeit braucht ein verbindendes Element, eine Kultur, die von allen akzeptiert und gelebt wird. Die Grundwerte der Zusammenarbeitskultur bedürfen heute wieder einer expliziten Formulierung und Auffrischung, da sie, bedingt durch die bereits angesprochenen gesellschaftlichen Veränderungsprozesse, zunehmend weniger verinnerlicht sind. Es scheint, daß die vielen Jahre umfassender sozialer Absicherung, die Bedeutung einer Solidargemeinschaft und des füreinander Einstehens vergessen gemacht haben. Daneben haben leistungshemmende und unzulässig verallgemeinernde und starre Rahmentarifverträge[2] sowie ein sozialstaatlich orientiertes Arbeitsrecht ein trügerisches Gefühl der Unabhängigkeit geschaffen. Die

---

[1] Die Notwendigkeit der Rückbesinnung auf alte bürgerliche Werte wird auch von Politikern aller Parteien vertreten. Hierzu zwei aktuelle Aussagen:
„Es muß Schluß gemacht werden mit der Vorstellung, daß jährliche Lohnsteigerungen möglich sind und daß Löhne und Sozialleistungen aus der Steckdose kommen. Wir müssen ganz einfach wieder mehr arbeiten und Abschied nehmen vom Urlaubsfeteschismus." (Bundesaußenminister Klaus Kinkel, am 13. Juni 1993 auf dem FDP-Parteitag in Münster).
„Die Arbeit hat ihre zentrale Stelle im Leben vieler Menschen verloren. Die Freizeit ist in Deutschland in stärkerem Maße in den Mittelpunkt des Interesses der Menschen gerückt, wie dies in den umliegenden, mit uns konkurrierenden Ländern der Fall ist. Dies muß sich ändern. Hohe Fehlzeiten sind der Ausdruck einer sinkenden Arbeitsmoral und einer inneren Kündigung." (Baden-Württembergs Ministerpräsident Erwin Teufel, Ergebnisbericht der Zukunftskommission Wirtschaft 2000, Rede im Haus der Wirtschaft in Stuttgart am 22. Juni 1993).
Weiterführende Literatur hierzu: Dönhoff, M. u. a. (1992)

[2] An dieser Stelle möchte ich die Bemerkung eines technischen Angestellten wiedergeben, der im Entwicklungsbereich eines mittelständischen Maschinenbauunter-

Tatsache, daß auch die persönliche Existenz eines Mitarbeiters zuallererst vom wirtschaftlichen Erfolg des Unternehmens abhängt, ging weitgehend verloren und muß erneut ins Bewußtsein gerückt werden. Nur dann kann das für ein erfolgreiches Zusammenarbeiten so wichtige Wir-Gefühl entstehen.

Ich möchte hierfür vier grundlegende Tugenden, oder besser Aspekte, besonders herausstellen und sie im Hinblick auf die betriebliche Zusammenarbeitskultur diskutieren. Es sind dies der Aspekt der Loyalität (1), der Aspekt der Gruppendienlichkeit (2), der Aspekt des Gemeinnutzens vor dem Eigennutzen (3) und der Aspekt der Solidarität (4). Diese vier Aspekte sollen den Unterbau für eine Zusammenarbeitskultur bilden, die sich an den Bedürfnissen der Menschen innerhalb sozioökonomischer Gemeinschaften orientiert. Sie stellen nach meiner Auffassung die zwingend notwendige Voraussetzung jeder Verbesserung der Zusammenarbeit dar und bilden damit auch die für die Steigerung oder Wiedererlangung der internationalen Wettbewerbsfähigkeit der Industrieunternehmen nötige Basis.

Den Ausgangspunkt für die folgende Betrachtung der vier Aspekte bildet der Loyalitätsaspekt, von dem her sich die restlichen Aspekte ableiten lassen.

Der Aspekt der Loyalität

Von jedem Mitarbeiter kann Loyalität gegenüber den Unternehmenszielen erwartet werden.

Unternehmen sind solidarische Zweckgemeinschaften, die vielfach ganz unterschiedliche Ziele verfolgen. Die meisten dieser Ziele oder ihre Prioritäten können sich ändern, nicht jedoch das Ziel, Gewinn zu machen. Wirtschaftsunternehmen sind, anders als heute gern

nehmens beschäftigt ist. Seine Aussage halte ich für die charakteristische Beschreibung der Wirkung eines erstarrten und in der Realität eher leistungsverhindernden als -fördernden Tarifwesens: „Als ich erkennen mußte, daß mein Einkommen praktisch unabhängig von meiner Leistung ist (weil dieser Stelle nur eine bestimmte Tarifgruppe zugeordnet ist), habe ich keine Motivation mehr verspürt, mich anzustrengen. Im Gegenteil, mit der Zeit habe ich begonnen, meine Energie nur noch in die Suche nach Möglichkeiten zu stecken, wie ich mit noch geringerem Einsatz auskommen könnte."

reklamiert, nicht wirklich Freiwilligenorganisationen. Die Teilnahme an einer solchen Zweckgemeinschaft setzt in der Regel zwar eine einmalige, mehr oder weniger freiwillige Willensentscheidung[1] des Beschäftigten voraus, sein Beitritt zum Unternehmen impliziert dann aber immer auch, daß er die Ziele dieser Zweckgemeinschaft aktiv unterstützt. Jeder Mitarbeiter muß sich gegenüber den Unternehmenszielen also loyal verhalten. Wenn sich, was hin und wieder vorkommt, Unternehmensziele oder -zwecke ändern, gibt es in der Regel für jeden Mitarbeiter nur zwei Möglichkeiten: entweder kann er sie akzeptieren und internalisieren, oder er akzeptiert sie nicht und verläßt das Unternehmen.

Unbedingte Loyalität ist die Basis des zweiten Aspekts der Zusammenarbeitskultur: des Aspekts der Gruppendienlichkeit.

Der Aspekt der Gruppendienlichkeit

„Ich meine, wir müssen uns wieder freiwillig auf unsere alten Tugenden Selbstdisziplin und Leistungswillen besinnen, denn die Zeiten werden mit Sicherheit viel härter werden." (Marcus Bierich)[2]

Wer durch sein Verhalten fortgesetzt Probleme verursacht, muß die Solidargemeinschaft des Unternehmens verlassen.[3]

Wer sich nicht gruppendienlich verhält, sich in Nischen zurückzieht, abtaucht, Leistung verweigert, gemeinsame Maßnahmen boykottiert oder sich immer nur auf seine Rechte zurückzieht, ist fehl am Platz. Er darf sich nicht wundern, wenn er aus seinem Umfeld Druck erhält. In diesem Fall gibt es nur zwei Möglichkeiten: Ein Wechsel an einen geeigneteren Arbeitsplatz oder in ein anderes Unternehmen.

---

1 Die „Freiwilligkeit dieser Entscheidung ist oft sehr begrenzt. Meist gibt es eine Vielzahl von Zwängen aus dem persönlichen Umfeld, welche bewirken, daß die „freie Entscheidung" nur eine theoretische Möglichkeit darstellt.

2 Dr. Marcus Bierich, als Vorsitzender der Geschäftsführung der Robert Bosch GmbH, in einem Gespräch mit der Zeitschrift „Evangelische Kommentare" am 16. Januar 1989.

3 Hier muß sorgfältig differenziert werden zwischen absichtlicher Leistungsverweigerung und vom Mitarbeiter nicht zu verantwortende Minderleistung, z. B. durch körperliche/geistige Behinderung.

Der Beitrag des einzelnen Menschen in bezug auf das Teamergebnis ist in der Regel höher zu bewerten als die noch so geniale Einzelleistung. Dies gilt – mit gewissen Einschränkungen im Bereich der Forschung und Entwicklung und vielleicht noch bei der Akquisition von Neukunden – für alle betrieblichen Funktionsbereiche. Der Begriff des Teams steht dabei stellvertretend für betriebliche Einheiten beliebiger Größe. Ein Team kann in dieser Beziehung die 3-Personen-Projektgruppe sein oder der 1000-köpfige Geschäftsbereich.

Die Gruppendienlichkeit ist eine Maxime für das Verhalten von Menschen gegenüber anderen und für das Verhalten von Gruppen gegenüber übergreifenden Strukturen. Sie führt damit direkt zum nächsten Grundsatz:

Der Aspekt des Gemeinnutzens vor Einzelnutzen

„Egoismus und Konkurrenz sind (leider!) stärkere Kräfte als Gemeinsinn und Pflichtgefühl." (Albert Einstein)[1]

Die Leistung des einzelnen Menschen ist auch an seinem Beitrag zum Gemeinschaftsergebnis zu messen.

Eine Gruppe, eine Abteilung, ein Unternehmensbereich stellt im ökonomischen Sinne meist keine eigenständige Einheit dar. Unternehmensteile stehen alle in gegenseitigem Abhängigkeitsverhältnis zueinander, also zu anderen Gruppen, Abteilungen, Unternehmensbereichen und heute zunehmend auch zu externen Gruppen wie Lieferanten, Partnern und Kunden. Die Leistungen der Unternehmensteile müssen daher daran gemessen werden, welchen Beitrag sie zum Ergebnis der anderen Unternehmensteile liefern. Daraus läßt sich ein wichtiger Verhaltensgrundsatz ableiten. Er verlangt das Zurücktreten des einzelnen gegenüber dem Gesamten. Der Gesamtnutzen hat Vorrang vor dem Einzelnutzen.

Es gibt eine klare Prioritätenfolge für das Verhalten von Menschen innerhalb der betrieblichen Sozialgemeinschaft. Da sie eine Grundforderung für das Tun und Handeln der Menschen ist, muß sie ein fest verankertes Element der Unternehmenskultur sein. Der Beitrag einer

[1] Einstein, A. (1974)

Gruppe, eines Teams für die Abteilung ist höher zu bewerten (und zu gratifizieren) als die Teamleistung für sich. Der Abteilungsbeitrag für das Unternehmen wiederum ist höher zu bewerten als die für sich betrachtete Leistung der Abteilung. Dies bedeutet nicht, daß die Gleichförmigkeit und Systemkonformität höheren Stellenwert erhalten soll. Im Gegenteil, Individualität soll nicht beseitigt, sondern gefördert werden, schon im Interesse von individueller Verantwortungsbereitschaft und um individuelle Stärken zu nutzen. Aber den negativen Ausprägungen der Individualität, wie Egoismus, Selbstverwirklichung oder Opposition, sollte man kritisch gegenüberstehen. Gerade letzteres ist in der betrieblichen Praxis ein selten erkannter aber häufiger Anlaß für unnötige Reibungsverluste. Was immer die Ursache für die Opposition oder besser Konsensverweigerung[1] auch ist, in dem Moment, wo Unternehmensziele gefährdet werden, kann sie nicht mehr toleriert werden.

Der Aspekt der Solidarität

„Die Rechte entstehen aus nichts anderem als aus der erfüllten Pflicht." (Felice Cavalotti)[2]

Jede Form von Gruppen- oder persönlichen Egoismen muß aufgegeben werden, wenn das Unternehmensergebnis bedroht ist.

Loyalität, die Aufgabe von persönlichen oder bereichsspezifischen Egoismen, das Zurücktreten zugunsten der Gemeinschaft und Disziplin sind heute wieder gefordert. Der bisherige Trend zu immer ausgeprägteren Individualrechten ging einher mit steigender Anspruchs- und Konsumhaltung und einem immer kompromißloseren Gebrauch des Rechts zur Selbstbestimmung[3]. In einer betrieblichen Sozialgemeinschaft müssen wir erforderli-

[1] Vgl. Teil 2, Kapitel 3: Führen durch Konsens.

[2] Felice Cavalotti, italienischer Literat und Politiker (1842 – 1892), Originalfassung: *„I diritti non nascono che dal dovere compiuto".*

[3] Weizsäcker, C. F. von (1988) S. 460: *„Ich kann mich des Eindrucks nicht entziehen, daß wir einer mehr asketischen Weltkultur entgegengehen. Askese möchte ich hier definieren als Verzicht auf Güter, die man haben könnte. In der alten Gesellschaftsordnung, unter dem Ethos des Herrschens und Dienens, gab es drei geforderte Arten des Verzichts auf Güter: die Bescheidenheit der Dienenden, die Selbstbeherrschung der Herrschenden und die echte Askese der Entsagenden. In der Zukunft, so-*

chenfalls verbindliche Grundsätze für das Zusammenarbeiten definieren und im Bedarfsfall kompromißlos durchsetzen. Da die Existenz des einzelnen von der Existenz des Unternehmens und umgekehrt, das Unternehmen vom einzelnen abhängt, kann man das Unternehmen als zweckorientierte Solidargemeinschaft verstehen. Entsprechend dem Wesen des Solidaritätsbegriffs müssen sich alle Mitglieder (also Mitarbeiter und Führungskräfte) der Unternehmensgemeinschaft nach dem Grundsatz der Solidarität verhalten, der lautet: „Einer für alle, alle für einen". Eine hilfreiche Ergänzung dazu ist die kurze wie stichhaltige Definition des Solidaritätsbegriffs durch Rupert Lay[1]:

„Eine solidarische Gruppe verhält sich – im Regelfall durch störende Einflüsse von außen motiviert – als Einheit und schützt damit die ihr zugehörenden Personen davor, den störenden Ein – oder Angriffen emotional, materiell, juristisch, sozial nicht gewachsen oder hilflos ausgeliefert zu sein."

Das Selbstbestimmungsrecht des einzelnen hört da auf, wo die Rechte anderer verletzt werden.

Die Konsequenz daraus lautet: Wer sich auf Kosten anderer (Kollegen oder Kunden) profiliert, wer täuscht, betrügt, gegen das Loyalitätsprinzip verstößt, ethische Grundwerte mißachtet, oder wer den Unternehmenszielen schadet, für den ist kein Platz in einer sozioökonomischen Gemeinschaft. Wenn er sich fortgesetzt unsolidarisch verhält, schadet er dem Ganzen und gefährdet damit die Existenz aller. Er kann nicht mehr die Solidaritätspflicht der Gemeinschaft gegenüber dem einzelnen für sich beanspruchen.

Vorschläge zum Aufbau gemeinsamer Werte und Normen

- Gestalten und pflegen Sie aktiv eine Zusammenarbeitskultur, die sich im wesentlichen an den Werten und Normen einer „vernünftigen" Gesellschaft orientiert.
- Laden Sie zu offenen Diskussionen über den Inhalt und Zweck einer bereichseigenen Zusammenarbeitskultur ein.

---

fern die Gesellschaft imstande sein sollte, dem Ethos der Freiheit und Gleichheit Genüge zu tun, wäre eine Vereinigung von Bescheidenheit und Selbstbeherrschung, eine 'demokratische Askese' notwendig.

[1] Lay, R. (1991) S. 128

- Vereinbaren Sie im Konsens mit Ihren Mitarbeitern Grundwerte, welche die Prämissen und Grundsätze für das Handeln und den Umgang miteinander darstellen.
- Veröffentlichen Sie die in Ihrem Bereich erarbeitete schriftliche Fassung der spezifischen Zusammenarbeitskultur für Ihre Mitarbeiter und Führungskräfte. Nehmen Sie als Orientierungshilfe z. B. den in Teil 3, Kapitel 3 des Buches aufgeführten Mustertext.
- Gründen Sie ein „Werte-Team“, das für die Pflege und Weiterentwicklung der Zusammenarbeitskultur die ständige Verantwortung trägt.
- Belohnen Sie gruppendienliches Verhalten. Sorgen Sie dafür, daß dies auch andere Führungskräfte tun.
- Vereinbaren Sie im Konsens mit allen Führungskräften und Mitarbeitern Regeln für die Kommunikation und Kooperation miteinander.
- Sorgen Sie für die Einhaltung der vereinbarten Werte und Normen. Sorgen Sie dafür, daß auch andere dafür sorgen.

2. Teil
Organisation – die wichtigsten Aspekte

1. Kapitel: Stabsstellen versus Fachstellen – eine Analyse

"We have industrially modeled organizations running postindustrial businesses. It is no wonder, that we manage our way to economic decline. Our managerial models, the 'context' in which we manage, don't suit the 'content' of today's business." (Stanley M. Davis)[1]

Auf der „World Motor Conference[2] 1993", die in jenem Jahr ganz unter dem Eindruck der wirtschaftlichen Krise der Automobilindustrie stand, gab es eine Reihe bemerkenswerter Aussagen zu den künftigen Organisationsformen in den Unternehmen. Insbesondere einige Grundforderungen des Vorsitzenden des Vorstands der Mercedes-Benz AG, Helmut Werner, möchte ich hier sinngemäß wiedergeben: Um die Reaktionsgeschwindigkeit auf Kundenwünsche zu erhöhen und auf die heutige Marktdynamik reagieren zu können, muß die Effizienz der Fertigung, der internen Abläufe und der Unternehmenskultur allgemein verbessert werden. Dabei muß ein Optimum an vertikaler Integration erreicht werden. Selbstkritisch wies er auf die Ursachen der heutigen Probleme hin: Demnach habe der Erfolg der vergangenen Jahre und der hohe Grad der Arbeitsteilung zu einer Trägheit der internen Abläufe geführt. Als Gegenmaßnahmen nannte er u. a. die Änderung der Einstellung und des Verhaltens der Beschäftigten, die Abkehr von einer statischen Organisation mit – wie er es nannte – strikten Demarkationslinien und die Straffung der Managementhierarchie.

Die von ihm genannten Probleme und Ursachen finden sich aber nicht nur in der Automobilindustrie. Gleichartige Aussagen gibt es zur Zeit in vielen anderen Branchen. Bei der Suche nach Lösungen ist man sich, zumindest was die Zahl der Ebenen eines Unternehmens anbelangt, weitgehend einig: möglichst wenige sollten es sein. Aber, mit der bloßen Streichung von Ebenen ist es ja nicht getan. Wie viele dürfen, wie viele müssen es noch sein? Wie stellt man sicher, daß diese flache Hierarchie auch

[1] Davis, S. M. (1987) S. 6
[2] September 1993, Frankfurt/Main

dauerhaft erfolgreich sein kann? Wie erreicht man, daß Bereichsegoismen in der neuen Struktur tatsächlich eliminiert sind? Wie verhindert man, daß die Malaise der ständigen Organisationsteilung und -vermehrung diesmal ausbleibt? Wie erreicht man, daß das Kopfzahldenken der Vergangenheit angehört? Wie verhindert man das Erstarren und Verknöchern der Stabsabteilungen? Wie vermeidet man das Verkrusten und Bürokratisieren des Verwaltungsapparats? Wie unterbindet man die Bildung der ständig zunehmenden Verwaltungs-Overheads? Oder positiv formuliert: Wie erreicht man ganzheitliches Denken und Handeln? Wie erzielt man kontinuierliche Kostensenkungen? Wie gelingt die kontinuierliche Anpassung der Organisation an die sich ständig verändernden Umfeldbedingungen?

Eines ist sicher, erst die richtigen organisatorischen Randbedingungen ermöglichen eine Lösung der Probleme. Dabei kommt der Einführung unternehmensinterner marktwirtschaftlicher Prinzipien die wohl entscheidende Schlüsselrolle zu. Außerhalb unserer Unternehmen sind marktwirtschaftliche Prozesse die Regel, innerhalb praktizieren wir aber eher planwirtschaftliche Prinzipien[1] . Nun gibt es ja gerade in der jüngeren Geschichte anschauliche Beispiele für die geringe Überlebensfähigkeit von planwirtschaftlichen Wirtschaftssystemen, und so erscheint es verstärkt für angebracht, marktwirtschaftliche Prinzipien in unsere Unternehmensorganisationen einzuführen.

[1] Die jährliche Verteilung der Investitionsmittel innerhalb vieler Unternehmen ist ein Paradebeispiel für interne Planwirtschaft. Es ist eine geläufige Tatsache, daß Investitionsbudgets üblicherweise erheblich über dem tatsächlichen Bedarf in die Planung eingestellt werden („schließlich braucht man ja ein Polster für die mit Sicherheit kommenden Kürzungsrunden“). Die gewährenden Stellen wissen das natürlich („schließlich sind wir ja auch nicht von gestern“) und planen die ebenso üblichen, mehrfachen Kürzungsrunden routinemäßig ein. Wer Glück (oder besser Raffinesse) hatte, dem bleibt am Ende aller Kürzungsrunden genau der Investitionsetat übrig, den er benötigt. Auf dem Weg dorthin ist aber enorm viel an Zeit und Energie vergeudet worden, und das Unternehmen ist den eigentlich mit den Investitionen verbundenen Zielen keinen Schritt nähergekommen. Ins gleiche Schema paßt auch das Ende jeden Planjahres einsetzende „Budgetverbraten“. Nichts ist so unangenehm, wie Geld übrig zu haben. Denn, wer am Ende des Jahres noch überschüssiges Geld hat, gerät leicht in Verdacht, überflüssige Reserven eingeplant zu haben (was ja meistens auch stimmt). Dies führt meist dazu, daß solch ein Kandidat, als „notorischer Überplaner“, bei den Kürzungsrunden des nächsten Planjahres unter besonderen Druck gerät.

Zunächst möchte ich jedoch zwei klassische Strukturen der heutigen Aufbauorganisation analysieren. Aus der Betrachtung der Probleme von Fach- und Stabsstellen und insbesondere des traditionell gespannten Verhältnisses zueinander, können wichtige Erkenntnisse für die organisatorische Neuordnung und für die Schaffung marktwirtschaftlicher Strukturen gewonnen werden.

Brauchen wir in einer modernen Organisationsstruktur noch zentrale Stäbe? Welche Rolle können sie angesichts immer flacher werdender und kurzlebigerer Aufbauorganisationen, sich immer rascher ändernder Vorgangsketten und nichtdeterminierbarer netzförmiger Beziehungsgeflechte noch spielen?

Meine Analyse beschäftigt sich mit dem in Konzernen geradezu traditionellen Konflikt zwischen Fach- und Stabsstellen und sucht nach Konsequenzen für eine Organisationsstruktur, die diese Probleme nicht mehr zuläßt. Denn interne Konflikte sind auf Dauer immer produktivitätsschädlich für ein Unternehmen. Unter dem Begriff „Fachstellen“ werden im folgenden alle diejenigen Stellen verstanden, die lokale, fachliche und operative Verantwortung haben. Unter „Stabsstellen“ werden solche Stellen verstanden, die zwar unternehmensweite Koordinationsaufgaben für ein Fachgebiet, aber keine operative Verantwortung haben. Sie werden oft als Zentralstellen oder -abteilungen bezeichnet und sind meist in der Konzernzentrale angesiedelt. Ausdrücklich nicht mit in die Betrachtung einbezogen sind diejenigen Stabsstellen, die eine reine Spezialistenfunktion wahrnehmen, wie z. B. die Rechtsabteilung oder das Patentwesen, eine Funktion also, die sonst nirgends mehr in nennenswerter Ausprägung vorhanden ist. Von der Betrachtung ausgeschlossen sind auch jene Stäbe, die eher Assistenzfunktionen für die Arbeit der Unternehmensleitungen darstellen.

Das Spannungsfeld wird in den von den Betroffenen immer wieder aufgeführten Vorwürfen deutlich:

„Fachstellen erfinden lieber das Rad neu, bevor sie bereit sind, eine von einer Stabsstelle vorgeschlagene Lösung zu akzeptieren. Sie verfolgen egoistisch und rücksichtslos eigene Strategien, halten sich nicht an Arbeitsanweisungen und geben unnötig viel Geld aus.“ (Stabsstellen über Fachstellen).

„Stabsstellen haben die Neigung, Vorschläge oder Vorhaben der dezentralen Stellen zu verzögern, zu verschleppen, umzudefinieren, bis zur Unkenntlichkeit zu verstümmeln oder bis zur Unbrauchbarkeit zu verändern." (Fachstellen über Stabsstellen).

Woher kommt das vor allem in größeren Konzernen oft so gespannte Verhältnis der Stabs- und Fachstellen zueinander? Stabsstellen haben in der Regel keine disziplinarische, wohl aber eine fachliche Weisungsbefugnis und sie sind meist, zumindest bei größeren Vorhaben der Fachstellen, zustimmungspflichtig. Um die fehlende Disziplinargewalt auszugleichen, haben Stabsstellen oft umfassende Methoden (z. B. formalisierte Planungs-, Berichts- und Genehmigungsverfahren) zur Steuerung und Überwachung der Fachstellen entwickelt. Als Gegenreaktion haben die Fachstellen im Laufe der Zeit Strategien entwickelt, Vorhaben so listig zu verschleiern, aufzuteilen oder zu tarnen, daß die Stabsstellen keine oder nur noch eingeschränkte Möglichkeiten zur Einflußnahme haben.

Die aufgeführten Probleme stellen die nur allzu vertrauten Symptome als Resultat einer mangelhaften Zusammenarbeit dar:

- Redundante Infrastrukturen und Ressourcen in den Fachstellen
- Mehrfache Lösungen gleicher und gleichartiger Probleme in den Fachstellen
- Parallele Produktentwicklungen mit praktisch gleichen Spezifikationen
- Bereichsegoistisches Verhalten
- Konkurrenzdenken zwischen Fach- und Stabsstellen
- Versickern und Brachliegen von Know-how
- Horten von Spezialwissen
- Langsame, bürokratische und inflexible Entscheidungsfindung im Zusammenspiel zwischen den Stabs- und Fachstellen
- Suboptimale Lösungen
- In der Summe zu hohe Investitionsetats und Budgets
- Abgrenzungsstrategien und territoriales Verteidigungsverhalten

- Mangelnde Zusammenarbeit mit anderen Stellen

Die häufigen Folgen mangelnder Zusammenarbeit sind:

- Verzögerte Innovationsprozesse in Fertigung und Entwicklung (Ratioeffekte, Flexibilität, Qualität)
- Unnötig hohe Produktkosten
- Sinkende Wettbewerbsfähigkeit

Angesichts solcher Konsequenzen scheint es sinnvoll, die Ursachen und Hintergründe ein wenig näher zu betrachten, zunächst am Beispiel der Stabsstellen.

Die Probleme der Stabsstellen

„Stabsstellen sind langsam, inflexibel, inkompetent und zu teuer." (Fachstellen)

Das Verhalten von Stabsstellen ist durch zwei wesentliche Aspekte gekennzeichnet:

(1) Die immer schneller werdende Innovationsfolge hat zwangsläufig ein immer rascheres Veralten von Fachwissen zur Folge.

- Stabsstellen haben mangels Problemnähe und fehlender operativer Verantwortung daher Mühe, die erforderliche fachliche Kompetenz aufrechtzuerhalten.
- Mangels operativer Verantwortung erfolgt in den Stabsstellen keine kontinuierliche Qualifikationsanpassung.
- Fehlender Leidensdruck, durch die nicht vorhandene operative Verantwortung, führt meist zu einem zu optimistischen Realitätsbild.
- Isolation und auch Desinteresse gegenüber Tagesproblemen der operativen Stellen führen zu mangelndem, zumindest aber eingeschränktem Verständnis bei der Beurteilung von operativen Vorhaben.
- Die meist eingeschränkte Fluktuation führt erfahrungsgemäß zur Überalterung des Personals.

(2) Stabsstellen verursachen unnötige Kosten.

- Die Personalkosten sind deutlich höher als die der Fachstellen, da Stabsstellen wegen der begrenzten Karriereaussichten ihre Mitarbeiter meist über finanzielle Zugeständnisse akquirieren müssen.
- Allein schon die Existenz einer Stabsstelle bindet in den Fachstellen Personalkapazität. Die oft unnötig langwierigen Planungs- und Abstimmungsverfahren und das vielfach kleinliche und daher zeitraubende Berichtswesen haben erhebliche Aufwände zur Folge.
- Umständliche und zögerliche Beurteilungs- und Genehmigungsverfahren von Vorhaben der Fachstellen bringen Verschleppung wichtiger Vorhaben mit sich. Rationalisierungsmaßnahmen oder Marktanpassungen werden verspätet wirksam.

Es scheint, daß Stabsstellen die Neigung haben, ihre disziplinarische Einflußlosigkeit gegenüber den Fachstellen durch eine ständig zunehmende Formalisierung des Planungs- und Berichtswesens auszugleichen. Die sorgfältige und detaillierte Prüfung von Vorhaben der Fachstellen wird insbesondere dann als machtpolitisches Instrument benutzt, wenn es darum geht, aus Sicht der Stabsstellen ungeeignete Vorhaben der Fachstellen zu verhindern.

Eine bedeutende Rolle für die Wahrnehmung der fachlichen Koordination und Steuerung der Fachstellen spielt daneben auch die zentrale Arbeitsanweisung. Diese ist, als ein Bestandteil der „innerbetrieblichen Gesetzgebung", für die Fachstellen verbindlich. Da sie aber oft deren unterschiedliche Einsatzbedingungen und Erfolgsfaktoren nicht angemessen berücksichtigen kann und darüber hinaus die notwendige Anpassung an die technische Weiterentwicklung nur schleppend erfolgt, ist sie für viele Fachstellen nicht ohne weiteres umsetzbar. Wenn dann noch klare, visionäre Leitbilder als Basis für fachliche Konzepte fehlen oder hartnäckig über viele Jahre hinweg eine einmal eingeschlagene aber längst überholte technische Strategie verfolgt wird, werden leicht Emotionen angeheizt. Dann wird die Arbeitsanweisung, ihrem offiziellen Charakter gemäß, zwar noch sorgfältig aufbewahrt, aber nicht unbedingt mehr sorgfältig beachtet.

Von hundert Arbeitsanweisungen mit detailliertem fachlichen Inhalt sind vielleicht nur fünf wirklich notwendig, der Rest wäre besser als Handlungsrahmen, Empfehlung oder langfristiges Ziel formuliert worden. Statt detaillierter technischer Anordnungen sollten Arbeitsanweisungen viel stärker den Ziel/Zweckgedanken (vgl. Kapitel 3) betonen.

Zusammenfassend kann über Stabsstellen folgendes gesagt werden: Stabsstellen haben oft eine ausgeprägt konservative Einstellung und zeigen ein starkes Beharrungsvermögen gegenüber der technischen Innovation. Sie verzögern damit nachhaltig die rasche Anpassung der Fachstellen an sich verändernde Marktbedingungen. Durch die Trägheit der Entscheidungsfindung, die eingeschränkte Flexibilität und fachliche Differenzen mit den Fachstellen kann es zu erheblichen Verzögerungen und Beeinflussungen der innerbetrieblichen Prozesse kommen. Stabsstellen neigen latent dazu, ein immer größeres Eigenleben zu entwickeln und fruchtlose Konflikte zwischen den Fachstellen und der Zentrale hervorzurufen. Sie können kaum oder nur mit Mühe Anschluß an die technische Innovation halten und haben oft nicht die erforderliche Akzeptanz der Fachstellen.

Die Probleme der Fachstellen

„Fachstellen sind uneinsichtig, vorschnell, zügellos und verschleudern Ressourcen." (Stabsstellen)

Es ist immer wieder erstaunlich, wie gering die Bereitschaft von Fachstellen zur Zusammenarbeit ist. Vielfach werden lieber Nachteile in Kauf genommen, als auf Arbeitsergebnisse oder Unterstützung anderer zurückzugreifen. Es scheint, daß manche Menschen eine gute Idee schon allein deshalb nicht annehmen, weil sie von einem anderen kommt. Abgrenzungsverhalten[1] und Bereichsegoismen bilden immer wieder Anlaß für ineffiziente Abläufe.

[1] Ein besonders drastisches Beispiel für Abgrenzungsverhalten schilderte mir ein Mitarbeiter eines Elektronikunternehmens. Dort wurde Anfang der achtziger Jahre von einer Fachabteilung ein CAD-System (Computer-Aided-Design) zur Unterstützung der Leiterplattenentwicklung und -fertigung beschafft. Dieses System erwies sich durch seine Inkompatibilität als wahrer Störenfried in der Vorgangskette. Aufwendige manuelle Vor- und Nachbearbeitungen, Zeitverzug und Qualitätsprobleme waren die Folgen. Initiativen zur Homogenisierung der Vorgangskette scheiterten jedoch jedesmal am vehementen Widerstand der Fachab-

Bei den Fachstellen lassen sich meist vier – im Grunde zusammenhängende – Problempunkte identifizieren:

(1) Redundante Bearbeitung von Problemen

Teure, vor allem aber rare Spezialisten werden dafür eingesetzt, Aufgaben zu bearbeiten, die in gleicher oder ähnlicher Form schon einmal irgendwo im Unternehmen gelöst wurden oder gerade werden.

(2) Nicht ausreichende Ressourcen

Vielfach werden Probleme angegangen, für die in der Fachstelle nicht die erforderliche Personalkapazität, die notwendigen Investitionsmittel oder sonstige unerläßliche Ressourcen vorhanden sind. Dadurch kommt es entweder zum Scheitern des Vorhabens, zu unzulänglichen Ergebnissen, zumindest aber zu erheblich verlängerten Realisierungszeiten.

(3) Mangelndes Know-how

Häufig fehlt das richtige Know-how oder liegt ein ungenügender Erfahrungshintergrund vor. Dadurch kommt es zu den typischen Zeitverzögerungen, zu dramatischen Kostenüberschreitungen, zu eingeschränkter Funktionalität oder mangelhafter Qualität.

(4) Mangelhaftes Kostenbewußtsein

Meist werden die Kosten nach einem Umlageschlüssel auf Kostenstellen umgelegt. Es gibt dann keinen Zusammenhang zwischen erbrachter

---

teilung, die sich verbissen mit detaillierten fachlichen Argumenten wehrte. Schließlich fand man sich damit ab und führte einige umständliche und teure Hilfslösungen ein. Lange Zeit war aber nicht klar, was das wirkliche Problem war. Bis zu jenem Abend, am Rande einer Münchner Elektronikmesse. Dort nämlich – bei einem der üblichen abendlichen Biertrinkrituale in der Hotelbar – wurde mein Informant zufällig Zeuge eines Gesprächs, welches der Leiter der Fachabteilung mit einem Kollegen führte. Im Laufe des Gesprächs stellte sich überraschend heraus, daß der wahre Grund für die Auswahl des CAD-Systems nicht, wie vorgegeben, dessen funktionelle Überlegenheit war, sondern dessen Inkompatibilität zu vorhandenen Systemen. Denn dies lieferte den Garanten für die gewünschte Unabhängigkeit von den verhaßten Stabs- aber auch anderen Fachstellen. Welchen Schaden dieser Abteilungsleiter damit dem Unternehmen zugefügt hatte, wird wohl nie quantifizierbar sein. Enorm ist aber die Langzeitwirkung solcher Entscheidungen: Wie mir versichert wurde, ist die Vorgangskette auch heute (also rund 10 Jahre später) noch immer nicht durchgängig.

Leistung und dem Nutzen auf Kundenseite. Durch die anonymisierte Betrachtung von Kosten geht das Bewußtsein verloren, daß sich alle Kosten letztendlich in den Produktkosten niederschlagen und damit entweder die Marktchancen und/oder die Erträge verringern.

Zusammenfassend läßt sich für Fachstellen folgendes Fazit ziehen: Fachstellen neigen latent dazu, ein immer stärkeres Eigenleben zu führen und ihre tatsächlichen Aufwendungen zu verbergen. Ihre Bereitschaft zur Zusammenarbeit mit Stabsstellen oder anderen Fachstellen ist nur gering ausgeprägt. Bereichsegoismen und Abgrenzungsstrategien führen zu erheblichen Redundanzen, ineffizientem Arbeiten und unnötigen Kosten.

Erkenntnisse

Welche Schlüsse lassen sich aus dem besonderen Verhältnis der Stabs- und Fachstellen zueinander und aus ihren spezifischen Problemen ziehen?

- Die herkömmlichen Zusammenarbeitsverfahren zwischen Fach- und Stabsstellen sind nicht mehr sinnvoll. Die organisatorische Separierung verhindert die Einführung von effizienteren und flexibleren Vorgangsketten im Unternehmen. Kundenorientierung, kürzere Reaktionszeiten, globales Denken und Handeln, immer rascheres Veralten von Fachwissen sowie geänderte gesellschaftliche Wertestrukturen und Normen, erfordern eine völlig neuartige Aufbauorganisation mit einer dazugehörigen pragmatischeren, sich am Ziel und Zweck orientierenden *Zusammenarbeitskultur.*
- Die Einführung von internen *marktwirtschaftlichen Strukturen* wird dazu beitragen, die Probleme einer starren Organisation zu beseitigen. Fach- und Stabsstellen werden künftig viel direkter in die operativen Vorgangsketten des Unternehmens eingebunden. Ihr Beitrag zum Unternehmensergebnis wird um so höher sein, je größer ihre Problemnähe ist, je mehr interne Kunden sie haben oder je besser sie diese unterstützen können. Dies wird zu einer steigenden Bereitschaft der Fachstellen führen, konstruktiv mit anderen Fach- und Stabsstellen zusammenzuarbeiten und eine ganzheitliche und unbürokratische Zusammenarbeitskultur ermöglichen.

- Die ständige Steigerung der zulässigen Reaktionsgeschwindigkeit eines Unternehmens macht eine zentrale Koordination von Fachstellen durch problemferne Stabsstellen künftig wahrscheinlich gänzlich unmöglich. Die Zuständigkeiten von Fach- und Stabsstellen und die Art ihrer Zusammenarbeit müssen neu geregelt werden. Die meisten der heutigen Stabsstellen können wegen der mangelnden operativen Nähe nicht mehr den erforderlichen Beitrag zum Unternehmensergebnis erbringen und werden in der künftigen Organisation nicht mehr vorkommen. Die verbleibenden Stabsstellen werden sich als professionelle *interne Dienstleister* organisieren müssen.
- Das immer raschere Zunehmen des Fachwissens zwingt zu immer stärkerer Spezialisierung und zum Aufbau von *Spezialistennetzwerken.* Der Aufbau und die Pflege dieser Know-how-Netze erfolgt künftig innerhalb gewachsener *Beziehungsgeflechte* und benötigt keine explizit formale Koordination mehr.

Die Analyse ermittelte vier wichtige Bausteine einer effizienten Organisationsstruktur: Interne Marktwirtschaft, Dienstleistungsprinzip, unternehmensweite Spezialistennetzwerke und Beziehungsgeflechte. Auf ihnen beruht das im folgenden diskutierte Organisationsmodell.

2. Kapitel: Ein erfolgversprechendes Organisationsmodell

Bei der folgenden Betrachtung bleiben rechtliche oder finanztechnische Betrachtungsweisen für Organisationskonstrukte unberücksichtigt. Es wird auch nicht auf die klassischen Fragestellungen der Aufbauorganisation eingegangen. Es geht also nicht darum, ob z. B. eine branchen- oder produktorientierte Organisation zugrundegelegt oder eine Matrix- oder Funktionsorganisation gewählt wird, sondern vielmehr darum, einige grundlegende Wirkungsprinzipien vorzustellen und ihre Erfolgsaussichten zu begründen. Insgesamt werden sieben Themenkreise behandelt, die als die Bausteine einer neuen Führungsorganisation aufgefaßt werden können. Es sind dies: (1) Das Dienstleistungsprinzip, (2) Interne Marktwirtschaft und (3) Beziehungsgeflechte. Im Rahmen der Betrachtung der künftigen Aufbauorganisation kommen noch (4) Virtuelle Strukturen und Spezialistennetzwerke, (5) Spärliche Hierarchien, (6) Das Prinzip der vernetzten Foren und (7) Endogene Organisationsentwicklung hinzu.

Bausteine einer neuen Führungsorganisation

(1) Das Prinzip der internen Dienstleistung

Interne Dienstleister bewirken marktwirtschaftliche Abläufe.

Jeder Mensch, jede Stelle, jeder Bereich innerhalb eines Unternehmens arbeitet anderen zu, erbringt (leistet) Dienste in Form materieller oder immaterieller Leistungen. Er oder sie sind also genaugenommen „Dienst-Leister“, welche dafür sorgen müssen, daß andere (ihre Kunden) optimal ihre Arbeit machen können. Leider ist diese Auffassung nicht besonders weit verbreitet, und wenn man sich Unternehmensabläufe genauer anschaut, gewinnt man eher den Eindruck, es mit einer Ansammlung verfeindeter Gruppierungen zu tun zu haben. Diese scheinen mehr dem Prinzip „Jeder gegen jeden“ zu huldigen, als eine konstruktive Zusammenarbeit zu pflegen. Konkurrenzkämpfe, Machtkämpfe, Intrigen, Abgrenzungsverhalten, Geltungssucht, Egoismus, Neid, Mißgunst, Schadenfreude und Gleichgültigkeit sind an der Tagesordnung und prägen das Unternehmensklima.[1] Eine gesamtheitliche Sichtweise auf das Unternehmen geht dabei meist verloren oder entsteht erst gar nicht. Das Gefühl für die Bedeutung einer stellenübergreifenden Zusammenarbeit kann dabei ebensowenig aufkommen, wie die Erkenntnis des Zusammenhangs zwischen der eigenen Arbeit und dem Unternehmensergebnis. Bezeichnend für diesen Zustand sind auch die Begriffe, die wir in unserer Sprache verwenden. Diese zeugen von einem ausgeprägten Bereichsdenken. Wir verwenden gern den von den Ingenieuren geprägten Begriff der „Schnitt-Stellen“ zwischen „Ab-Teilungen“. Es wird in „Schnitten“ gedacht und gearbeitet – was jenseits der Schnitte liegt, interessiert nur noch am Rande. Es ist ja „ab-geschnitten“ und „ab-geteilt“. Das hierarchische Denken spiegelt sich in den Begriffen „Vor-gesetzter“ und „Unter-gebener“ wider. Eine Führungskraft, die sich als Vorgesetzter versteht und ihre Mitarbeiter als Untergebene bezeichnet, kann nicht wirklich partnerschaftliche Beziehungen aufbauen. Die Sprache folgt dem Verhalten, und das Verhalten folgt der Sprache. In den Begriffen Schnittstelle, Abteilung, Untergebener und Vorgesetzter wird die ganze Misere unserer nicht existierenden Zusammenarbeitskultur deutlich.

Wie bereits im ersten Teil des Buches ausgeführt, sind Unternehmen Zweckgemeinschaften, die gemeinsame Ziele verfolgen. Mitglieder der Zweckgemeinschaft müssen sich deren Zielen gegenüber auch dienlich verhalten. Dienlich verhält sich, wer nützliche Dienste erbringt. Demnach muß sich jedes Mitglied als integraler Bestandteil des Ganzen sehen. Und als solcher darf es sich dabei nicht abgrenzen, sondern muß sich fragen, was es tun kann, damit andere ihre Aufgaben noch effizienter bewältigen können. Auch unternehmensintern muß der Dienstleistungsgrundsatz der freien Marktwirtschaft gelten: „Was kann ich tun, um meine internen Kunden (d. h. Kollegen, andere Mitarbeiter und Führungskräfte) und damit die Zweckgemeinschaft des Unternehmens noch erfolgreicher zu machen?“

---

[1] Die mangelhafte Zusammenarbeit von Gruppen mit anderen Gruppen ist offensichtlich ein systemimmanentes Problem. Die Evolutionstheorie liefert hierzu brauchbare Erklärungsmodelle.
Ergänzend hierzu: Bresch, C. (1977) und Weizsäcker, C. F. v. (1986 u. 1987)

Jede Stelle, die einer anderen zuarbeitet, ist ein Lieferer, der für seinen Kunden Dienste zu erbringen hat. Die unternehmensinterne Vorgangskette ist somit als eine Kette von Kunden- und Liefererbeziehungen auffaßbar. Der interne Lieferer wird, genauso wie der externe, an seinem Beitrag zum Ergebnis seines Kunden gemessen. Die Maßgaben für Qualität, Termin und Kosten bestimmt auch unternehmensintern der abnehmende Bereich, der interne Kunde – allenfalls beide gemeinsam, aber niemals der Lieferer.

Die Auffassung der internen Vorgangskette als eine Kette von Kunden- und Liefererbeziehungen ist ein wirksames Mittel gegen die Erstarrung von Organisationsstrukturen und Abläufen.

Für alle innerbetrieblichen Stellen gilt dabei der Grundsatz unbedingter Gleichwertigkeit. Wir kennen nun aber aus der betrieblichen Praxis den häufig auftretenden Effekt, daß Stellen ein ungerechtfertigtes elitäres Selbstbewußtsein entwickeln. Die Ursache für dieses überzogene Selbstwertgefühl ist wohl zum Teil gruppendynamisch erklärbar, denn es taucht immer dann auf, wenn in einer Gruppe von Menschen das für ihre effiziente Zusammenarbeit an sich so wichtige „Wir-Gefühl“ entstanden ist. „Wir-Gefühl“ erzeugt leicht „Sie-Gefühl“, sie, das sind die „anderen“, die „Fremden“, die „Gegner“. Die Überbewertung der Bedeutung der eigenen Stelle, das „Herabblicken“ auf andere Stellen legt aber unnötige Emotionen frei und führt letztlich zu Reibungsverlusten bei der Zusammenarbeit. Damit verbunden gibt es oft noch einen weiteren Negativeffekt: Konkurrenzkampf. Damit ist nicht der in vielen Fällen sehr nützliche konstruktive und eher spielerische Wettbewerb gemeint, sondern die negative Ausprägung des Konkurrenzprinzips – eben „Kampf“. Was auf den ersten Blick einen positiven Einfluß auf die Leistungsbereitschaft der Mitarbeiter zu haben scheint, stellt bei näherer Betrachtung eine latente Gefahr für effiziente Unternehmensabläufe dar. Es geschieht immer wieder, daß der Wettbewerb in eine versteckte oder sogar offene Feindschaft umschlägt, wo es den beteiligten Stellen nur noch darum geht, der jeweils anderen Stelle ihre Unfähigkeit nachzuweisen. Die dadurch ausgelösten Aktivitäten sind oft ohne Bezug zur eigentlichen Aufgabenstellung und damit als unnötige Ressourcenvergeudung anzusehen.

Aus Unternehmenssicht ist es viel effizienter, den äußeren Konkurrenzdruck, der ja eine unmittelbar existenzbedrohende Wirkung auf das Unternehmen hat, dazu zu benutzen, die Leistungbereitschaft von Mitarbeitern zu wecken. Innerhalb einer globalen Marktwirtschaft von Konkurrenzkampf zu sprechen, ist wohl durchaus legitim, innerhalb des Unternehmens – insbesondere zwischen kleinen Unternehmensbereichen oder Stellen – ist er jedoch mit Sicherheit schädlich.

Alle betrieblichen Funktionsbereiche eines Unternehmens sind grundsätzlich gleichwertig.

Kein Produktentwickler innerhalb eines Industrieunternehmens kann – und sei er noch so genial – ohne Vertrieb oder Fertigung existieren. Sieht man einmal von dem seltenen Fall ab, daß man Produkte bereits vor ihrer Entwicklung und Herstellung verkaufen kann, sind Vertriebs- und Fertigungsbereiche ohne die vorangegangene Entwicklung nicht in der Lage, Produkte zu fertigen oder zu vertreiben. Die Stellen eines Unternehmens (ihre Menschen) befinden sich damit in einem gegenseitigen Abhängigkeitsverhältnis – ein Umstand, der häufig vergessen zu sein scheint. Der bereits erwähnte interne Konkurrenzkampf oder elitäres Verhalten schadet dem Ganzen und hat somit keinen Platz in einem Unternehmen. Es gibt keine Rechtfertigung dafür – im Gegenteil, es muß sorgsam vermieden werden.

Die Existenz einer Stelle erlischt, wenn sie keine (internen) Kunden mehr hat.

Eine betriebliche Funktionseinheit hat (nur) solange Daseinsberechtigung, wie sie einen Beitrag zum Unternehmenszweck liefert. Der Nachweis hierzu ist einfach zu führen: Solange es interne oder auch externe Kunden gibt, denen diese Dienste wichtig sind, die also bereit sind, die entstehenden Kosten für die Dienstleistungen zu übernehmen, hat diese Stelle eine Daseinsberechtigung. Sobald dies nicht mehr der Fall ist, muß sie aufgegeben werden. Es ist die Aufgabe der Führungskräfte, die Daseinsberechtigung ihres eigenen Bereichs ständig zu überprüfen und die richtigen Maßnahmen einzuleiten. Wenn die Existenz ihres Bereichs gefährdet ist, hat die Führungskraft nur zwei Möglichkeiten: Entweder sie paßt das Dienstleistungsportfolio an die Bedürfnisse der Kunden an oder sie leitet die Bereichsauflösung ein. Jede Führungskraft, die dies nicht emotions- und kompromißlos wahrnehmen kann, hat früher oder später wahrscheinlich persönliche Existenzprobleme.

Je indirekter eine betriebliche Funktion ist, um so ausgeprägter ist ihr Dienstleistungscharakter. Auch Führungskräfte sind ja eher indirekt am Arbeitsergebnis ihrer Stelle beteiligt und können sich damit in einem gewissen Umfang als Dienstleister[1] gegenüber ihren Mitarbeitern verstehen. In der Rolle des Dienstleisters liefert die Führungskraft alle notwendigen Beiträge, die ihren Mitarbeitern helfen, so effizient wie möglich zu arbeiten.

Vorschläge für die Positionierung als Dienstleister

- Formulieren Sie Richtlinien für den Umgang Ihrer Mitarbeiter mit Ihren internen Kunden.
- Teilen Sie Ihren internen Kunden mit, wobei und wodurch Sie ihnen helfen können.
- Widmen Sie Ihre ganze Aufmerksamkeit der Frage, was Sie tun können, Ihre Kunden noch erfolgreicher zu machen.
- Überlegen Sie sich ständig neue Wege zur Information Ihrer Kunden.
- Reden Sie so oft wie möglich mit Ihren Kunden.
- Zeigen Sie genauso professionelles Dienstleistungsverhalten, wie Sie es von Ihren Lieferern erwarten.
- Veranstalten Sie Workshops, Arbeitskreise oder Schulungsmaßnahmen für die Ausbildung Ihrer Mitarbeiter im Umgang mit Kunden.
- Fangen Sie selbst bei zunächst so unbedeutend klingenden Dingen wie Telefonierregeln an (z. B. das Führen von Anruferlisten oder das Ersetzen von ärgerlichen Floskeln wie „Was gibt's?“ durch „Was kann ich für Sie tun?“; oder „Dafür bin ich nicht zuständig!“ durch „Einen Moment, ich kläre, wer Ihnen weiterhelfen kann“, usw.).
- Sorgen Sie für eine permanente Erreichbarkeit während der Tageszeiten, während derer Ihre internen Kunden auch anwesend sind.
- Überprüfen Sie regelmäßig Ihre Akzeptanz bei Ihren internen Kunden in Form von Befragungen, Fragebogenaktionen, usw.

[1] Vgl. auch Fuchs, J. (1992) S. 20: „*... für diese Dienstleistung werden die Führungskräfte ja schließlich von ihren Mitarbeitern bezahlt. Die Mitarbeiter werden zu den Kunden ihrer Führungskräfte*“.

- Nehmen Sie jede Kundenbeschwerde gleich wichtig, und geben Sie immer möglichst rasch eine Rückmeldung.
- Fassen Sie jede Form von Beschwerde Ihrer internen Kunden als Alarmsignal für Existenzprobleme Ihres Bereichs auf – auch wenn die Hinweise noch so plump oder auch subtil sein mögen.
- Führen Sie Bewertungskriterien ein, die Ihnen Aufschluß über die Frage bieten, welchen Beitrag Ihre Stelle zum Ergebnis Ihrer internen Kunden liefert.
- Beachten Sie den Grundsatz der Gleichheit der internen Stellen.
- Vermeiden Sie jede Form von elitärem Verhalten oder Konkurrenzkampf.
- Fragen Sie Ihre Kunden, an welchen Meßkriterien diese Ihre Leistung (Qualität) messen wollen. Legen Sie derartige Kriterien gemeinsam fest.

(2) Interne Marktwirtschaft

Kosten sind die wirksamste und wahrscheinlich einzig sinnvolle interne Steuergröße.

Voraussetzung für unternehmensinterne marktwirtschaftliche Abläufe sind die bereits behandelten internen Dienstleister. Diese unternehmensinternen Leistungserbringer übernehmen die Aufgabe der fachlichen und operativen Führung von Funktionsbereichen und haben gegenüber anderen Stellen des Unternehmens zumindest eine fachliche Weisungsbefugnis. Sie haben volle Kostenverantwortung und fachliche Selbständigkeit. In ihrer Funktion als Dienstleister können sie in zwei Kategorien eingeteilt werden: In Service-Center und in Cost-Center. Beide können sowohl lokal (d. h. fest eingebettet in die betriebliche Vorgangskette) als auch global (d. h. unternehmensweit) tätig sein. Service-Center erbringen zwar prinzipiell marktfähige Leistungen, sind aber vorwiegend als interne Dienstleister aktiv und dürfen daher keine Gewinne erzielen. Ihre Kosten (gleich interner Umsatz) müssen durch gleichhohe Erträge aus internen Verrechnungsbeiträgen (nicht Umlagen) gedeckt werden. Service-Center sind typischerweise eng mit der Produktentwicklung, -fertigung und dem -vertrieb verbunden. Als Beispiele für Service-Center wären die DV-Abteilung, die Fertigungsvorbereitung, der Betriebsmittelbau (Werkzeugbau) und der Versuchsmusterbau zu nennen. Dagegen sind Cost-Center Stellen, die keine direkt identifizier- und verrechenbaren Dienstleistungen erbringen wie z. B. das Controlling, die Personalabteilung, die Rechtsabteilung, die Betriebsfeuerwehr oder der Werksschutzdienst. Cost-Center können ihre Kosten also nicht sinnvoll durch Erträge aus Dienstleistungen decken, sondern werden in der Regel über Umlageverfahren finanziert. Sie unterliegen damit nicht dem marktwirtschaftlichen Kostendruck und müssen über die herkömmlichen planwirtschaftlichen und daher weniger wirksamen Steuerverfahren zur Kostenminimierung gebracht werden.

Kosten sind das Maß für wirtschaftliches Verhalten von Führungskräften und Mitarbeitern. Gleichgültig, wie überzeugend z. B. die Notwendigkeit einer betrieblichen Investition begründet wurde, spätestens wenn die Produktpreise ermittelt werden, wird unmißverständlich deutlich, wie hoch der wirkliche Nutzen ist.

Daneben geben Kosten aber auch Auskunft über die Qualität der Zusammenarbeit im Unternehmen. Dies würde z. B. deutlich, wenn man es schaffte, eine unnötig lange Produktentwicklungsdauer oder inflexible und träge Reaktionen auf Kundenwünsche kostenmäßig zu quantifizieren. Leider können unsere heutigen Kostenrechnungssysteme die meisten hierfür wichtigen Fragen nicht beantworten: Wie hoch sind die Kosten für unnötige Sitzungen und Telefonate oder präventive Absicherungen gegen mögliche Vorwürfe? Was kosten unsere Unternehmen die langjährigen Privatfehden, überflüssige Schriftwechsel, unproduktiven Intrigen, gegenseitige Schuldzuweisungen, redundanten Privatarchive, präventive Rechtfertigungen? Was kosten unsere Unternehmen Abgrenzungsverhalten, Bereichsegoismen, Redundanzen, Mißtrauenskulturen, Despotismus, interne Konkurrenzkämpfe oder Selbstdarstellungen?

Ein interner Dienstleister erbringt zwar interne, prinzipiell aber meist marktfähige oder auf dem freien Markt erhältliche Leistungen.

Jeder interne Kunde muß (vorher) wissen, welche Kosten für ihn durch die Abnahme von Dienstleistungen entstehen. Dazu müssen die meisten der heute praktizierten innerbetrieblichen Verrechnungsverfahren auf Eignung überprüft und gegebenenfalls angepaßt werden. Wichtige Maßgabe für die Kalkulation der Dienstleistungspreise sind die Kostentransparenz und vollständige Kostendeckung. Jede Dienstleistung muß für sich alleine betrachtet werden und einen Deckungsbeitrag erwirtschaften, der so hoch ist wie die Bereitstellungskosten. Dienstleistungen dürfen also in aller Regel nicht subventioniert werden. Eine Ausnahme kann es in der Anfangsphase der Bereitstellung einer neuen Dienstleistung geben, in der das zur Kostendeckung erforderliche Mengenvolumen meist noch nicht ausreicht. Ansonsten aber führen Subventionen immer zu nicht mehr wettbewerbsfähigen Kostenstrukturen, da sie den Mechanismus des existentiellen Leidensdrucks[1] außer Kraft setzen. Jede Dienstleistung hat einen bestimmbaren Umfang, der entweder mengen- oder zeitabhängig ist. Dienstleistungen, seien es nun materielle oder immaterielle, können demzufolge immer volumenbasierend quantifiziert werden. Ein für das betriebliche Umfeld brauchbares Beispiel für mengen- und zeitbasierte Dienstleistungen liefert uns das Abrechnungsverfahren des öffentlichen Telefonnetzes. Dessen Kostenstruktur ist geteilt in einen zeit- und einen mengenabhängigen Teil. Für den Benutzer entstehen Kosten bereits durch die potentielle Nutzungsmöglichkeit der Infrastruktur ab der Bereitstellung des Anschlusses durch die Telekom. Diese zeitlich abhängigen Kosten werden über die monatliche Grundgebühr abgerechnet. Die mengenabhängigen Kosten werden zusätzlich dazu über die Zahl der Gebühreneinheiten ermittelt. Wer viel telefoniert, zahlt demnach auch viel. Darüber hinaus bietet die Telekom eine zunehmende Palette weiterer zeitabhängiger Dienstleistungen an, wie z. B. die Miete des Telefonapparats, Fax-Geräts, Anrufbeantworters oder ganzer Nebenstellenanlagen.

Vorteile interner marktwirtschaftlicher Abläufe

Die Verknüpfung von marktorientierter interner Kostenverrechnung auf der Basis erbrachter Dienstleistungen mit einer gewissen unternehmerischen Ergebnisverantwortung sowie die potentielle Gefahr des Kundenverlustes führen zu einem existentiellen Leidensdruck bei den internen Leistungsanbietern. Jeder Dienstleister muß daher versuchen, marktfähige Kostenstrukturen zu behalten, wenn er dauerhaft erfolgreich (existent) sein will. Der existentielle Leidensdruck ist der wohl wichtigste Garant für dauerhafte Kosteneffizienz des Leistungsanbie-

[1] Vgl. auch Teil 2, Kapitel 4: Die Führungskraft – Aufgaben und Verhalten.

ters. Damit wird vermieden, daß – wie es häufig geschieht – Teilkostenbetrachtungen zu unrealistischen internen Kostenvorteilen führen. Die marktorientierte Ausrichtung des Leistungsanbieters kann und sollte organisatorisch abgesichert werden. Hierzu muß für ihn innerhalb des Unternehmens eine weitestgehend selbständige Struktur definiert werden. Diese kann dann z. B. durch eine Ausgliederung in ein rechtlich selbständiges Unternehmen noch höhere unternehmerische Freiheit erhalten. Damit wird prinzipiell die Voraussetzung geschaffen, Leistungen auch außerhalb des Unternehmens zu verkaufen oder, wenn machbar, ein Outsourcing-Verfahren einzuleiten. Möglichkeiten, auf die nicht schon a priori verzichtet werden sollte (die aber auch nicht über Gebühr strapaziert werden dürfen).

Vorschläge für den Aufbau marktwirtschaftlicher Strukturen

- Identifizieren und kategorisieren Sie die Funktionen, die für Cost- oder Service-Center in Frage kommen.
- Ordnen Sie alle klassischen Stabsstellen operativen Stellen zu. Lösen Sie möglichst viele Stabsstellen auf. Die fachlichen Ordnungsfunktionen können genauso von Dienstleistern wahrgenommen werden.
- Fassen Sie Bereiche mit gleichartigen Tätigkeitsmerkmalen jeweils zu unternehmensweit tätigen Dienstleistern[1] zusammen. Beispiele: Personalverwaltung und -entwicklung, Rechtswesen, Controlling, Vertrags- und Lizenzwesen, Patentwesen, Weiterbildung, Forschung, Testmusterbau, Informationsverarbeitung.
- Definieren Sie für jeden Leistungserbringer Ziele und Aufgaben. Setzen Sie Kriterien, an denen Ergebnisse eindeutig gemessen werden können.

[1] Dies muß nicht zwangsläufig auch zu einer räumlichen Zusammenlegung führen. Es sind auch in geographischem Sinne virtuelle Strukturen möglich: Der Dienstleister ist dann disziplinarisch zentralisiert, geographisch gesehen aber verteilt und hat globale Zuständigkeit. Dabei werden die – besonders in international operierenden Unternehmen – Akzeptanzprobleme der zentralen Stellen vermieden und gleichzeitig das Problem der Redundanzen und Suboptimierungen beseitigt. Falls eine disziplinarische Zusammenlegung nicht möglich ist, kann auch ein, später noch detaillierter beschriebenes, virtuelles Spezialistenteam aufgebaut werden.

- Definieren Sie gemeinsam mit den Leistungserbringern ein spezifisches Dienstleistungsportfolio. Legen Sie dazu ausschließlich die Kundenbedarfe zugrunde.
- Sorgen Sie für eine klare Ausrichtung der Organisationseinheiten als professionell geführte innerbetriebliche Dienstleistungsunternehmen.
- Verpflichten Sie den internen Leistungserbringer zu Qualität, Liefertreue, marktorientierten Kostenstrukturen und Kundenorientierung (Dies sind die wichtigsten Prämissen, die Gewähr für optimale Effizienz und dauerhafte Akzeptanz bei Ihren internen Kunden bringen.).
- Ermöglichen Sie die unternehmensweite Wahrnehmung von Aufgaben, und gewähren Sie fachliche und erforderlichenfalls disziplinarische Weisungsbefugnis. Weitere wichtige Voraussetzungen sind Investitions- und Kostenverantwortung. Der Leistungserbringer ist berechtigt zum Festlegen des Konzepts, zu dessen Umsetzung und zum operativen Betrieb vor Ort sowie zum „Verkauf" der Dienstleistungen an unternehmensinterne und eventuell auch -externe Kunden.
- Verzichten Sie auf uneingeschränkte Monopolstellung der Dienstleister. Die Kunden müssen zumindest prinzipiell die Möglichkeit zum Lieferantenwechsel haben. Um wirkliche Wettbewerbsstrukturen zu schaffen, müssen auch externe Lieferanten gewählt werden dürfen. Wichtige Randbedingungen hierfür sind eine konsequente marktpreisorientierte Leistungsverrechnung des internen Leistungserbringers und die Gewährung weitgehender unternehmerischer Selbständigkeit[1].
- Verlagern Sie die Entscheidungsbefugnisse aller Tätigkeiten, die Auswirkungen auf mehrere Bereiche des Unternehmens haben, zu einer (!)

[1] Die Forderung nach unternehmerischem Verhalten auf allen Ebenen des Unternehmens ist nicht unumstritten. Das Ausmaß von Risikobereitschaft und Vision, das ein Unternehmer braucht, um erfolgreich zu sein, ist nicht ohne weiteres auf jeder Führungskräfteebene anzusiedeln. Andererseits ist es für die funktionierende marktwirtschaftliche Ausrichtung der internen Dienstleister unumgänglich, unternehmerisch denkende und handelnde Führungskräfte mit der Leitung dieser Stellen zu beauftragen. Sie müssen eine wesentlich erweiterte Selbständigkeit erhalten als bisher üblich und dürfen praktisch keiner Außensteuerung mehr unterliegen. Dies schließt insbesondere den weitestgehenden Verzicht auf die Vorgabe von den sonst üblichen Steuergrößen wie z. B. Investitionsbudget oder Personalkapazität ein.

Stelle, die aufgrund ihrer Aufgabenstellung das höchste Know-how hat und die fachliche Steuerung für andere wahrnehmen kann (in bestimmten Fällen können auch virtuelle Teams diese Aufgabe übernehmen).

- Verpflichten Sie den Dienstleister zu transparenten Kosten/Leistungsverhältnissen, die für die Kunden die monetäre Quantifizierbarkeit der Dienstleistungen im Hinblick ihrer Auswirkungen auf die Produktkosten erbringen. Jeder Dienstleister muß für die Kosten, die er verursacht, vollständige Kostendeckung durch Erträge aus verkauften Leistungen erzielen. Marktpreise sind nicht zwingend Voraussetzung. In Ausnahmefällen können auch intern festgelegte Verrechnungspreise eingesetzt werden.
- Lassen Sie sich von jedem Bereich einen monatlichen Bericht über Kosten und Erträge geben. Liefern Sie Ihren Kunden ebenfalls regelmäßig Berichte über die gelieferten Dienstleistungsvolumina und die damit verbundenen Kosten.
- Ermitteln Sie die Kosten transparent für jede einzelne Dienstleistung. Verzichten Sie unbedingt auf die längerfristige Subventionierung von Dienstleistungen.
- Steuern Sie die Dienstleistungsbereiche möglichst nur über Ziel- und Kostenvorgaben[1].
- Belassen Sie alle Funktionen, die für einen lokalen Bereich erfolgskritisch sind, in der lokalen Verantwortung. Darunter fallen zum Beispiel alle Tätigkeiten, die spezifisches, nur für die lokale Stelle erforderliches Fachwissen voraussetzen.
- Belassen Sie Funktionen, die nicht eindeutig von Dienstleistern erbracht werden können, im Zweifel immer bei der Fachstelle.

Zusammenfassend kann gesagt werden, daß das innerbetriebliche

[1] Bei Dienstleistern muß sorgsam darauf geachtet werden, daß nicht eine quantitative oder qualitative Verringerung des Leistungsumfangs eintritt. Dies geschieht leicht, wenn Ziele zur Kostenreduktion vorgegeben werden, die nicht mit denen der Kundenbereiche korrelieren. Dadurch würden zwar rein optisch der Umsatz des Dienstleisters und damit auch die Kosten für das Unternehmen sinken, aber in der Summe muß dies nicht zu echten Kostenreduktionen führen, denn die Kunden des Dienstleisters müßten die für ihr erfolgreiches Operieren nötigen Dienstleistungen eben woanders beziehen – was u. U. nur zu höheren Kosten möglich ist.

Dienstleistungsbewußtsein die unumgängliche Voraussetzung für die künftige Organisationsstruktur ist. Ohne dieses Verständnis kann eine auf marktwirtschaftlichen Prinzipien beruhende Organisation keinen Erfolg haben.

Die hervorstechendsten Merkmale der künftigen Organisation werden ihre Unschärfe und Unklarheit ihrer Struktur, ihre geringe Dauerhaftigkeit der Aufbauorganisation, die Vielzahl informeller Abläufe und ihr Hang zum Chaos sein.

Innerhalb einer internen Marktwirtschaft, in der sich die Organisationseinheiten als Dienstleister auffassen, kann die Steuerung nicht mehr ausschließlich mit einer hierarchisch vorwiegend vertikal orientierten Führungsstruktur erfolgen. Interne Marktwirtschaften bedürfen einer neuen Art und Weise ihrer Steuerung. Diese darf die unternehmerische Selbständigkeit der Dienstleister nicht beeinträchtigen und muß deren flexibles und rasches Agieren unterstützen. Dafür bedarf es der bewußten Einführung einer mehr informellen Kommunikation im Unternehmen mit Hilfe von Beziehungsgeflechten und der weitgehenden Reduktion der vertikalen Hierarchien.

(3) Beziehungsgeflechte

Jeder Mensch innerhalb eines Unternehmens ist Teil eines ganz spezifischen Beziehungsgeflechts.

Es gibt innerhalb eines Unternehmens niemanden, der ohne formelle oder informelle Beziehungen zu anderen Menschen arbeiten kann. Es gibt insbesondere auch keine Zusammenarbeit mit oder zwischen abstrakten Personen. Ein Mensch kann nicht wirklich mit einer „Stelle" zusammenarbeiten, und ein Unternehmen kann nicht mit einem anderen Unternehmen zusammenarbeiten. Beziehungen zwischen Unternehmen sind immer Beziehungen zwischen Stellen dieser Unternehmen, und da in allen Stellen letztlich Menschen beschäftigt sind, lassen sich alle Beziehungen auf Beziehungen zwischen einzelnen Menschen reduzieren.

Der Kenntnis über dieses Beziehungsgeflecht kommt in der betrieblichen Praxis ganz erhebliche Bedeutung zu, denn sie ist die Voraussetzung für die erfolgreiche Abwicklung der Konsensprozesse, welche in der betrieblichen Praxis zunehmend die vertikalen Entscheidungswege ergänzen.

Für das erfolgreiche Operieren innerhalb eines Unternehmens ist es also wichtig, daß Klarheit darüber besteht, welches die Kunden- und Liefererbeziehungen sind, welche Stellen Ressourcen haben, die man selbst nicht hat (und dann auch nicht aufbauen muß), welches nützliche Interessengemeinschaften sind und wo Interessenkollisionen (welche beseitigt werden müssen) bestehen.

Nur wer Klarheit über sein Beziehungsgeflecht hat, kann seinen Aufgaben optimal nachkommen.

Mit jeder dieser Stellen bestehen in irgendeiner Form Vereinbarungen über die Art und Menge der zu liefernden Arbeitsergebnisse, gibt es Kommunikation oder werden gemeinsame Aufgabenstellungen bearbeitet. Der Kommunikation kommt bei der Gestaltung der Beziehungen zwischen Menschen die alles entscheidende Bedeutung zu. In der betrieblichen Praxis finden sich denn auch eine ganze Reihe von etablierten Verfahren, die für eine geordnete persönliche Kommunikation sorgen sollen: Es gibt Gremien, Foren, Ausschüsse, Arbeitskreise, Informationsveranstaltungen, interne Messen, interne Interessengemeinschaften und die klassische Besprechung (Sitzung). Daneben gibt es noch die interne Hauspost, das Haustelefon, das „schwarze Brett" und neuerdings auch die elektronischen Medien[1] wie elektronische Post, rechnergestützte Infodienste und Videokonferenzen von jedem Arbeitsplatz aus. Für jede Stelle und für jeden Mitarbeiter läßt sich nun ein ganz spezielles Beziehungsgeflecht bestimmen, welches aus Stellen (und damit letztlich aus Menschen) und Foren (Orte persönlicher Zusammenkünfte) besteht.

Bekannterweise müssen unsere Unternehmen immer schneller und flexibler reagieren können, um im Wettbewerb zu bestehen. Die Lösungsansätze hierfür sind hinlänglich bekannt: Simultanes Entwickeln, interdisziplinäre Aktionsteams, unternehmerisches Verhalten auf allen Ebenen, Delegation von Verantwortung, Entbürokratisierung, weniger formelle Abläufe, flachere Hierarchien usw., usw. Damit wird die Frage aufgeworfen, welches wohl die dafür richtige Organisationsstruktur ist. Wenn es weniger formelle Abläufe geben soll, benötigt man auch eine weniger formelle Abwicklung der Vorgangsketten. An die Stelle der vertikalen, formalisierten, weitgehend statischen und klaren Abstimmungs-

[1] Vgl. Teil 2, Kapitel 5: Informationsverarbeitung.

wege treten nun die mehr unklaren, informelleren und dynamischen Strukturen der Beziehungsgeflechte. Zweifellos muß immer noch eine hierarchische Struktur verbleiben, die nun aber flach genug ist, um den unvermeidlichen Rest an formellen Abläufen effizient zu unterstützen. Doch all jene administrativen Vorgänge, die unsere formellen Vorgangsketten bisher unnötigerweise verstopft haben, müssen künftig auf unterster Ebene über Beziehungsgeflechte abgewickelt werden.

Beziehungsgeflechte stellen die wirksamste Möglichkeit dar, Entscheidungen, die im Konsens mit einer größeren Anzahl Beteiligter gefällt werden müssen, effizient vorzubereiten. Beziehungsgeflechte ersetzen künftig zunehmend die bisherigen hierarchischen Anweisungs-, Abstimmungs- und Informationswege. Immer dann, wenn rasche bereichsübergreifende Zusammenarbeit gefordert ist, sind Beziehungsgeflechte die richtige organisatorische Antwort.

Beziehungsgeflechte zwischen internen und externen Leistungserbringern sind als ein erster Schritt zu einer virtuellen Organisation zu sehen.

Dabei ist das Optimierungspotential keineswegs auf die innerbetrieblichen Vorgangsketten beschränkt. Interne und externe Dienstleister können Leistungsgemeinschaften bilden, die gegenüber den internen und externen Kunden wie einzelne, homogene Dienstleister auftreten. Dies stellt eine wichtige Erweiterung der Auffassung der betrieblichen Vorgangskette dar, denn es ist ein erster Schritt in Richtung einer virtuellen Organisation.

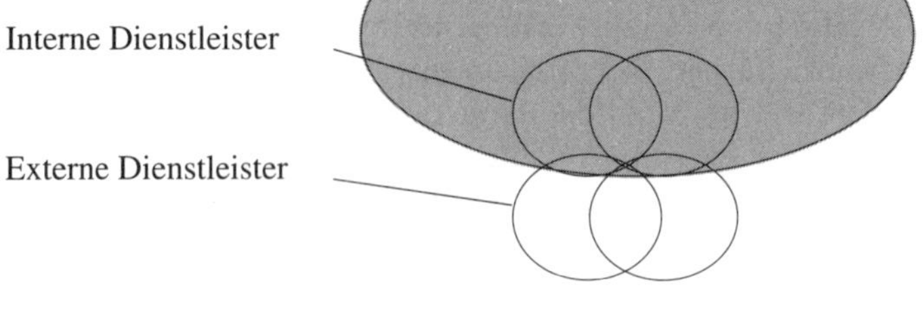

Abb. 2: Beziehungsgeflechte zwischen internen und externen Leistungserbringern

Für die Kunden erscheint eine virtuelle Struktur gemäß Abbildung 2 wie eine reale Unternehmenseinheit. Für die jeweiligen Dienstleistungspartner, insbesondere die externen, bedeutet es jedoch eine einschneidende Verhaltensumstellung. Denn, während sie hier partnerschaftlich kooperieren müssen, stehen sie außerhalb der Dienstleistungsgemeinschaft vielleicht in heftiger Konkurrenz zueinander. Für derartige Dienstleistungsstrukturen gibt es in der betrieblichen Praxis mittlerweile eine Reihe von positiven Beispielen[1]. Die Erfahrung mit solchen Konstrukten hat ergeben, daß es auf der Arbeitsebene sehr rasch zu einer konstruktiven und spannungsfreien Zusammenarbeit ohne jede Animosität kommt. Es scheint, daß die räumliche Nähe zueinander, die gemeinsame Problemstellung und das Bewußtsein, nur gemeinsam erfolgreich sein zu können, stärker bindet, als man zunächst annehmen würde.

Gute persönliche Beziehungen sind eine Voraussetzung für gute, das heißt partnerschaftliche Beziehungen zwischen Unternehmen.

Mit dem immer globaler werdenden Wettbewerb hat das Problem der Optimierung der unternehmsübergreifenden Vorgangsketten eine neue Dimension angenommen. Auch hier gilt, daß die heute erforderlichen Produktivitätssteigerungen nicht durch den bloßen Aufbau von formalen, eventuell noch DV-technisch unterstützten, Kommunikationsinfrastrukturen erreicht werden können. Wer sich auf die internen Ressourcen seines Unternehmens beschränkt, verzichtet unnötigerweise auf ein enormes Nutzenpotential. Nun ist die Zusammenarbeit mit unternehmensexternen Lieferern und Kunden bisher meist sehr formell über Verträge geregelt. Diese sind zwar unverzichtbar, aber Beziehungen zwischen Unternehmen lassen sich nicht allein auf schriftlich fixierte Verträge reduzieren.

[1] Auf der „World Motor Conference 1993“ gab es hinsichtlich der Zusammenarbeit zwischen Automobilfirmen mit ihren Zulieferern klare Stellungnahmen. Wie z. B. J. T. Battenberg III (Vice President der General Motors Corp. und Group Executive der Automotive Components Group Worldwide von GM) forderte, müssen Zulieferunternehmen künftig sogenannte innovative Partnerschaften eingehen, die so radikal sein müßten, daß der Zulieferer sogar beim Kunden innerhalb dessen Montagebetrieb arbeiten solle. Laut Battenberg würden demnach konventionelle Methoden der Kooperation wie Informationsaustausch, zeitlicher Druck auf die Entwicklung oder Hoffen auf gemeinsamen Erfolg künftig nicht mehr ausreichen. Starke Zulieferer müßten das Ziel haben, ihre Beziehungen zu den Kunden zu verbessern, interne Management- und Bürokratieschichten zu eliminieren und eine intensive Kundenorientierung auf jeglicher Organisationsebene einzuführen.

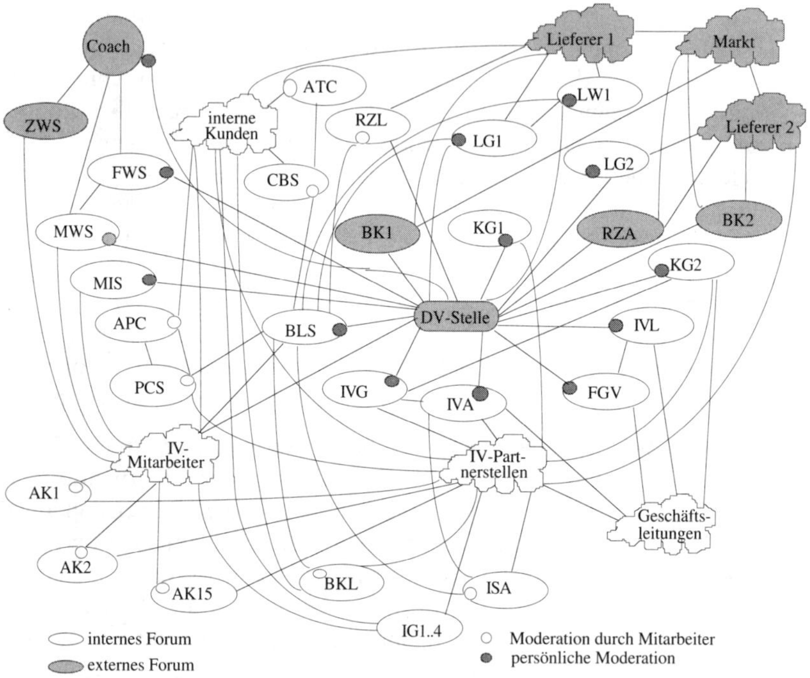

Fachliche Foren:
(Auswirkung auf fachliche Tätigkeit des Bereichs)

a) Kundenbetreuung
ATC: Anwendertreffen CAD
CBS: CAD-Beauftragtensitzung
BKL: Lenkungskreis Büro-IV
APC: Anwendertreffen PC
PCS: PC-Beauftragtensitzung
DSL: DV-Schulungsausschuß

b) Temporäre Gremien
AK (1–15): 15 Arbeitskreise mit fachlichen Themen

c) Dauerhaftere Gremien
IG1: Interessengemeinschaft PPS
IG2: CAD
IG3: Graphik
IG4: Individuelle IV

d) Kundenberaterkreise von externen Lieferern
BK1: Beraterkreis v. Lieferer 1
BK2: Beraterkreis v. Lieferer 2

Führungsforen:
(Offizielle Beschlußfassung, Führungstätigkeiten)

a) Steuerung nach innen
MIS: Mitarbeiterinfositzung
MWS: Mitarbeiter-Workshop
BLS: Bereichsleitungssitzung
FWS: Führungskräfte-Workshop
ZWS: Workshop Zusammenarbeit (Schulung d. Externen)

b) Steuerung von außen
IVL: IV-Lenkungskreis
FGV: Führungsgespräch mit eigenem Chef

c) Steuerung nach außen
RZL: Rechenzentrum Lenkungskreis

d) Fachlicher Ausschuß mit beschließendem Charakter:
WSA: Workstation Ausschuß
ISA: IV-Sicherheitsausschuß
IVA: IV-Ausschuß

Informelle Foren:
(Abstimmung ohne offizielle Beschlußfassung)

a) Fachliche Partnerstellen
IVG: IV-Gesprächskreis

b) Persönliche Gespräche mit Leitern besonders wichtiger Partnerstellen:
KG1: Kontaktgespräch 1
KG2: Kontaktgespräch 2

c) Einzelgespräche mit wichtigen Lieferern (regelmäßig):
LG1: Liefergespräch 1
LG2: Liefergespräch 2

d) Planungsworkshops mit wichtigen Lieferern (jährlich):
LW1: Lieferer-Workshop 1
LW2: Lieferer-Workshop 2

e) Unternehmensübergreifende Interessengemeinschaften:
RZA: RZ-Leiter aus Industrie und Lehre

Abb. 3: Ausschnitt aus Beziehungsgeflecht

In Ergänzung zu diesen müssen partnerschaftliche Beziehungen aufgebaut und gepflegt werden. Eine Beziehung zwischen Lieferern und Kunden kann dann als partnerschaftlich angesehen werden, wenn sich die gegenseitige Abhängigkeit in einen Zustand des gegenseitigen Nutzens verwandelt hat oder wenn das gilt, was An Wang, der Gründer der gleichnamigen Computerfirma WANG, über Unternehmensbeziehungen einmal sehr feinsinnig sagte: *„Verwandle Information in Wissen und gegenseitigen Nutzen in gegenseitigen Respekt“.*

Ein Beziehungsgeflecht in der Praxis

Die Darstellung in Abbildung 3 zeigt einen Ausschnitt aus einem meiner früheren Beziehungsgeflechte. Aus Gründen der Darstellbarkeit ist das Bild ziemlich vereinfacht. Wie die meisten Beziehungsgeflechte ist auch dieses in der Realität zu komplex, als daß es in einer zweidimensionalen Graphik noch anschaulich dargestellt werden könnte.

Grundlage für das Beziehungsgeflecht ist der bereits im ersten Teil des Buches geschilderte konzerninterne DV-Dienstleister, der bei fünf global tätigen Geschäftsbereichen rund 5000 interne Kunden mit einer umfangreichen Palette von DV-Leistungen zu bedienen hatte.

Interessant wäre es, den Darstellungsraum auf die Beziehungsgeflechte aller Stellen und Beschäftigter eines Unternehmens auszudehnen und zu versuchen, diese Darstellung mit der hierarchischen Aufbauorganisation in Verbindung zu bringen. Es würde sich ein ungemein komplexes dreidimensionales Bild ergeben. Aus der Dichte der Beziehungslinien könnte aber z. B. auf die Wichtigkeit oder den Bedarf von Informations- und Kommunikationswegen geschlossen werden. Vielleicht ergäben sich daraus ganz neue Erkenntnisse über die Strukturen und die Notwendigkeit von Aufbauorganisationen und Ansatzpunkte für die Optimierung der Vorgangsketten.

Ein Beispiel soll verdeutlichen, wie in Beziehungsgeflechten Entscheidungen vorbereitet und umgesetzt werden. Aufgabe war die teilweise Erneuerung der DV-Infrastruktur für die CAD-Arbeitsplätze in fünf Geschäftsbereichen. Ziel war es, ein geschäftsbereichsübergreifendes (Server/Client-basiertes) DV-Konzept einzuführen, das eine deutliche Kostenreduktion und erheblich verringerte Betriebsaufwendungen ermöglichte. In besonderem Maße erfolgskritisch (aus technischen und

Schritt 1:	Fachlichen Konsens innerhalb des DV-Bereichs herstellen
(1. Woche)	Das Vorhaben tangierte drei Stellen innerhalb des DV-Bereichs. Zunächst mußte also der Konsens im eigenen Bereich sichergestellt sein. Hierzu erfolgte die Darstellung und Diskussion der vorgesehenen Maßnahmen in der wöchentlich stattfindenden Bereichslenkungssitzung (BLS). Danach wurde eine temporäre Arbeitsgruppe gegründet, bestehend aus eigenem Personal und Mitarbeitern mehrerer Lieferer, deren Auftrag darin bestand, die noch offenen technischen Fragen zu klären und das endgültige technische Konzept zu erarbeiten.
Schritt 2:	Fachlichen Konsens mit den CAD-Beauftragten der Geschäftsbereiche herstellen
(5. Woche)	Hierzu erfolgte die Darstellung und Diskussion des Vorhabens in der routinemäßigen CAD-Beauftragten-Sitzung (CBS). Die CBS ist das Forum der (hauptamtlichen) CAD-Verantwortlichen der Geschäftsbereiche. Diese CAD-Beauftragten koordinieren und steuern geschäftsbereichsintern den CAD-Einsatz und vertreten die Bereichsinteressen nach außen.
Schritt 3:	Fachlichen Konsens mit den eigentlichen CAD-Anwendern (Konstrukteure) herstellen
(7. Woche)	Auch hierzu erfolgte die Darstellung und Diskussion des geplanten Vorhabens auf dem Treffen der CAD-Anwender (ATC). Das ATC ist ein regelmäßiges Forum mit dem Charakter eines Kundeninformationstages. Zielgruppe sind besonders die erfahrenen Konstrukteure.
Schritt 4:	Konsens mit DV-Koordinatoren der Geschäftsbereiche (fachlich) herstellen
(8. Woche)	Die DV-Koordinatoren sind die Vertreter der geschäftsbereichseigenen DV-Stellen. Sie vertreten die Bereichsinteressen in der periodisch stattfindenden Sitzung des

	Informationsverarbeitungs-Ausschusses (ISA). Hier erfolgt eine ausführliche Darstellung und Diskussion der fachlichen Belange und die Vorbereitung des Genehmigungsverfahrens. Es wird dabei ein formeller Beschließungsantrag erstellt, der später dem DV-Lenkungskreis zur Beschlußfassung vorgelegt wird.
Schritt 5:	Konsens mit den Geschäftsleitern (administrative Genehmigung) herstellen
(12. Woche)	Der fachlich nun bereits abgestimmte Beschließungsantrag wird als Vorinformation an die Geschäftsleitungen gegeben. Diese holen sich routinemäßig die Meinungen ihrer CAD-Beauftragten und DV-Koordinatoren ein. Deren Zustimmung wurde aber bereits in den Schritten 2 und 4 erreicht. Die Rückmeldungen waren also positiv. Der Kreis hatte sich geschlossen.
Schritt 6:	Konsens zwischen Geschäftsbereichen herstellen
(16. Woche)	Zum Schluß erfolgte die Vorstellung und Diskussion des Beschließungsantrags im Datenverarbeitungslenkungskreis (DVL), der aus den Geschäftsleitern der Kundenbereiche besteht. Da die Beschließungsanträge vorher mit allen relevanten Stellen abgestimmt sind, erfolgen die Beschlußfassungen des Gremiums in der Regel bereits bei der Erstvorlage. Die anschließende Bekanntgabe der Beschlüsse innerhalb der Geschäftsbereiche ist dann nur noch Formsache.

organisatorischen Gründen) war hierbei das gleichzeitige Vorgehen in allen Geschäftsbereichen.

Kommt Ihnen das umständlich vor? Zugegeben, es mag langwierig erscheinen, schließlich sind zwischen Schritt 1 und 6 ungefähr 4 Monate vergangen. Aber das Ergebnis des Prozesses war Konsens auf allen fachlichen und administrativen Ebenen. Konsens über das Was, Warum, Wann und Wie des Vorhabens. Die Umsetzung verlief anschließend innerhalb von zwei Monaten so reibungsfrei, wie man es sich nur wünschen konnte. Wie würde es in einem solchen Umfeld wohl ausgesehen haben, wenn die Umsetzung kraft disziplinarischer Autorität angeordnet worden wäre?

Konsensprozesse verzögern zwar die Planungs- und Vorbereitungsphase eines Vorhabens; wenn die Abstimmung dann aber erfolgt ist, geht die Umsetzung gewöhnlich reibungslos vor sich.

Eine noch viel höhere Bedeutung haben Konsensprozesse für die heute immer stärker praktizierten Verfahren zur Verkürzung von Durchlaufzeiten. Um den Zeitbedarf bis zur Markteinführung eines Produktes zu verringern, wurden die früher überwiegend sequentiellen Vorgangsketten stark parallelisiert. Insbesondere im Bereich der Produktentwicklung wurden mit Methoden wie dem Simultaneous-Engineering oder neuerdings auch mittels Quality-Function-Deployment (QFD)[1] teilweise erhebliche Zeitreduktionen erreicht. Mit dem höheren Parallelisierungsgrad steigt auch der Abstimmungsaufwand. In der Verringerung oder Vermeidung unnötiger Abstimmungen liegt ein erhebliches Ratiopotential. Moderierte Konsensfindungsprozesse (vgl. auch Kapitel 3, Führen durch Konsens) können hier die entscheidenden Beiträge liefern.

Abbildung 4 zeigt einen Ablauf, der ohne vorausgehenden Konsensprozeß stattfindet und somit für die heutige betriebliche Praxis als typisch angesehen werden kann. Zugrunde gelegt sei eine komplexe Aufgabenstellung, bei deren Bearbeitung mehr als eine betriebliche Stelle benötigt wird. Da nicht – die meist zeitaufwendigen – Konsensprozesse ablaufen müssen, ist die Planungsphase relativ kurz. Die für die Ausführung erforderlichen Maßnahmen werden per „Anweisung“ an die beteiligten Stellen eingeleitet. Dadurch wird aber in der Summe, bedingt durch die dann praktisch immer notwendig werdenden nachträglichen Abstimmungsprozesse, mehr Zeit benötigt.

---

[1] QFD: Bei der QFD-Methode arbeiten alle am Produktentwicklungsprozeß beteiligten oder davon tangierten Bereiche bereits von Anfang an zusammen. Dabei können auch Kunden oder Lieferer mit einbezogen werden. Im Team werden die Wechselbeziehungen zwischen Kundenanforderungen und voraussichtlichen Produkteigenschaften bewertet, konkurrierende Ziele identifiziert und eventuell vorhandene Wettbewerbsprodukte analysiert. Als Ergebnis liegen dann klare Entwicklungsziele und eine klare Beschreibung der Produkteigenschaften vor. Literatur: Akao, Y. (1992).

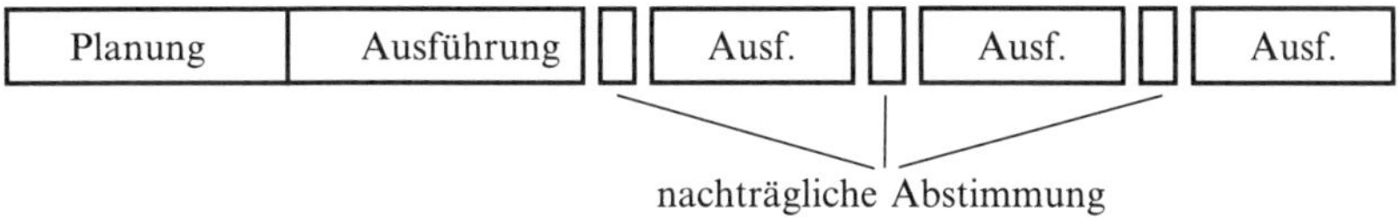

Abb. 4: Vorgangskette ohne vorherigen Konsensprozeß

Stellt man dagegen an den Anfang des Vorhabens einen Konsensfindungsprozeß, der alle beteiligten Stellen einbezieht, dann ist die anfängliche Planungs- und Abstimmungsphase wesentlich zeitaufwendiger. Dafür gibt es aber dann eine in aller Regel unterbrechungsfreie Ausführungsphase. Abbildung 5 zeigt einen – zugegebenermaßen – idealisierten Ablauf mit vorangegangener intensiven Konsensphase.

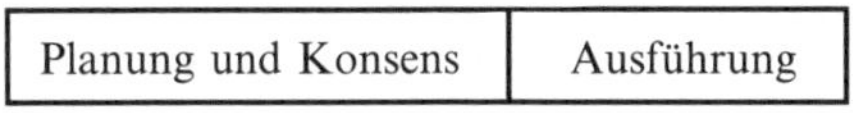

Abb. 5: Vorgangskette mit vorausgehendem Konsensprozeß

Selbst wenn aus irgend einem Grund während der Ausführung doch noch einmal Abstimmungsaufwand notwendig werden sollte, wird dieser aufgrund des vorausgegangenen breiten Konsens erheblich rascher ablaufen können.

Nur wer die wirklich wichtigen Beziehungen seines Bereichs kennt (und pflegt), ist in der Lage eine führende Rolle innerhalb des Unternehmens wahrzunehmen.

Aufbau und Pflege von Beziehungsgeflechten sind wichtige Aufgaben, die bewußt wahrgenommen werden müssen. Dazu bedarf es konkreter Ziele, einer ganzheitlichen Sichtweise sowie Mitarbeiter, die ihre eigenen Beziehungsgeflechte mit denjenigen des Bereichs in Einklang bringen. Beziehungsgeflechte sichern das Umfeld des eigenen Bereichs ab und schaffen damit den Freiraum zum erfolgreichen Arbeiten. Als Führungskraft muß man geradezu in Beziehungsgeflechten leben, wenn man konstruktive und effiziente Beiträge zum Unternehmensergebnis leisten will. Doch Vorsicht: Beziehungsgeflechte können leicht als Seilschaften interpretiert oder mißverstanden werden, als Versuch, Macht und Einfluß zu gewinnen. Die Angst davor ist durchaus berechtigt. Das beste Mittel, dem Verdacht entgegenzuwirken, ist daher bedingungslose Offenheit und die uneingeschränkte Bereitschaft zu konstruktiver Zusammenarbeit. Zusammenfassend läßt sich zu Beziehungsgeflechten sagen, daß sie die Ablauforganisation ergänzen, die Grundvoraussetzung für unternehmensweite Konsensprozesse darstellen und einen wichtigen Beitrag für reibungsärmere Abläufe liefern.

Vorschläge für den Aufbau und die Pflege von Beziehungsgeflechten

- Verschaffen Sie sich Klarheit über Ihr Beziehungsgeflecht.
- Schaffen Sie formelle und informelle Foren für die Kommunikation mit Kunden, Lieferern, Partnern und Mitarbeitern.
- Gründen Sie Arbeitskreise, Ausschüsse, Interessengemeinschaften.
- Veranstalten Sie mit wichtigen Partnern, Lieferern, Kunden regelmäßige Treffen.
- Veranstalten Sie Workshops zur Abstimmung der Interessenlagen und zum Aufbau persönlicher Beziehungen.
- Treffen Sie sich mit wichtigen Kollegen zu Frühstücksrunden oder Nachmittagskränzchen.
- Pflegen Sie Ihr Beziehungsgeflecht sorgfältig.
- Beenden Sie traditionelle Feindschaften mit anderen Stellen und Menschen.
- Seien Sie dabei bedingungslos konstruktiv.
- Machen Sie sich frei von zu starken emotionalen Bindungen an Ihre Arbeit. Gehen Sie z. B. mit der Einstellung zur Arbeit, als wenn morgen Ihr letzter Arbeitstag an diesem Platz wäre.
- Wirken Sie vertrauensbildend und gehen Sie dazu nötigenfalls in Vorleistung.
- Kommunizieren Sie mit allen Mitarbeitern auch zu persönlichen Themen.
- Nutzen Sie Geburtstage, Geburten, familiäre Probleme, Urlaubsplanung, Rückkehr von Geschäftsreisen, Krankheiten, Jubiläen, Hochzeiten, private Erfolge, besondere berufliche Leistungen, Todesfälle, Erfolge der Kinder oder gesundheitliche Probleme Ihrer Mitarbeiter als Anlässe für persönliche Kontakte und Gespräche.

- Pflegen Sie den Kontakt zu potentiellen Nachwuchsleuten Ihres Bereichs.
- Stellen Sie Ihr persönliches Beziehungsgeflecht graphisch dar.
- Erarbeiten Sie gemeinsam mit Ihren Mitarbeitern deren Beziehungsgeflechte.
- Denken und Handeln Sie in erster Linie in Beziehungsgeflechten und nur dann, wenn es wirklich unumgänglich ist, in der klassischen Aufbauorganisation.
- Vermeiden Sie den Anschein, daß es sich bei Ihren informellen Kontakten um Seilschaften oder konspirative Vereinigungen handeln könnte. Beachten Sie immer den Grundsatz der unbedingten Offenheit und Konstruktivität.
- Lassen Sie den Themenkreis Machtpolitik außen vor, begrenzen Sie sich auf Themen, die einen Nutzen für das Unternehmen bringen.

Bausteine für die Aufbauorganisation

Durch die weitgehend unternehmerische Ausrichtung der internen Dienstleister und die Einführung marktwirtschaftlicher Prinzipien genügt eine flache, oder besser, spärliche Unternehmenshierarchie. Die Zahl der Hierarchieebenen wird nur vom unvermeidlichen Restvolumen an formaler Administration und von der Anzahl der Mitarbeiter bestimmt. Wichtig dabei ist, daß die Vollständigkeit der Hierarchie gewährt bleibt und die Individuenzahlen der Organisationselemente in managebaren Größenordnungen bleiben. Des weiteren werden die Elemente der künftigen Organisationsstruktur ihrem Wesen nach nur noch geringe Lebensdauern aufweisen. Denn, sobald eine betriebliche Funktionseinheit nicht mehr den erforderlichen Beitrag für ihre Kunden liefert, wird sie obsolet und droht zu entfallen. Entweder sie paßt sich dann rasch an, oder sie wird aufgelöst, und ihre Restfunktionen werden von anderen, eventuell neu gegründeten Leistungserbringern übernommen. Das sicherlich augenfälligste Kennzeichen der neuen Aufbauorganisation ist daher ihre hohe Dynamik.

Bisher: unbeherrschte Ordnung	Künftig: beherrschte Unordnung
– langfristig statische und klare Strukturen	– dynamisch adaptierende und unscharfe Strukturen
– scheinbar determinierte Abläufe	– scheinbar undeterminierbare Abläufe
– vertikale Berichts-, Entscheidungs- und Befehlswege	– netzförmige Kommunikations- und Entscheidungswege
– steile Hierarchien mit vertikaler Ablaufsteuerung	– spärliche Hierarchien mit verteilter Ablaufsteuerung
– formelle Kommunikation innerhalb hierarchischer Beziehungen	– informelle Kommunikation innerhalb informeller Beziehungsgeflechte
– formelle Abläufe als Regel, informelle Abläufe als Ausnahme	– informelle Abläufe als Regel, formelle Abläufe als Ausnahme

Tabelle 6: Die Eigenschaften der Aufbauorganisation im Wandel

Beim Vergleich der Eigenschaften der bisherigen Aufbauorganisation mit der künftigen stößt man auf weitere interessante Unterschiede. Diese lassen sich am treffendsten mit (scheinbarer) Ordnung und (scheinbarem) Chaos charakterisieren. In Tabelle 6 stelle ich einige besonders konträre Merkmale vor.

Organisationsform und Gruppenzusammensetzung müssen sich der jeweiligen Aufgabenstellung anpassen können. Die für die gestellte Aufgabe jeweils fähigsten Mitarbeiter zu finden, sie zu einer schlagkräftigen Gruppe zu formen, sie mit den notwendigen Arbeitsmitteln auszustatten und ihr Umfeld abzusichern, ist eine der Daueraufgaben für Führungskräfte. Wenn Aufgaben zwar umfangreich aber von temporärer Natur sind, hat sich eine flexible Organisationsform bewährt (Projekte). Sind sie von permanenter Art, können sie in der Organisation abgebildet werden, indem neue organisatorische Einheiten gegründet oder die Aufgaben einer vorhandenen betrieblichen Funktionseinheit zugeordnet werden.

Häufig ist zu beobachten, daß statische Strukturen (Gruppen, Abteilungen, Unternehmensbereiche) im Laufe der Zeit immer ineffizienter werden. Woran liegt das? Zwei grundlegende Effekte lassen sich identifizieren:

Die externe Aufgabenüberfrachtung:

Häufig werden neue Aufgaben bestehenden Organisationseinheiten zugeordnet, ohne daß dies fachlich oder sachlich zwingend wäre. Sie tangieren meist die Tätigkeitsbereiche der jeweiligen Stelle, sind aber nicht deren eigentliches Kerngeschäft. Da das erforderliche Fachwissen und entsprechend das Interesse nicht in ausreichendem Maße vorhanden ist, wird der Wirkungsgrad gering bleiben. Die Einheit verzettelt sich, und das eigentliche Kerngeschäft leidet dadurch zwangsläufig.

Die interne Aufgabenüberfrachtung:

Die Ursache hierfür liegt in einer Kopfzahlorientierung vieler innerbetrieblicher Gratifikationssysteme. Je mehr Mitarbeiter eine Führungskraft hat, um so höher ist meist auch ihr Gehalt, ihr Einfluß und (leider) auch ihr Ansehen. Es ist daher das Bestreben vieler Führungskräfte, ihre Führungsspanne zu erweitern. Ein bewährtes Mittel ist die Erschließung neuer Aufgabenfelder, denn so läßt sich Personalaufbau wesentlich leichter begründen und auch das Verhalten derer erklären, die um keinen Preis der Welt Tätigkeiten mit den zugehörigen Mitarbeitern an kompetentere Bereiche abzugeben bereit sind.

---

[1] Virtuelle Unternehmen wären die logische Fortsetzung des virtuellen Ansatzes. Wenn virtuelle Teams innerhalb eines Unternehmens erfolgreich arbeiten können, warum sollte dann nicht auch ein ganzes Unternehmen auf virtueller Basis arbeiten können? Denkbar wäre z. B. eine Art Holdingstruktur. Deren unterlagerte Funktionsbereiche werden heute bereits zunehmend als interne Dienstleister organisiert. Im Fall des virtuellen Unternehmens würden diese dann aus rechtlich selbständigen externen Dienstleistern bestehen. Von einem solchen Konstrukt kann eine enorme Flexibilität und Reaktionsgeschwindigkeit erwartet werden. Allerdings bedürfte es einiger begleitender gesetzlicher Bestimmungen und Änderungen der bestehenden Regelungen, um z. B. Fragen der Haftung oder des Arbeitsrechtes zu klären.

Statusdenken ist ein entscheidendes Hemmnis auf dem Weg zu einer dynamischeren Organisationsstruktur.

Für Aufgabenüberfrachtung gibt es keine überzeugende Legitimation, und es ist nicht verständlich, warum sie immer noch als organisatorische Maßnahme praktiziert wird. Denn längst gibt es bewährte Organisationsmodelle, wenn es darum geht, das Aufbauen überflüssiger Strukturen oder ineffizienter Organisationsbereiche zu vermeiden: Das *virtuelle Team*[1], oder allgemeiner, virtuelle Strukturen.

(4) Virtuelle Strukturen

In der betrieblichen Praxis werden in gewissem Umfang schon immer virtuelle Strukturen eingesetzt, vor allem, wenn es um temporäre begrenzte Aufgabenstellungen geht. Für diese, am treffendsten virtuelle Teams genannte Strukturen, gibt es die unterschiedlichsten Bezeichnungen. So heißen sie Aktionsteams, Produktteams, Arbeitskreise, Projektteams, Kundenteams, Simultaneous-Engineering-Groups oder Task-Forces. Allen virtuellen Teams (VT) gemeinsam ist ein Reihe von Eigenschaften:

- VT sind kein formales Strukturelement in der Aufbauorganisation, aber ein formales Element in der Ablauforganisation.
- VT bearbeiten bereichs- oder organisationsübergreifende Aufgabenstellungen.
- VT setzen sich aus Spezialisten und/oder Führungskräften zusammen (Abb. 6).
- VT sind temporär aktiv, ständig aktiv oder werden ereignisgesteuert aktiv.
- VT sind im Rahmen vorgegebener Ziele eigenverantwortlich.
- VT ergänzen die bestehende Organisationsstruktur (und lösen sie nicht ab).
- VT-Mitglieder haben immer einen Arbeitsplatz in einer formalen Organisationseinheit.

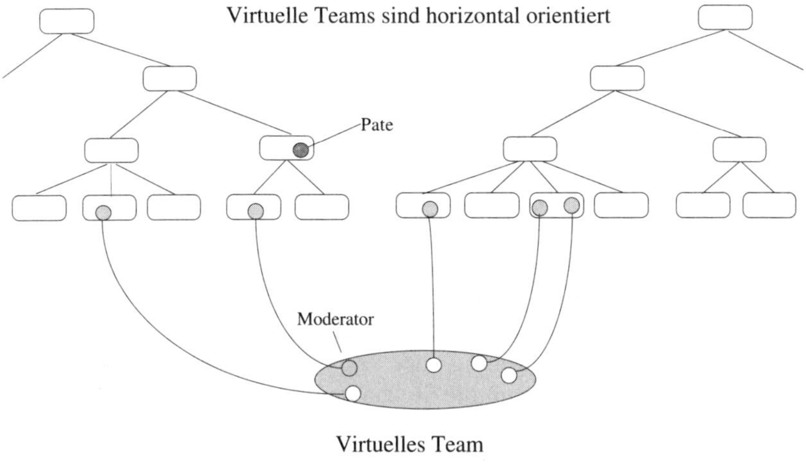

Abb. 6: Virtuelle Teams – Grundstruktur

Virtuelle Gruppen helfen Organisationsaufbau zu vermeiden. Sie stellen eine Art dritte Dimension der Aufbauorganisation dar.

In der betrieblichen Praxis befindet man sich häufig in der Situation, daß eindeutige Zuordnungen von Aufgaben oder Fachthemen zu organisatorischen Einheiten nicht möglich sind. Oft werden – durchaus berechtigt – fachliche oder auch formale Zuständigkeiten von mehr als einer Stelle beansprucht und wahrgenommen. Diese Überschneidungen sind wohl eine zwangsläufige Folge der fortschreitenden Arbeitsteilung und damit bedingten Spezialisierung und stellen im Grunde genommen auch kein Problem dar. Problematisch werden sie erst im Zusammenhang mit

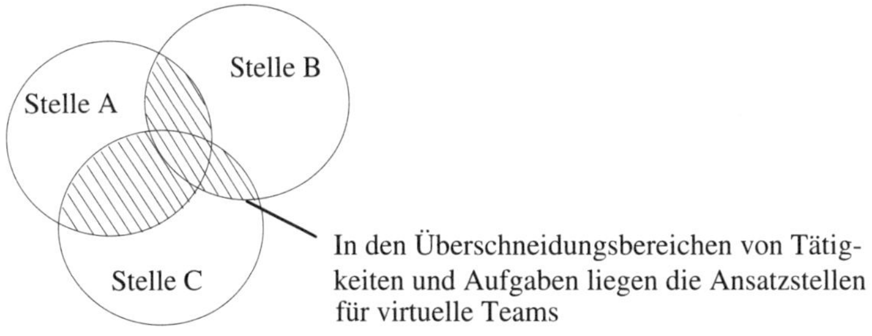

Abb. 7: Ansatzstellen zur Gründung virtueller Teams

dem bereits erwähnten Abgrenzungsverhalten der Stellen oder der nur mangelhaft ausgebildeten Fertigkeit des Menschen für eine gruppenübergreifende Zusammenarbeit. Dann entstehen die Redundanzen und Reibungsverluste mit all ihren negativen Auswirkungen auf die Produktivität des Unternehmens.

Abbildung 7 soll die Problematik der Kompetenzüberschneidung am Beispiel dreier Stellen verdeutlichen.

Virtuelle Teams verhindern die Entstehung von Redundanzen bei Überschneidungen der Zuständigkeiten von Stellen.

Gemeinsame Aufgabenstellungen, Interessenlagen oder überlappende Themenbereiche stellen potentielle Konfliktherde dar und erfordern sorgsame Maßnahmen zur Regelung der Zusammenarbeit. Insbesondere dann, wenn die Stellen nicht in einer Kunden/Liefererbeziehung zueinander stehen, schützen die sonst üblichen verbalen oder protokollarischen Vereinbarungen zwischen betroffenen Stellen auf Dauer gesehen selten vor Konflikten. Selbst regelmäßig durchgeführte Koordinationssitzungen sind meist nicht in der Lage, Konflikte sicher auszuschließen. Durch die Einrichtung von virtuellen Teams kann hier weitgehend auf eine äußere Koordination verzichtet und eine reibungsfreie und effiziente Kooperation erreicht werden.

Virtuelle Teams helfen auch in der Frühphase der Entstehung einer organisatorischen Einheit. Insbesondere dann, wenn, wie im vorigen Fall, mehrere Stellen davon betroffen sind, aber die „kritische Masse" noch nicht erreicht ist, ab der es Sinn macht, eine formale Organisationseinheit zu bilden.

Die Ausprägung *„schlafendes Team"* ist eine Sonderform der virtuellen Gruppe. Schlafende Teams bearbeiten in der Regel Aufgaben, die gleichartig aber deren Bearbeitungszeitpunkte nicht determinierbar sind. Sie sind ereignisgesteuert, treten also nur dann in Aktion, wenn der vordefinierte Anlaß eintritt, z. B. durch einen Kundenanruf wie: „Habe Probleme mit der Qualität Ihres Produktes". Dann aber formieren Sie sich entsprechend vorabgestimmter Einsatzpläne und beginnen selbständig mit der Problembearbeitung.

Es gibt Aufgabenstellungen, die nicht nur temporäre Bedeutung haben, aber bei denen es dennoch nicht sinnvoll ist, eine formale Struktur zu bilden. Ein Beispiel hierfür ist die Qualitätssicherung (QS), die in vielen Unternehmen geradezu traditionelle Akzeptanzprobleme hat. Meist rühren sie daher, daß die QS nicht integraler Bestandteil der Ablauforganisation, sondern eine disziplinarisch unabhängige Querschnittsfunktion ist. Völlig richtig wird in vielen Publikationen der letzten Zeit auf die Bedeutung der QS als eine ganzheitliche Aufgabe hingewiesen und deren Rückintegration in die betriebliche Vorgangskette gefordert. Wie kann dies aber in der Praxis mit Aussicht auf Erfolg geschehen? Mittels welcher Organisationsstruktur kann die Neutralität der Qualitätssicherung gewahrt und gleichzeitig aber deren oft irreal anmutende Unberührtheit von den oftmals drückenden Fertigungsproblemen beseitigt werden? Der am meisten erfolgversprechende Ansatz scheint mir eine Mischform aus virtueller und formaler Organisation zu sein. Einer Struktur, deren formale Organisationseinheit auf einige wenige, ständige Mitarbeiter reduziert ist, das Gros der Mitarbeiter jedoch permanent virtuellen Einheiten zugeordnet wird. Die Mitarbeiter werden in unmittelbarer Fertigungsnähe angesiedelt und übernehmen dort, als integraler Bestandteil der Fertigungseinheiten, operative Aufgaben.

Eine weitere spezifische Ausprägung eines virtuellen Teams ist das *virtuelle Produktteam.* Dieses setzt sich aus Mitgliedern der verschiedensten Organisationseinheiten zusammen und bringt neben den bereits beschriebenen internen Vorteilen vor allem eine erheblich höhere Kundenorientierung. Virtuelle Teams agieren ihrer Natur gemäß gesamtheitlicher und entsprechen damit auch eher der produktorientierten Sichtweise des Kunden.

Für Kunden ergeben virtuelle Strukturen in Form von Produktteams eine gesamtheitliche Sicht auf das Unternehmen.

In der Praxis finden sich aber vielfach noch veraltete Strukturen zur Kundenbetreuung. Als ungeeignet können alle diejenigen bezeichnet werden, die den Kunden notgedrungen zwingen, Kenntnisse über die interne Aufbau- und Ablauforganisation des Lieferers aufzubauen. Virtuelle Produktteams dagegen können auf die gesamte Vorgangskette und Ressourcen des Unternehmens zurückgreifen und Kundenwünsche rascher umsetzen.

Als hier letzte Form einer virtuellen Struktur möchte ich das *virtuelle Spezialistennetzwerk* vorstellen. Dabei gehe ich von der Beobachtung aus, daß, vor allem innerhalb größerer Organisationen, wichtiges Knowhow nicht selten redundant vorhanden ist. Zudem ist es oft räumlich

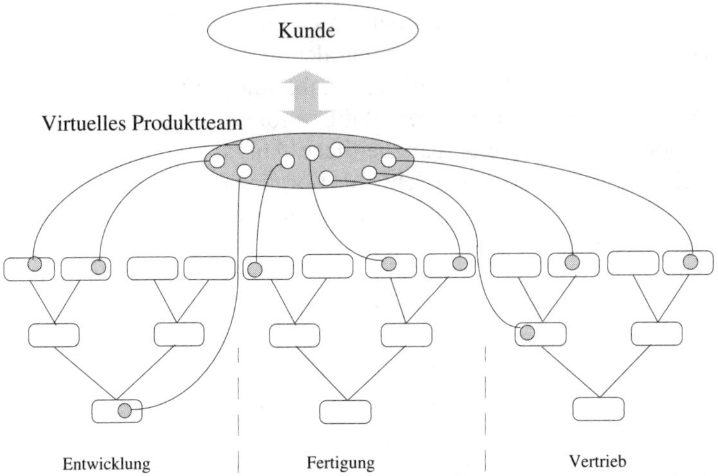

Abb. 8: Kundenorientierte virtuelle Produktteams

und/oder disziplinarisch getrennt angesiedelt und kann erhebliche Qualitätsunterschiede aufweisen. Wenn dann noch die lokal vorhandene Kapazität für umfangreichere Aufgabenstellungen nicht ausreicht, entstehen leicht die bereits aus der Analyse der Fachstellen ermittelten Probleme. Da es nicht immer möglich oder sinnvoll ist, die Spezialisten räumlich nahe innerhalb einer als Dienstleister positionierten Einheit zusammenzuziehen, kann die Bildung eines virtuellen Spezialistenteams die Lösung darstellen.

Bei ganzheitlicher Betrachtung bilden die Spezialistenteams dann ein unternehmensweites Know-how-Netzwerk. Probleme mit der geringen Wissensdichte, dem Erhalt oder der Qualität des Know-how gehören dann der Vergangenheit an.

Checkliste für die Aktivierung eines temporären virtuellen Teams:

- Anzahl und Profil der Team-Mitglieder bestimmen.
- Teamleiter bestimmen. Der Vorgesetzte des Teamleiters wird Pate des Teams, falls kein hierarchisch höher eingestuftes Teammitglied dabei ist oder keine anderen generellen administrativen und disziplinarischen Regelungen bestehen.
- Aufgabe/Auftrag formulieren und unbedingt gemeinsames Ver-

ständnis aller sichern. Dann Ziele festlegen: Wozu? Für Wen? Welches Endergebnis soll bis .... (Datum) erreicht sein? Woran soll dies gemessen werden (Erfolgskriterien)?

- Wichtigkeit und Dringlichkeit festlegen.
- Information der Führungskräfte aller voraussichtlich betroffenen Stellen (Abstimmungsprozeß).
- Formeller Start (Kick-off-meeting).
- „Spielregeln" für den Umgang miteinander vereinbaren.

Checkliste für das Beenden eines temporären virtuellen Teams:

- Vorstellung und Abnahme der Ergebnisse.
- Rückblende auf den Team-Prozeß, Feedback-Runde.
- Folgeaktivitäten vereinbaren, z. B. ein permanentes oder „schlafendes" Team definieren, Aufgaben verteilen oder die Aufbauorganisation ändern.
- Ergebnisse streuen.
- Information der Führungskräfte aller voraussichtlich betroffenen Stellen (Abstimmungsprozeß).
- Formelles Ende (internes Schreiben; Protokoll der Abschlußsitzung).

Virtuelle Teams strapazieren die Toleranz von hierarchisch denkenden Führungskräften ganz erheblich, denn es ist für diese meist ein ziemlich unerträgliches Gefühl, nicht genau zu wissen und nicht beeinflussen zu können, was ihre Mitarbeiter gerade tun. Auch sind in der Regel Gratifikationssysteme nicht darauf ausgerichtet, Leistungen virtueller Teams zu honorieren. Die Akzeptanz von virtuellen Teams wird vermutlich erst dann besser werden, wenn die Mehrzahl der Führungskräfte den Wert und die Möglichkeiten dieser Strukturen schätzen lernt und sie aktiver einsetzt, als dies heute der Fall ist. Was wahrscheinlich erst dann möglich sein wird, wenn im Rahmen einer spärlicheren und dynamischeren Organisation die Lebensdauern der bisherigen Organisationselemente und deren auf hierarchischer Macht basierten Einflußmöglichkeiten erheblich reduziert sein werden. Damit entsprächen sie selbst auch der eher temporären Natur virtueller Teams, ein Charakteristikum, dem in der künftigen Aufbauorganisation große Bedeutung beigemessen werden muß.

Virtuelle Teams haben in stark hierarchisch orientierten Unternehmen kaum Aussicht auf Erfolg.

Heute finden sich gegen virtuelle Teams leider noch immer Widerständler in den Reihen der Führungskräfte. Dies äußert sich z. B. darin, daß die von virtuellen Teams erarbeiteten Maßnahmen oder Vorschläge nicht akzeptiert werden und Führungskräfte sie kraft ihrer Disziplinargewalt verhindern, verzögern oder verändern. Hierbei spielt meist eine der drei folgenden Ursachen eine Rolle. (1) Statusdenken: Das Team ist im Verlauf seiner Arbeit in „angestammte" Zuständigkeitsbereiche des „Hierarchen" eingedrungen. Dieser will die (vermeintliche) Verletzung seines Kompetenzbereichs nicht hinnehmen. (2) Mißbilligung: Die Führungskraft „will" einfach nicht, weil sie virtuelle Teams nicht akzeptieren kann. (3) Besserwisserei: Die Führungskraft kann Lösungen, die nicht von ihr selbst stammen, nicht akzeptieren. Gleichgültig, aus welchem Grund eine Führungskraft virtuelle Teams boykottiert, ausgelöst wird immer nachhaltiger Frust bei den Teammitgliedern. Der einzige Ausweg wäre, die „notorischen Widerständler" aus den Reihen der Führungskräfte zu entfernen. Da dies weder realistisch noch möglich ist, müssen virtuelle Teams jeweils flankierende Maßnahmen ergreifen, die den späteren Boykott durch Führungskräfte verhindern. Diese sind so vielfältig wie die Beweggründe der Führungskräfte unterschiedlich. Eine generelle Empfehlung kann es hier leider nicht geben.

Virtuelle Teams tragen entscheidend zur horizontalen Verbreitung relevanter Informationen bei.

Abbildung 9 soll am Beispiel einer Kundenanfrage die Einbettung von virtuellen Teams in die Vorgangskette des Unternehmens verdeutlichen. Ausgangspunkt ist die selbst auch nur virtuell vorhandene Stelle des kundenorientierten Produktteams. Von diesem ausgehend und gesteuert, wird eine Vorgangskette durchlaufen, die sowohl formale als auch virtuelle Stellen des Unternehmens enthält. Die Anfrage läuft dann wieder über das Produktteam zum Kunden zurück. In der Abbildung wird deutlich, wie die horizontale Verbreitung von Informationen über die Mitglieder der virtuellen Teams erfolgt. Ohne die üblichen hierarchischen Abläufe wird mittels virtuellen Konstrukten eine rasche Information und Einbeziehung aller betroffener Bereiche erreicht.

Eine zu statische Aufbauorganisation hemmt die Flexibilität, führt zu Reibungsverlusten und geht zu Lasten der Innovationskraft des Un-

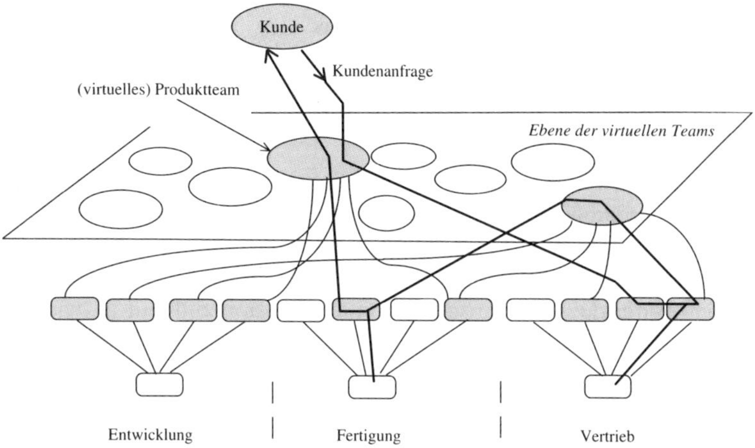

Abb. 9: Vorgangsketten mit virtuellen Teams

ternehmens. Natürlich heißt das nicht, daß die Existenz der Entwicklungsbereiche, des Einkaufs oder irgendeiner anderen klassischen betrieblichen Funktionseinheit in Frage gestellt werden soll. Als logische Strukturelemente werden sie weiterhin erhalten bleiben. Ihr interner Aufbau wird sich künftig jedoch dynamisch den sich ändernden Umgebungsbedingungen anpassen müssen. Dazu wird es erforderlich sein, die Anzahl der Stellen und der dazugehörigen Aufgaben und Zuständigkeiten rascher als heute möglich anzupassen. Die formale Einheit der Stelle wird künftig eher noch Bedeutung als Know-how- und Ressourcenträger haben, als ein räumlich konkreter Ort sein. Die meisten Mitarbeiter werden sich künftig zu einem überwiegenden Teil ihrer Arbeitszeit in virtuellen Teams befinden und ständig zwischen diesen Teams hin- und herwandern. Dies führt dazu, daß die Ablauforganisation a priori nur vage zu determinieren ist. Zwangsläufig ergibt sich so eine erheblich reduzierte Hierarchie und die bereits eingangs erwähnte temporäre Natur der Stellen. Als wichtigster Effekt wird sich daraus eine bisher kaum gekannte Reaktionsgeschwindigkeit und Flexibilität der Ablauforganisation ergeben.

Zusammenfassend läßt sich zu virtuellen Teams sagen, daß sie, richtig eingesetzt, zu einer dauerhaft flachen Aufbauorganisation beitragen, die Reibungsverluste in der Ablauforganisation minimieren und den latenten Bürokratisierungstendenzen nachhaltig entgegenwirken.

Vorschläge zum Aufbau virtueller Teams

- Erarbeiten Sie gemeinsam mit allen Führungskräften Ihres Zuständigkeitsbereichs Regeln für den Aufbau von und den Umgang mit virtuellen Teams.
- Sorgen Sie für eine optimale Ausstattung und Zweckmäßigkeit der von den virtuellen Teams genutzten Arbeitsräume (z. B. sollten ausreichend Pinwände, Flip-Charts und Moderationsmaterial vorhanden sein und eine flexible Möblierung rasche Umstellungen erlauben; ergänzend dazu technische Kommunikationshilfsmittel wie Overhead-Projektoren, Kopierer, PC, Drucker und evtl. elektronische Projektionshilfen bereitstellen; und, nicht zuletzt, sollte auch eine regelmäßige Versorgung mit Getränken oder Imbissen stattfinden).
- Honorieren Sie das Bestreben von Bereichen, durch aktiven Aufbau von VT, die Personalkapazität zu begrenzen oder zu reduzieren.
- Beäugen Sie argwöhnisch jeden Versuch, Personal aufzubauen. Verzichten Sie notfalls auf jeden, der Ihnen beweisen will, daß es ohne Personalaufbau in seinem Bereich nicht gehen kann.
- Unterstützen Sie aktiv und öffentlich jeden von Mitarbeitern ausgehenden Versuch zur Bildung virtueller Teams.
- Belohnen Sie positive Ergebnisse virtueller Teams in materieller und immaterieller Form (Buchgeschenke, Gutscheine für private Abendessen in einem Feinschmeckerlokal, gehaltliche Sonderzahlungen usw.).
- Investieren Sie in die Ausbildung von teamorientieren Fähigkeiten und Fertigkeiten.

  Ermitteln Sie alle Überschneidungsbereiche zu anderen Stellen. Versuchen Sie, dort gemeinsam mit den anderen Stellen virtuelle Teams zu etablieren. Gehen Sie bei Problemen auch notfalls in Vorleistung.
- Beziehen Sie die Moderatoren oder Teamleiter der virtuellen Teams als gleichberechtigte Partner in die internen Schriftwechsel, Abstimmungsgespräche und Sitzungen mit ein.
- Bauen Sie gemeinsam mit anderen Führungskräften ein unternehmensweites Spezialistennetzwerk auf.
- Wenn Sie Mitglied eines virtuellen Teams sind, dann versuchen Sie herauszufinden, welche der von ihrer Arbeit tangierten Führungskräfte eine „Anti-Haltung“ haben und wo deren spezifische Proble-

me im Zusammenhang mit virtuellen Teams liegen. Suchen Sie nach entsprechenden Präventivmaßnahmen: Binden Sie ihn frühzeitig ein; ernennen Sie ihn zum „Team-Ratgeber"; bitten Sie ihn um Unterstützung gegen einen anderen Widerständler, ernennen Sie ihn zum Paten oder ähnliches. Wenn alles nicht hilft: Lassen Sie auf ihn disziplinierenden Druck ausüben. Über seinen Chef oder, wenn sie zu diesem keinen Zugang haben, indirekt über einen hierarchisch Höhergestellten eines anderen Bereichs.

- Wenn Sie disziplinarische Einflußmöglichkeit haben, dann finden Sie heraus, welches die notorischen Widerständler gegen virtuelle Teams in Ihrem Bereich sind. Führen Sie ein offenes Gespräch mit diesen. Vereinbaren Sie mit ihnen Ziele, die nur mit virtuellen Teams erreichbar sind. Lassen Sie deren Verhalten durch virtuelle Teams bewerten. Geben Sie ihnen Zeit, sich zu ändern. Wenn alles nicht hilft: Entfernen Sie sie aus den Reihen der Führungskräfte.

(5) Spärliche Hierarchien

Der im angloamerikanischen Sprachraum häufig benutzte Begriff „lean" (lean organisation, lean production, lean hierarchy) wird im deutschen Sprachraum meist mit flach oder schlank übersetzt. Dies trifft nicht immer den Kern der Bedeutung. Zum Beispiel unterstellt die Übersetzung von „lean hierarchy" mit „flache Hierarchie", daß eine solche flache Hierarchie auch weniger Ebenen hat. Eine Annahme, die nicht unbedingt richtig zu sein braucht. Die aus diesem Blickpunkt perfekte, weil flachste, Hierarchie hätte nur eine einzige Ebene und wäre damit eine Organisationsstruktur, die allenfalls für allerkleinste Unternehmen denkbar ist. Besser ist da schon der Begriff „schlank". Eine schlanke Hierarchie hat keine überflüssigen Ebenen. Dies führt uns unmittelbar zur Frage, wie viele Ebenen es idealerweise sein sollten. Eines scheint dabei festzustehen: Eine „lean hierarchy" erreicht man nicht durch simples Eliminieren von Ebenen[1]. Dies kann überdies zum genauen Gegenteil führen. Statt flexibler und unbürokratischer Abläufe, kann so auch Unordnung und Konfusion entstehen.

[1] Die American Telephone und Telegraph Co. (AT&T) will in den kommenden zwei Jahren 14.000 bis 15.000 Stellen streichen. Mehr als die Hälfte der betroffenen Arbeitnehmer haben Managementpositionen; ganze »Ebenen« davon sollen beseitigt werden. ... (dpa, 12.1.94).

Die Anzahl der Hierarchieebenen eines Unternehmens wird durch die Anzahl der Mitarbeiter bestimmt.

Die treffendste Übersetzung von „lean hierarchy“ ist aus meiner Sicht der Begriff „spärliche Hierarchie“. Mit „spärlich“, im Sinne von dürftig, dünn, gelichtet, knapp, werden die Merkmale der künftigen Aufbauorganisation wohl noch am besten charakterisiert. Auf die einzelnen Eigenschaften und Vorteile einer spärlichen Hierarchie werde ich im weiteren Verlauf dieses Abschnitts noch näher eingehen. Zuvor möchte ich noch einige allgemeine Aussagen zur Aufbauorganisation betrachten: Heute gilt als unbestritten, daß ein Team die Anzahl von 5 bis 7 Personen[1] nicht überschreiten sollte, wenn die Zusammenarbeit im Team noch effektiv sein soll. In Ausnahmefällen und bei besonderer Eignung des Moderators (der Führungskraft) können es vielleicht auch 10 oder 15 Personen sein. Aus dem Blickwinkel der Effektivität eines Teams kann man somit davon ausgehen, daß die normalerweise vorkommende direkte Führungsspanne bei 5–7 (10) Personen liegen darf. Legt man dies als Gestaltungsregel für die Aufbauorganisation von Unternehmen zugrunde, wird damit die Notwendigkeit zur Bildung von hierarchisch strukturierten Organisationen deutlich: Ein Team (Gruppe) besteht dann aus maximal 5–7 Mitarbeitern; höchstens jeweils 5–7 Teams bilden eine Einheit (Abteilung), und wiederum jeweils 5–7 Abteilungen bilden einen Bereich (Hauptabteilung) usw. Die Anzahl der Mitarbeiter eines Unternehmens bestimmt daher primär die Anzahl der Hierarchieebenen. Aber, je mehr hierar-

[1] Es gibt hierzu einen interessanten Zusammenhang mit der Kommunikationstheorie, einer mathematischen Spezialdisziplin. Empirische Versuche haben ergeben, daß z. B. das Kurzzeitgedächtnis oder die Schätzfähigkeit des Menschen bezüglich eindimensionaler Größen (Bewertungsskalen, Tonhöhen, Farbabstufungen, sprachlichen Lauten, semantischen Inhalten von Diskussionsbeiträgen) ungefähr 7 ± 2 Einheiten umfassen kann. Diese Abläufe lassen sich im Sinne der mathematischen Theorie als „Informationskanäle“ auffassen und beschreiben. Die Kommunikationstheorie zeigt weiter, daß sich auch evolutionäre Prozesse als Sender-Kanal-Empfänger Systeme darstellen lassen. Es kann demnach vermutet werden, daß für die psychologischen Phänomene innerhalb von Teams, die ja in gewisser Hinsicht evolutionäre Charakteristika aufweisen, die gleichen Gesetzesmäßigkeiten und Restriktionen bestehen, wie bei der empirisch nachweisbaren Begrenztheit der Schätzfähigkeit des Menschen. Demnach darf ein Team nicht mehr als 7 ± 2 Personen umfassen, da es nach den Regeln der Kommunikationstheorie andernfalls einer sogenannten Codierung – in diesem Fall der Bildung von Untergruppen – bedürfte. Literatur: Topsoe, F. (1974); Miller, G. A. (1956).

chische Ebenen ein Unternehmen hat, desto höher sind die Reibungsverluste der Organisation, und desto eher gibt es die Neigung zur Bürokratisierung und Erstarrung. Das eigentliche Dilemma bei der Festlegung der optimalen Aufbauorganisation besteht also darin, daß die aus Gründen einer effizienten Teamarbeit erforderlichen geringen Teamgrößen zu einer hohen Anzahl formaler Stellen und Hierarchieebenen führen.

Eine zu große Anzahl Führungskräfte ist primär ein Zeichen für überflüssige Mitarbeiter.

Vor allem in wirtschaftlichen Krisenzeiten stellen Unternehmen häufig fest, daß sie zu viele Führungsebenen und damit zu viele Führungskräfte haben. Gemäß dieser Feststellung haben die daraufhin eingeleiteten Umstrukturierungsmaßnahmen dann auch den Abbau der überflüssigen Führungskräfte zum Ziel. Aber allzu oft geraten diese Vorhaben zu wahren Hexenjagden. Für die plötzlich im Kreuzfeuer der Kritik stehenden Führungskräfte geht es dabei nur noch ums blanke Überleben. Finger-pointing, Intrigen, Anpassungsverhalten und Schönfärberei sind die Folgen. Das Arbeitsklima leidet, und die Motivation schwindet. Und selbst diejenigen, die schließlich übriggeblieben sind, haben sich eher zu Duckmäusern, Systemkonformisten und rücksichtslosen Egoisten entwickelt, als zu selbständigen und risikobereiten Unternehmertypen, die das Unternehmen eigentlich benötigen würde. In der Feststellung, zu viele Führungskräfte zu haben, liegt zudem ein Trugschluß: Unternehmen mit zu vielen Hierarchien haben primär zu viele Mitarbeiter und erst als Folge davon zu viele Führungskräfte. Der Fokus der Umstrukturierung muß demnach in erster Linie auf den Mitarbeitern liegen und nur sekundär auf den Führungskräften. Damit seien die Führungskräfte jedoch nicht entlastet. Denn, wie in Kapitel 4 gezeigt wird, sind ja gerade sie ursächlich für den Aufbau von überflüssigen Mitarbeitern verantwortlich.

Für die Effizienz einer Organisation ist viel eher die Anzahl der „Hierarchen“ als die Anzahl der Hierarchieebenen ausschlaggebend.

Auf eine hierarchische Aufbauorganisation kann auch in optimal schlanken Organisationen nicht verzichtet werden. Ohne eine klare hierarchische Zuordnung entsteht rasch ein Führungsvakuum und dadurch, je nachdem, Orientierungslosigkeit oder Eigenwilligkeit dieser Organisationseinheiten. Die Folgen von zu großen Handlungsspielräumen und Freiheiten sind letztlich immer sinkende Beiträge zum Unternehmensergebnis. Nur mit vollständigen und nach dem Grundsatz beherrschbarer Führungsspannen und arbeitsfähiger Teamgrößen ausbalancierten Hierarchien kann die straffe Ausrichtung aller Unternehmenseinheiten auf die Unternehmensziele gelingen.

Es müssen also andere Wege gesucht werden, um die, vor allem in größeren Unternehmen, zwangsläufig entstehenden Reibungsverluste zu reduzieren. Das Dilemma beim Aufbau hierarchisch vollständiger Organisationen kann zumindest teilweise dadurch gelöst werden, daß die Zahl der Führungskräfte mit nur-hierarchischen Aufgaben – der „Hierarchen" – zahlenmäßig reduziert wird. Dies kann z. B. dadurch erreicht werden, daß Stelleninhaber immer auch eine der hierarchisch untergeordneten Stellen verantworten. Eine andere Möglichkeit, die Anzahl der Hierarchen zu reduzieren, wäre z. B. die Besetzung mehrerer Stellen mit derselben Führungskraft.

Bei spärlichen Hierarchien sind die Führungspositionen also mit weniger Führungskräften besetzt, und die Vollständigkeit der Hierarchie bleibt erhalten. Abbildung 10 soll dies verdeutlichen.

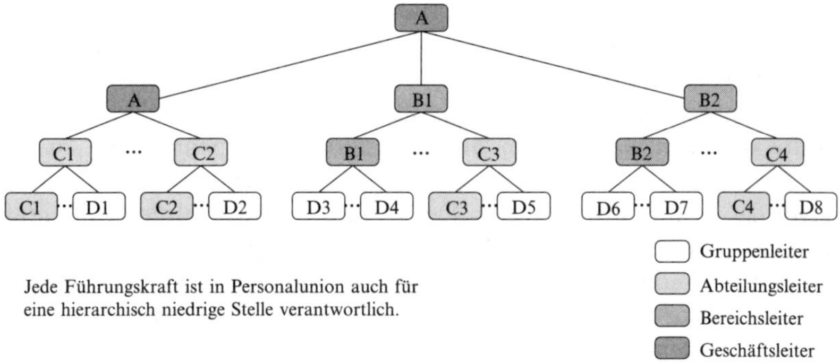

Abb. 10: Prinzip der spärlichen Hierarchien

Im Bild ist jeweils eine in der nächsten Ebene liegende Stelle in Personalunion besetzt. Genauso denkbar wäre aber auch eine Organisation, in der die Führungskraft eine mehr als eine Ebene darunter liegende Stelle verantwortet oder diese Stelle sich innerhalb eines anderen Zweiges der Hierarchie befindet. Egal, welche Gestaltungsregel einer spärlichen Hierarchie zugrundegelegt wird, die sich ergebende operative Nähe erfordert jedenfalls von den Führungskräften ein besonderes Führungsverhalten, was in vielen Fällen einen radikalen Umdenkprozeß erfordert.

Die reduzierte Darstellung des Hierarchiebaumes verdeutlicht nochmals den Begriff der „spärlichen Hierarchie".

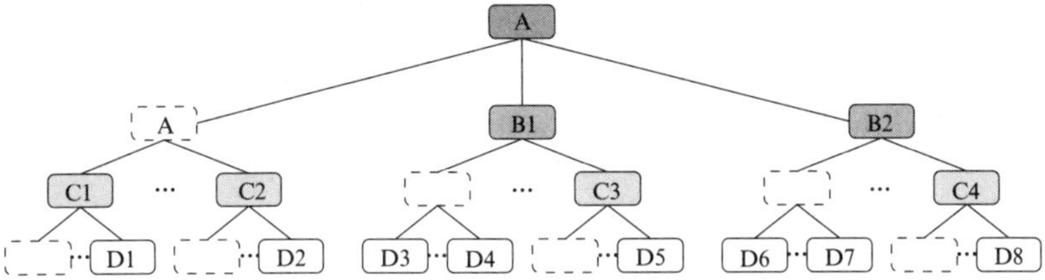

Abb. 11: Reduzierte Darstellung einer spärlichen Hierarchie

Eine spärliche Hierarchie nach dem in Abbildung 11 dargestellten Muster ist zwar eine wichtige Voraussetzung für eine effizientere Organisation. Ihre volle Wirksamkeit erreicht sie jedoch erst im Zusammenspiel mit den anderen dargestellten organisatorischen Maßnahmen und der im nächsten Abschnitt dargestellten, speziell für spärliche Hierarchien geeigneten, Steuerungstechnik nach dem Prinzip der vernetzten Foren.

Vorschläge zum Aufbau spärlicher Hierarchien

- Geben Sie jeder Führungskraft zusätzlich die Verantwortung für eine hierarchisch niedrigere Stelle.
- Achten Sie darauf, daß die Hierarchie vollständig bleibt.
- Achten Sie darauf, daß jeder Stelleninhaber auch die vollständige disziplinarische Verantwortung hat.
- Verzichten Sie auf das häufig praktizierte Verfahren, Stellen dauerhaft ohne Führungskraft zu belassen. Nehmen Sie solche Situationen als Indiz und Anlaß für Organisationsänderungen.
- Verzichten Sie auf das Attribut „kommissarisch" bei der Besetzung von Stellen. Nehmen Sie statt dessen lieber kurzfristige Wechsel der Führungskräfte in Kauf.
- Ignorieren Sie die zunächst zu erwartenden Widerstände der Alt-Hierarchen gegen diese Neuordnung.

- Entfernen Sie die notorischen Widerständler aus den Reihen der Führungskräfte.
- Wahrscheinlich werden Sie Aussagen hören wie: „Das kann nicht funktionieren!“, „Mit dieser Struktur bin ich nur noch in Sitzungen, zum Arbeiten komme ich nicht mehr!“, oder „Dann kann ich meine Arbeit mit Sicherheit nicht mehr bewältigen, ich bin jetzt schon permanent überlastet!“. Glauben Sie es nicht. Wer so spricht, ist in seinem Führungsverhalten schon derart festgefahren, daß er sich die erforderliche Verhaltensänderung nicht mehr vorstellen kann oder will. Denn spärliche Hierarchien erfordern jedenfalls ein geändertes Führungsverhalten.

(6) Das Prinzip der vernetzten Foren

Zur Steuerung der Abläufe innerhalb spärlicher Hierarchien läßt sich eine modifizierte Form heute bereits üblicher Managementverfahren verwenden. Ausgangspunkt der folgenden Betrachtung ist die Forderung nach ganzheitlichem Denken und Handeln aller betrieblicher Funktionsbereiche und aller Unternehmensebenen. Wenn aber unternehmensübergreifend agiert werden soll, dann müssen die übergreifenden Zusammenhänge bekannt sein. Dies läßt sich z. B. dadurch erreichen, daß man die meist bereichsweise begrenzten Führungs- und Steuerungsmechanismen miteinander vernetzt. Die in Abbildung 12 verwendeten pyramidenförmigen Symbole sollen die hierarchische Aufbauorganisation der Bereiche versinnbildlichen.

Das Geschäftsleitungsforum wird von den Führungskräften des Forschungs- und Entwicklungs-, Produktions-, Marketing- und Vertriebs- sowie des kaufmännischen Bereichs gebildet. Die Dienstleistungsbereiche, mit Ausnahme des bereits erwähnten kaufmännischen Bereichs, müssen dagegen keinen ständigen Sitz im Forum haben.

Eines der Mitglieder des Forums hat zusätzlich zu seiner Bereichsverantwortung den Vorsitz im Forum und ist damit der Vorsitzende der Geschäftsleitung. Die Gruppengröße beträgt je nach Unternehmensgröße zwischen fünf und sieben, in Einzelfällen vielleicht auch zehn bis fünfzehn Personen und liegt damit in einer Größenordnung, die mit einem erfahrenen Moderator gerade noch eine effektive Zusammenarbeit erlaubt.

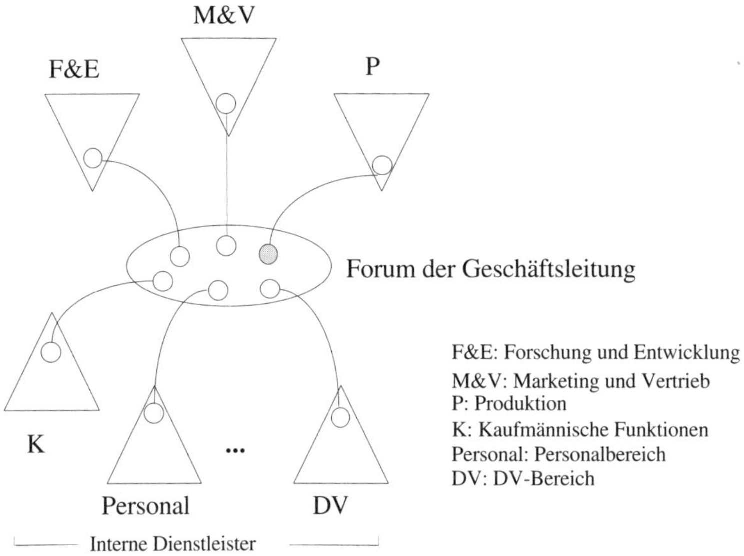

Abb. 12: Prinzip der vernetzten Foren

Es mag vielleicht banal erscheinen, das Geschäftsleitungsforum so explizit darzustellen, ist doch in vielen Unternehmen die Geschäftsführung genau nach diesem Muster organisiert. Aber gewöhnlich bleibt diese Art der Steuerung auf die oberste Unternehmensebene begrenzt, und es fehlt die konsequente Vernetzung mit der zweiten Leitungsebene. Abbildung 13 zeigt die Steuerforen der zweiten Leitungsebene.

Aus Gründen der Übersichtlichkeit wurde in der Abbildung nur das Steuerforum des F&E-Bereichs dargestellt. Analog dazu wären die Foren für den Produktions- und den Marketing- und Vertriebsbereich aufzubauen, womit dann auch die horizontale Vernetzung der Foren untereinander noch deutlicher würde. Während im obersten, dem Geschäftsleitungsforum, immer die Bereichsleiter teilnehmen, können die Bereiche in der zweiten Forumsebene auch durch rangniedrigere Führungskräfte vertreten werden. Wichtig ist dann aber deren enge Einbindung in die Steuerforen ihres eigenen Bereichs. Diese, als dritte Ebene aufzufassenden Foren, sind strukturell wie die der zweiten Ebene aufgebaut. Ihre Vernetzung mit den anderen Bereichen braucht meist jedoch nicht so formal gepflegt zu werden.

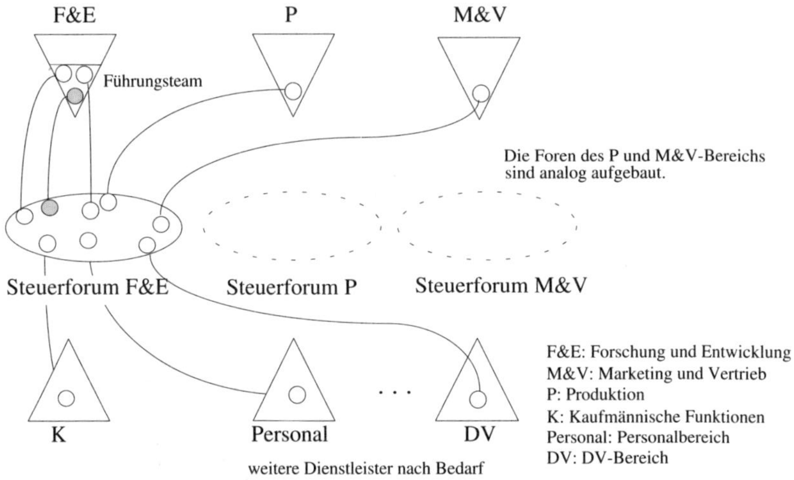

Abb. 13: Vernetzte Foren der zweiten Führungsebene

Für jedes Unternehmen genügen im Grunde genommen diese zwei Forumsebenen. Da sie vertikal und horizontal vernetzt sind und streng formal (d. h. bürokratisch im besten Sinne) gehandhabt werden, bewirkt dies eine unternehmensweit konsistente Führungsorganisation. Die Vorteile vernetzter Foren sind vor allem in dem erheblich erleichterten horizontalen und vertikalen Informations- und Entscheidungsfluß zu sehen. Daneben ermöglichen sie implizit die für flexiblere und raschere Abläufe notwendigen ganzheitlichen Sichtweisen.

(7) Endogene Organisationsentwicklung[1]

Unternehmen mit einer Zusammenarbeitskultur, die den Menschen als wichtigste Ressource ansieht, haben wahrscheinlich eine deutlich höhere Überlebenschance.

Ein Unternehmen kann nur dann überleben, wenn es in der Lage ist, sich rechtzeitig und schnell genug an die sich ständig verändernden Rahmenbedingungen anzupassen. Die einmal gewählte Organisations- und Führungsstruktur verliert in dem Maß ihre Berechtigung, wie sich die Marktbedingungen ändern, aufgrund derer sie einst gewählt wurden. Das Unternehmen muß in der Lage sein, sich endogen, also aus eigener Kraft, anzupassen. Dies muß ein kontinuierlicher Veränderungsprozeß sein. Sprunghafte, also innovative, Änderungen der betrieblichen Abläufe, sollten als mögliche Antwort auf eine existentielle Krise vorbehalten bleiben.

Der folgende Abschnitt beschäftigt sich daher mit der Frage, wie eine Organisation die für ihre Leistungsfähigkeit notwendige Flexibilität und Änderungsfähigkeit zur kontinuierlichen Anpassung aufbauen kann. Endogene Organisationsentwicklung benötigt für die dauernde Anpassung einen Stimulator: die latente Existenzgefährdung (Konkurrenz). Ausgelöst durch existenzbedrohende Ereignisse entsteht ein persönlicher Leidensdruck[2], der die Motivation und Kreativität der Menschen ständig herausfordert. Der Bedarf an einer kontinuierlichen, vorausschauenden Anpassung des Unternehmens an das Marktgeschehen führt zu der Frage, ob eine Sozialgemeinschaft, in diesem Fall die ökonomische Zweckgemeinschaft des Unternehmens, lernfähig ist. Unternehmen sind innerhalb konkurrierender Marktwirtschaften nur dann erfolgreich, wenn sie die vielen Einflüsse und Informationen, denen sie ausgesetzt sind, in Verhaltensänderungen umsetzen können. Dies gelingt nur, wenn sich das Unternehmen als ein ganzheitliches System versteht, in dem sich alle internen Strukturelemente systemdienlich verhalten. Nur dann können Informationen, die auf den verschiedenen Organisationsebenen vorliegen, auch als Steuergrößen für eine kontinuierliche Adaption herangezogen werden. Ein Unternehmen muß sich dabei ähnlich einem lebenden Organismus[3] verhalten, der sich entweder an die verändernden Umweltbedingungen evolutionär anpaßt oder ausstirbt.

---

[1] Mit dem Begriff der endogenen Organisationsentwicklung möchte ich die Fähigkeit von Organisationen und Unternehmen bezeichnen, aus sich heraus organisatorische Veränderungsprozesse anzustoßen und umzusetzen. Dies ist als eine kontinuierliche, nicht determinierte oder determinierbare Adaption aufgrund von äußeren Einflüssen zu verstehen, die das Ziel hat, das Überleben des Organismus sicherzustellen. Es handelt sich dabei in der Regel um evolutionäre Veränderungsprozesse.

[2] Die Veränderungsbereitschaft des Menschen ist direkt und wahrscheinlich ausschließlich abhängig vom Ausmaß der Gefährdung seiner persönlichen Existenz. Siehe auch Teil 2, Kapitel 4.

[3] Vgl. auch Fuchs, J. (1992).

Wie eine Analyse von Unternehmensentwicklungen zeigt, sind sozioökonomische Gesellschaften offensichtlich lernfähig. Nimmt man als ein Maß für Adaptionsfähigkeit die zeitliche Dauer von Unternehmensexistenzen, so zeigen sich allerdings erhebliche Unterschiede. Was sind nun die Voraussetzungen für einen langfristigen Unternehmenserfolg vor dem Hintergrund eines immer komplexeren Marktgeschehens und immer härteren Konkurrenzverhaltens? Wie erreicht man ein rechtzeitiges evolutionäres Anpassungsverhalten[1] des Unternehmens, das aus dem Unternehmen heraus erfolgt und nicht von oben angeordnet werden muß? Die größte Schwierigkeit scheint darin zu bestehen, den darin Beschäftigten die Auswirkung ihres Handelns (oder besser Nichthandelns) auf den Fortbestand der Organisation deutlich zu machen. Gelingt dies aber, wird der Mitarbeiter den existenzbedrohenden Leidensdruck verspüren und in aller Regel Eigeninitiative und Verantwortungsbereitschaft zeigen. Leider zeigt die Praxis, daß das Bewußtsein um den ursächlichen Zusammenhang zwischen der Unternehmensexistenz und der persönlichen Verhaltensweise mit dem Abstand zur obersten Führungsebene dramatisch abnimmt. Nicht selten findet man bereits in der zweitobersten Ebene nur noch ein gering ausgeprägtes Verständnis für diesen Aspekt. Obgleich es an verbalen Beteuerungen, daß dies nicht so sei, nicht mangelt, basiert die Grundhaltung vieler Mitarbeiter auf dem Muster, daß nichts sein kann, was nicht sein darf. Es lassen sich in diesem Zusammenhang, zwei stereotype Formen von Antworten beschreiben: Zunächst die „Ja, *wenn ich das gewußt hätte ...*"-Phrase. Ausgangssituation ist oft ein wie auch immer geartetes Versäumnis eines Mitarbeiters, ein relevantes, unternehmensexternes Ereignis in seine betrieblichen Entscheidungen einzubeziehen. Spricht man den Mitarbeiter darauf an, dann hört man oft Sätze wie : *„Ja, wenn ich das vorher gewußt hätte, dann hätte ich natürlich ganz anders gehandelt"*;

[1] Der Ansatzpunkt für die Schaffung einer endogen adaptierenden Organisation liegt wohl allein in der Spürbarmachung der existenzbedrohenden Elemente für die Menschen dieser Organisation. Es ist allerdings fraglich, ob äußere existenzbedrohende Einflüsse für alle Mitarbeiter gleichermaßen transparent gemacht werden können, da die Wahrnehmungs- und Interpretationsfähigkeiten sehr unterschiedlich ausgeprägt sind. In gleichem Maße wirksam sind wahrscheinlich auch interne Mechanismen zur Erzeugung von Leidensdruck, solange diese nicht willkürlich (Drohung, Druck, Manipulation), sondern primär außeninduziert sind.

oder : *„Uns informiert ja keiner!"*. In aller Regel läßt sich nachweisen, daß der Mitarbeiter die entscheidenden Informationen hätte wissen müssen. Seine Rechtfertigungsversuche müssen demnach als Ausreden gesehen werden.

Vollends irrational wird es, wenn Mitarbeiter trotz ihrer Kenntnis von Ereignissen, die für ihr Unternehmen existenzbedrohend werden könnten, dies als Panikmache oder den Versuch der Einschüchterung abtun oder sich schlichtweg weigern, auch nur darüber nachzudenken. Die typischen Phrasen hierbei sind: *„Das ist doch nicht wahr, unserem Unternehmen geht es doch viel besser, als die sagen!"*; oder : *„Man will uns doch nur dazu bringen, noch mehr zu arbeiten!"*. Selbst wenn dann tatsächlich der Fall eintritt, daß das Unternehmen liquidiert werden muß, scheint man viel lieber an eine geheimnisvolle Finanztransaktion auf Kosten der Mitarbeiter zu glauben, anstatt der Realität ins Auge zu blicken.

Unternehmen, die interne marktwirtschaftliche Strukturen aufweisen, haben mehr Aussicht auf dauerhaften Erfolg.

Man darf sich also keiner Illusion hingeben und glauben, daß man Mitarbeiter nur lange und intensiv genug informieren müsse, um bei ihnen ein Bewußtsein für die existenzbedrohende Wirkung des Marktgeschehens zu schaffen. Für die Führungspraxis hat dies aber keine besondere Relevanz. Wichtig dafür ist lediglich die Erkenntnis, daß es praktisch unmöglich ist, den äußeren, auf das Unternehmen wirkenden und existentiell bedrohenden, Druck an Mitarbeiter aller Ebenen gleichermaßen weiterzugeben, weil sie uns zwingt, über alternative Maßnahmen nachzudenken. Und das bringt uns dazu, unternehmensinterne Mechanismen einzuführen, die einen gleichartigen existentiellen Leidensdruck auf Stellen und Mitarbeiter hervorrufen wie das Marktgeschehen auf das Unternehmen.

Es lassen sich nun für die betriebliche Praxis zwei wirksame organisatorische Maßnahmen formulieren, die einen konstruktiven internen existentiellen Leidensdruck erzeugen. Dies ist zum einen die Einführung marktwirtschaftlicher Strukturen mit internen Dienstleistern und zum anderen der Aufbau einer Zusammenarbeitskultur, die den Menschen als wichtigste betriebliche Ressource ansieht.

Wie man solche internen marktwirtschaftlichen Strukturen erzeugen kann, wurde bereits dargestellt. Ich fasse noch einmal zusammen: Ausgangspunkt aller Maßnahmen ist die Erkenntnis, daß betriebliche Funktionseinheiten eine Dienstleistungsverpflichtung gegenüber dem Unternehmen und allen darin befindlichen Organisationseinheiten haben. Die betriebliche Vorgangskette ist eine Kette von Kunden-Liefererbeziehungen, die an den Toren des Unternehmens keineswegs aufhört. Die Existenzberechtigung einer betrieblichen Funktionseinheit erlischt in der Regel dann, wenn sie keine internen oder externen Kunden mehr hat. Die Aufbauorganisation erhält damit einen erheblich unbeständigeren aber auch dynamischeren Charakter, als wir ihn heute in der Regel vorfinden. Ergänzend dazu bedarf es des neuen, nicht hierarchisch orientierten Organisationselements der virtuellen Struktur; einer Struktur, die nicht in einem Organigramm abgebildet werden kann und deren Kommunikations- und Entscheidungswege mehr informeller Natur sind. Die virtuelle Struktur kennt ihrer Natur gemäß nicht den Bazillus der schleichenden Bürokratisierung. Das Hauptproblem der statischen Aufbauorganisation, das Erstarren und Verknöchern, kann dann vermieden werden, wenn regelmäßige Wechsel (Job-Rotation) der Führungskräfte innerhalb des Unternehmens nicht nur als Vokabular des Personalbereichs beim Einstellungsgespräch eine Rolle spielt, sondern wirklicher Bestandteil der Organisationskultur geworden sind. Dies allein reicht aber wohl noch immer nicht aus. Eine Änderung bestehender Entlohnungssysteme ist ebenfalls notwendig. Die heutigen Gratifikationssysteme honorieren meist weder das Bemühen, mit möglichst wenig Mitarbeitern auszukommen, noch die gemeinschaftlich in Teams erbrachten Leistungen. Im Gegenteil, sie bestrafen diejenigen, die teamorientiert und daher mit einer minimalen Anzahl Mitarbeiter erfolgreich arbeiten, mit einem vergleichsweise niedrigeren Einkommen. Denn unsere Gratifikationssysteme sind vielfach personen- und kopfzahlorientiert, das heißt, sie bewerten die Leistung des einzelnen höher als seinen Beitrag zum Gesamtergebnis und belohnen Führungskräfte, die es schaffen, möglichst viele Mitarbeiter anzusammeln, mit höherem Einfluß und höherem Gehalt.

Neben den organisatorischen Maßnahmen bedarf es auch einer Änderung der Zusammenarbeitskultur sowie des Führungsverhaltens. Auf sie wird in den Kapiteln 3 und 4 noch näher eingegangen.

Vorschläge für die Organisationsentwicklung

- Führen Sie eine regelmäßige Job-Rotation auf allen Führungsebenen nach etwa 3 bis spätestens 5 Jahren Verbleibdauer einer Führungskraft durch.
- Fassen Sie die internen Abläufe als Kunden/Lieferer-Folge auf.
- Führen Sie eine dynamische Aufbauorganisation ein, in der Organisationseinheiten nur dann existieren, wenn es wirklich (noch) Bedarf dafür gibt.
- Vermitteln Sie Ihren Mitarbeitern das Bewußtsein, daß alle Organisationseinheiten nur temporären Charakter haben.
- Führen Sie virtuelle Teams zur Unterstützung der Aufbauorganisation ein.
- Unterstützen Sie den Aufbau von Beziehungsgeflechten als Ergänzung zur vertikalen Kommunikations- und Entscheidungshierarchie.
- Bauen Sie eine spärliche Hierarchie auf. Verzichten Sie konsequent auf Nur-Hierarchen.
- Steuern Sie über das Prinzip der vernetzten Foren. Wenn das Prinzip nicht unternehmensweit eingeführt werden kann, versuchen Sie wenigstens in die internen Führungsstrukturen Ihrer wichtigen Partnerbereiche einbezogen zu werden.
- Ermöglichen und pflegen Sie offene Kommunikation und konstruktive Kooperation.
- Schlachten Sie alle „heiligen Kühe“ Ihrer Aufbauorganisation.
- Entwickeln Sie eine eigene Vision eines erfolgversprechenden Organisationsmodells, und beginnen Sie mit der Umsetzung.
- Führen Sie Maßnahmen durch, die einen konstruktiven existentiellen Leidensdruck zur Folge haben (interne Marktwirtschaft; auf den Menschen fokussierte Zusammenarbeitskultur).
- Fassen Sie die Organisationsentwicklung als Ihre ureigenste Aufgabe auf. Überlassen Sie sie nicht einem Mitarbeiter oder einer Organisationsabteilung.

Eine Methode zur Überprüfung der Existenzberechtigung von Stellen

Wenn die Aufbauorganisation dynamischer wird, die Lebensdauer von Organisationseinheiten sinkt, dann muß der Frage nach der Existenzberechtigung von Stellen[1] besonderes Augenmerk geschenkt werden. Mit der Frage der Existenzberechtigung des eigenen Bereichs wird sich künftig wohl jede Führungskraft regelmäßig auseinandersetzen müssen. Je temporärer der Charakter einer Stelle ist, desto mehr wird die Qualifikation der Führungskraft gemessen werden an ihrer Änderungsbereitschaft, ihrer Fähigkeit zur raschen Umsetzung von Aufgaben, ihren Beiträgen zur kontinuierlichen Senkung der Kosten und Sicherung der Unternehmensexistenz. Von den Führungskräften verlangt dies ein radikales Umdenken bezüglich traditioneller Verhaltensweisen und eine selbstkritische Analyse ihrer Fähigkeiten und Leistungen. Probleme wird verursachen, wer aus Sicherheitsgründen alte Strukturen beibehält, anstatt kreativ Neues zu wagen, wer weiterhin unentschlossen taktiert, anstatt unkonventionell zuzupacken, wer sich resigniert zurückzieht, anstatt die Chance zur Veränderung zu ergreifen, wer weiterhin Macht ausübt, anstatt Partner und Dienstleister zu sein. Er wird sich künftig nicht nur vor seinen Vorgesetzten verantworten müssen, sondern vor allem auch vor seinen Mitarbeitern. Auch wenn es heute vielfach noch nicht notwendig zu sein scheint, spätestens dann, wenn ein Unternehmen in wirtschaftliche Turbulenzen gerät, müssen (meist viel zu) rasche strukturelle und kulturelle Maßnahmen durchgeführt werden.

Wie läßt sich aber herausfinden, daß eine Organisationseinheit keinen Erfolg mehr hat? Gibt es einen methodischen Ansatz für die Organisationsentwicklung eines Unternehmens?

Bei Organisationsanalysen bewährt, wenngleich oft unangenehm für die Betroffenen, hat sich ein Interviewverfahren, das die Selbsteinschätzung der zu betrachtenden Stelle mit der Bewertung durch deren Kunden vergleicht. Das Maß für den Wert einer Stelle leitet sich dabei von der im ersten Absatz des Kapitels dargestellten Auffassung eines Unternehmens

---

[1] Zur Erinnerung: Damit sind nicht individuelle „Posten“ gemeint, sondern betriebliche Funktionsbereiche jeder Art.

als eine interne Kette von Kunden/Lieferer-Beziehungen ab. Es wird dabei von der Annahme ausgegangen, daß eine Stelle (nur) dann erfolgreich und für das Unternehmen wichtig ist, wenn sie interne Kunden hat, die aus der Existenz dieser Stelle einen Nutzen ziehen und bereit sind, die anteiligen Kosten dafür zu tragen. Insofern macht eine explizite Existenzüberprüfung nur in der Startphase einer Umorganisation Sinn.

Das Frageschema für die Ermittlung der Existenzberechtigung ist zweistufig angelegt. Im ersten Schritt wird die betroffene Organisationseinheit (kurz: Bereich) selbst befragt. Ziele sind hierbei die Ermittlung ihres Selbstverständnisses und die Feststellung ihrer wichtigsten Beziehungen zu anderen Organisationseinheiten (Ermittlung des Beziehungsgeflechts). Im zweiten Schritt werden die so ermittelten Kunden des Bereichs befragt. Aus der eventuellen Diskrepanz zwischen Selbstverständnis und Kundenmeinung ergeben sich hilfreiche Erkenntnisse für notwendige organisatorische Maßnahmen.

Schritt 1: Befragung des Inhabers der Organisationseinheit X

- Was bedeutet Erfolg (Ihres Bereichs) für Sie? Woran würden Sie erkennen, daß Sie Erfolg haben?
- Glauben Sie, daß Ihre Organisationseinheit notwendig ist? Warum?
- Welches sind Ihre wichtigen Beziehungen (andere Organisationseinheiten, Personen)? Welchen Nutzen erbringen Sie für diese Einheiten/Personen?

Schritt 2: Befragung der im dritten Teil der Frage 1 ermittelten Organisationseinheiten/Personen

- Welchen Beitrag zum Erfolg Ihrer eigenen Organisationseinheit liefert der Bereich X?
- Was wäre der aus Ihrer Sicht optimale Beitrag für Sie?
- Glauben Sie, daß die Organisationseinheit X notwendig ist? Warum?

Vorschläge für die Sicherung Ihrer eigenen Existenzberechtigung

- Führen Sie eine kritische Selbstanalyse der Stärken und Schwächen Ihres Verantwortungsbereichs durch. Beantworten Sie sich z. B. folgende Fragen:

  a) Glauben Sie, daß Ihre Funktion für das Unternehmen notwendig ist? (Warum?)

  b) Welche Bedeutung hat für Sie persönlich Erfolg?

  c) Woran erkennen Sie, daß Sie erfolgreich sind?

- Fragen Sie Ihre wichtigsten Kunden nach deren Bewertung Ihres Bereichs. Verwenden Sie hierzu z. B. das vorgeschlagene Frageschema.
- Führen Sie Maßnahmen durch, die eine kontinuierliche Senkung Ihrer Kosten (bei Mengenwachstum: relative Kosten) zum Ziel haben oder die zu Produktivitätsverbesserungen führen (messen!).
- Leiten Sie Schritte ein, die zu einer dynamischen Organisation innerhalb Ihres Verantwortungsbereichs führen.
- Bauen Sie eine Führungsorganisation in Ihrem Verantwortungsbereich auf, die ein flexibles Anpassen an sich verändernde Umgebungsbedingungen ermöglicht.

Fazit

Zum Abschluß des Kapitels sollen noch einmal die bisher vorgeschlagenen Maßnahmen mit den eingangs genannten Merkmalen künftiger Organisationen in einen Zusammenhang gebracht werden.

---

[1] Vgl. auch: Peters, T. (1992), dessen Schlußfolgerungen ich in diesem Punkt nicht teile, S. 938: „*Das mittlere Management ist tot. Daher sind auch die 'Middle Manager', wie wir sie kennen, tot.*" Allerdings müßte geklärt werden, was unter 'Mittelmanager' zu verstehen ist. Denn eigentlich sind alle Führungskräfte, die zwischen der Top-Managementebene und der Mitarbeiterebene angesiedelt sind, Mittelmanager. Nach meiner Auffassung gilt die Aussage Peters zwar für den Mittelmanager, der es nicht schafft, sein Führungsverhalten zu ändern, aber nicht generell für das mittlere Management.

Die organisatorischen Maßnahmen und ihre Wirkungen im Überblick

	Dienstleistungsprinzip; interne Marktwirtschaft	Virtuelle Teams; virtuelle Strukturen	Spärliche Hierarchie mit vernetzten Foren	Beziehungsgeflechte
dynamische und unscharfe Aufbauorganisation	✓	✓	✓	✓
scheinbar nicht determinierte Abläufe		✓		✓
netzförmige und horizontale Abläufe		✓	✓	✓
dezentralisierte Entscheidungs- und Handlungsfreiräume	✓	✓	✓	✓
informelle und pragmatische Zusammenarbeit	✓	✓	✓	✓

Tabelle 7: Maßnahmen und ihre Auswirkungen auf die Führungsorganisation

Zusammenfassung wichtiger Aussagen zu einer erfolgversprechenden Organisationsform

- Jede betriebliche Funktionseinheit ist gleich (un-)wichtig.
- Jede Stelle ist Lieferer und Kunde zugleich.
- Interne marktwirtschaftliche Prinzipien verhindern das Erstarren und Verkrusten von Organisationen (Bürokratisierung).
- Interne Marktpreise sind die einfachste (wahrscheinlich auch einzige) Möglichkeit für die Bewertung des Beitrags von Stellen zum Unternehmensergebnis.
- Existentieller Leidensdruck der Stellen einer Organisation ist die wichtigste Voraussetzung für deren dauerhafte Kreativität und Effizienz und damit zur Sicherung der Unternehmensexistenz.

- Partnerschaftliche Beziehungen mit internen und externen Kunden und Lieferern bringen gegenseitigen Nutzen.
- Virtuelle Teams verhindern Hierarchieaufbau und schaffen flache Strukturen.
- Virtuelle Teams, die in den Überlappungsbereichen der Stellen angesiedelt sind, verhindern das Entstehen von Redundanzen und Reibungsverlusten.
- Aufbau und Pflege von Beziehungsgeflechten stellen die Voraussetzungen für Konsensprozesse dar.
- Endogene Organisationsanpassung braucht als Stimulator einen latenten existentiellen Leidensdruck.
- Die Auffassung der betrieblichen Abläufe als eine Kette von Kunden- und Liefererbeziehungen ermöglicht eine endogene Organisationsanpassung.
- Nur wer die wichtigen Beziehungen seines Verantwortungsbereichs kennt und pflegt, kann eine aktive Rolle innerhalb des Unternehmens wahrnehmen.
- Innerbetriebliches Dienstleistungsbewußtsein schafft die Basis für eine offene, konstruktive und dynamische Unternehmenskultur.
- Die Aufbauorganisation muß vollständig sein. Das Gestaltungsprinzip orientiert sich an einer maximalen Führungsspanne von 5–7 (10) Mitarbeitern.
- Die Anzahl der Nur-Hierarchien ist so gering wie möglich zu halten. Führungskräfte sollten möglichst immer auch noch Verantwortung für hierarchisch eine Stufe unter ihnen liegende Organisationseinheiten haben.
- Eine spärliche Aufbauorganisation ermöglicht kurze Reaktionszeiten und flexible und rasche Anpassung an Markterfordernisse.
- Vernetzte Foren ermöglichen eine ganzheitliche Sichtweise der Mitarbeiter aller betrieblichen Funktionsbereiche und bewirken horizontale und vertikale Informationsflüsse.

3. Kapitel: Führung und Führungskultur – Zweck und Ziel sind bestimmend

„Ich würde dir die Hälfte meines Reiches geben, wenn du mich lehren würdest, die andere Hälfte zu regieren!“ (Peter I., der Große, Zar von Rußland, 1672–1725)

Kann man Führung lernen? Was bedeutet überhaupt „gute Führung“? Aus welchen Elementen setzt sich „gute Führung“ zusammen? Gibt es auch „schlechte Führung“ – und was ist das? Woran messe ich „gute Führung“? Am (Unternehmens-)Ergebnis? Oder an der Zufriedenheit der Geführten? An beidem?

Führung und Führungskultur werden durch den verfolgten Zweck und das zu erreichende Ziel bestimmt.

Vom Standpunkt des Unternehmens aus gesehen wird das Führungsergebnis dann als gut angesehen, wenn die Unternehmensrendite hoch ist. Dabei hat Unternehmensführung, also die Tätigkeit des Steuerns und Leitens eines Unternehmens, nicht unbedingt etwas mit Führung im Sinne von Menschenführung zu tun. Betrachtet man im praktischen Leben den Unternehmenserfolg als Maßstab für Führungserfolg, so ist es offenbar nicht immer zwingend erforderlich, daß erfolgreiche Unternehmensführer im ethischen Sinne auch gute Mitarbeiterführung betreiben. Was umgekehrt nicht bedeuten muß, daß diese Unternehmen mit einem geeigneteren Führungsverhalten nicht noch erfolgreicher sein könnten. Vom Ergebnis der Führungsmaßnahmen aus betrachtet, ist es wohl besser, von erfolgreicher oder erfolgloser Führung zu sprechen als von guter oder schlechter Führung.

In der Praxis sind es vor allem die Führungskräfte selbst, die Führungskultur prägen und vermitteln. Ihr Verhalten ist beispielgebend (oder abschreckend) für ihre Mitarbeiter. Vom Standpunkt der Mitarbeiter aus gesehen wäre es daher besser, an Stelle von *gutem* oder *schlechtem* Führungsstil, von *beispielhaftem* oder *ungeeignetem Verhalten* von Führungskräften zu sprechen. Zwei Beispiele für ganz sicher ungeeignete Verhaltensweisen von Führungskräften sind Despotismus[1] und Manipulation[2]. Auf die geeigneten Verhaltensweisen wird im folgenden eingegangen.

Führungstechnik in der Praxis

Wie sehen nun die Bausteine einer erfolgreichen und beispielhaften Führungskultur aus, welche „Werkzeuge“ braucht eine Führungskraft zur Mitarbeiterführung?

Die Basis jeder Führungskultur stellt eine klare und methodische Führungstechnik dar.

Es ist erstaunlich, wie wenig systematisch oftmals selbst erfahrene Führungskräfte (und Fachkräfte) in ihrer täglichen Führungspraxis verfahren. Sie müssen dadurch unnötige Zeit und Energie verschwenden, um zum Ziel zu gelangen. Letztlich schützt sie meist nur ihre langjährige Erfahrung vor gravierenden Problemen. Dabei ließe sich eine große Menge unnötigen Zeit- und Nervenaufwandes vermeiden, wenn methodischer vorgegangen werden würde, indem beispielsweise die Vereinbarung eindeutiger Ziele, die Einhaltung eines strengen Konsensprinzips, eindeutig geklärte Zuständigkeiten und vereinbarte, ausreichend große Handlungsspielräume zum Standardrepertoire ihrer Führungstechnik gehörten. Durch die Einführung und Anwendung einer methodischen Führungs- und Arbeitstechnik können teilweise erhebliche Ratiopotentiale im Bereich der Führung und Zusammenarbeit erschlossen werden.

Die folgende Übersicht stellt einen praxiserprobten achtstufigen methodischen Ansatz vor. Auf die besonders wichtigen Punkte 2, 5, 6 und 8 wird in diesem Kapitel noch ausführlicher eingegangen:

---

[1] Despotische Führungskräfte bewirken ein Milieu, in dem opportunistisches und systemkonformistisches Verhalten vorherrschen. Im Laufe der Zeit werden nur noch angepaßte Ja-Sager in den Reihen der Mitarbeiter übrigbleiben, denn, wie schon Konrad Adenauer lakonisch sagte: *„Jeder Mensch hat eine Wirbelsäule, aber nicht jeder hat ein Rückgrat.“*

[2] Manipulation ist letztlich auch nur eine – wenngleich besonders subtile – Form von Mißachtung der Persönlichkeit des Mitarbeiters. Gleichgültig, wie geschickt und aus welchen Gründen manipuliert wird, irgendwann merkt es doch jeder Mitarbeiter. Ausgelöst wird dadurch immer ein tiefes Mißtrauensverhältnis, das in der Regel kaum mehr korrigiert werden kann.

1. Aufgabe klären	Was ist zu tun? Klären!
2. Ziel bestimmen	Wozu machen wir das? Klären!
3. Auftraggeber klären	Für wen machen wir das? Klären!
4. Erfolgskriterien festlegen	Woran merken wir, daß wir das Ziel erreicht/verfehlt haben? Klären!
5. Vorgehen planen	Wie machen wir es? Welche Mittel brauchen wir? Klären!
6. Konsens	Alle Beteiligten einbeziehen.
7. Ausführung	Bei Aufgabenänderungen: Schritte 1 bis 6 wiederholen.
8. Rückblende	Gemeinschaftliche Analyse des Ergebnisses und Prozesses. Lernen!

Die stringente Anwendung des Konsensprinzips[1] trägt ganz wesentlich zum erfolgreichen Umgang mit Mitarbeitern bei. Konsens sollte bezüglich dem zu erreichenden Ziel, bezüglich der Vorgehensweise, bezüglich der Erfolgskriterien und ganz generell bei allen Änderungen von vereinbarten Abläufen angestrebt werden. Die Konsensbereitschaft der Menschen in den westlichen Kulturkreisen ist generell geringer ausgebildet als in der japanischen Kultur und muß daher als Element der betrieblichen Zusammenarbeitskultur regelrecht gelernt und geübt werden.

[1] Die Forderung impliziert nicht, daß Konsens immer möglich wäre. Es gibt in der betrieblichen Praxis, z. B. wenn ideologisch begründete Meinungen aufeinandertreffen, immer wieder nicht-konsensfähige Situationen. Der Führungskraft bleibt dann gar nichts anderes übrig, als eine Entscheidung zu fällen. Aber gleichzeitig muß sie damit beginnen, Maßnahmen einzuleiten, die die Ursache für die Konsensunfähigkeit beseitigen. Besonders zu Beginn der Neugestaltung einer Führungsorganisation gibt es bei vielen Führungskräften so ausgeprägte Widerstände und Bedenken, daß Konsens nicht möglich ist. Für diesen Fall halte ich, im Interesse des Ganzen, auch einen ausgesprochen entscheidungsorientierten (bestimmenden) Führungsstil für legitim.

Eine vernünftig gehandhabte Fehlertoleranz ist obligatorischer Bestandteil einer erfolgreichen Führungskultur. Ein Chef, der beim ersten Auftreten von Fehlern sofort Sanktionen einleitet, wird für ein Klima der Angst, Vertuschung, Unehrlichkeit und Absicherung sorgen. Seine Mitarbeiter werden kaum je Kreativität, Eigeninitiative oder Verantwortungsbereitschaft zeigen. Fehler kommen immer vor, sie sollten als Chance zu weiteren Verbesserungen gesehen werden und nicht als ein „Vergehen". Das heißt ja nicht, daß man sich über Fehler freuen müßte. Aber vielen Verbesserungen geht zunächst die Erkenntnis eines Mangels oder eines Problems voraus.

Führungsverhalten ist in der Regel abhängig von der Umgebung, der Tätigkeit, vom Profil der Mitarbeiter, den augenblicklichen Anforderungen usw. Führung hat daher immer ein stark situatives Element. In welchem Umfang z. B. Handlungsspielraum zu gewähren oder wie stark ein Mitarbeiter bei der Zieldefinition zu beteiligen ist, wird jede Führungskraft immer wieder neu festlegen müssen. Ein Patentrezept kann es nicht geben.

Bemerkenswert modern klingt in diesem Zusammenhang die im folgenden zitierte Aussage Robert Boschs[1] aus dem Jahr 1919, in der bereits Ansätze einer partizipativen Führungskultur vorhanden sind. Zum Ausdruck kommt darin seine Haltung gegenüber seinen Mitarbeitern, die er als gleichberechtigte Partner behandelt und deren eigenständige Persönlichkeit er achtet:

„Es war bei mir ständiger Grundsatz, mir willige Mitarbeiter heranzuziehen, und zwar dadurch, daß ich jeden möglichst weit selbständig arbeiten ließ, ihm dabei aber auch die entsprechende Verantwortung auferlegte.

Lag mir z. B. eine Aufgabe vor, so fragte ich den, der sie lösen sollte, welchen Weg er einschlagen wolle; schien dieser mir gangbar, wenn auch

---

[1] Bosch, R. (1919)
Als Vergleich hierzu die Auffassung Alfred Krupps aus dem Jahr 1909, der mit seiner Aussage ganz auf der Linie der von Taylor geprägten Organisationstheorie liegt: *„Was ich erstreben will ist, daß nichts abhängig sein soll von dem Leben oder Dasein einer bestimmten Person, daß mit derselben kein Wissen und keine Funktion entweiche ..., daß man die Vergangenheit der Fabrik sowie die wahrscheinliche Zukunft derselben im Büro der Hauptverwaltung studieren und übersehen kann, ohne einen Sterblichen zu fragen."* Quelle: Bühler, Ch. (1962).

nicht der beste, so sagte ich: „Gut. Nehmen Sie die Sache in Angriff. Ich hätte zwar aus diesen und diesen Gründen den und den Weg eingeschlagen, Sie gehen aber lieber den Ihrigen, der Ihnen besser liegt, mir scheint er jedoch diese und jene Nachteile zu haben.“

Dadurch erreichte ich, daß der Mann seine ganze Kraft einsetzte, um das Ziel zu erreichen, das gesteckt war.

Hätte ich ihn gezwungen, meinen unter Umständen auch nicht zweifellos zum Erfolg führenden Weg zu beschreiten, so hätte er wohl kaum den gleichen Eifer aufgebracht, um das Ziel zu erreichen. Je nach Veranlagung und Charakter hätte er sich sogar gefreut, zu zeigen, daß mein Weg nicht erfolgreich sei.“

Führungsstile oder „Das Management by ...-Syndrom“

Über kaum einen Aspekt zum Thema Führung wird mehr Literatur zu finden sein als über Führungsstile. Früher fast ausschließlich ein Thema US-amerikanischer Autoren, kommen in jüngerer Zeit auch eine Vielzahl japanischer Veröffentlichungen hinzu. Glaubt man den Autoren, dann ist der Erfolg eines Unternehmens mit der konsequenten Anwendung des jeweils propagierten Führungsstils garantiert. Management-by-Objectives, Management-by-walking-around, One-Minute-Management, Management-by-Motivation, Management-by-love usw., usw. Insgesamt lassen sich leicht über 20 Managementstile identifizieren. Dabei scheuen die Management-Gurus auch davor nicht zurück, Methoden, die eindeutig dem Bereich der Arbeitstechniken zuzuordnen sind, in Management-Techniken umzudeuten. Da wird salopp behauptet, daß der „effiziente Umgang mit der Zeit“ (Zeitmanagement) Führungserfolg garantiert, daß „aktives Zuhören“ Mitarbeiter zu ungeahnten Höchstleistungen anregt, daß konsequentes Anwenden einer „visualisierenden Moderationstechnik“ Unternehmen erfolgreich macht, daß durch streng formalisiertes Berichtswesen mit integrierten Lob- und Tadelmechanismen Ziele besser erreicht werden können und gleichzeitig die Motivation der Mitarbeiter verbessert wird. Da wird der Qualitätsbegriff zwar völlig zu Recht als ganzheitliche Aufgabe erkannt, aber dann dem Unternehmen als Allheilmittel das „Totale Qualitätsmanagement“ (TQM) verordnet. Oder es wird das in Japan kulturell verankerte Prinzip der kontinuierlichen Verbesserungen (Kaizen) zur Basis eines unternehmensweiten Managementstils erkoren und damit hinsichtlich seiner Bedeutung weit überbewertet.

Nur beim ganzheitlichen Herangehen an die Führungsaufgabe kann sich der gewünschte Erfolg einstellen.

In jüngerer Zeit wird verstärkt auch auf die Bedeutung einer spezifischen Unternehmenskultur hinsichtlich der Leistung und Motivation von Mitarbeitern hingewiesen. Dabei wird leider häufig die Unternehmenskultur lediglich als Instrument einer Managementtechnik mißverstanden, das für eine bessere Steuerung der Beschäftigten im Sinne des Managements sorgen soll. Allen genannten Techniken und Methoden ist gemeinsam, daß sie für sich betrachtet durchaus sinnvoll sind und in der Führungspraxis ihre Berechtigung haben. Durch ihre oft zu starre Fokussierung auf Teilbereiche der Führungsthematik sind sie isoliert jedoch kaum einsetzbar. Erst in der Kombination mit weiteren Führungstechniken und -stilen ließe sich das erfolgreiche Führungsrepertoir herausbilden. Ob dies allerdings einen praktikablen Weg darstellen kann, sei dahingestellt.

Abbildung 14 ist der Versuch einer Gesamtdarstellung. Sie zeigt die wichtigsten Elemente und ihre gegenseitigen Abhängigkeiten. Die zentralen Aufgabenbereiche der Führungskraft sind der Aufbau und die Pflege der Führungskultur, die Gestaltung von Werten und Normen, die Gestaltung des Umfelds der Mitarbeiter, die Sicherung der Unternehmensexistenz (Zukunft) und die ständige Anpassung der Organisation, um zusammen mit den Mitarbeitern die Ergebnisse zu liefern, für die sie letztendlich bezahlt werden. Die dargestellten Verbindungslinien stellen die wichtigsten Abhängigkeiten zwischen den Themenkreisen einer ganzheitlichen Führungskultur dar.

Führung ist ganzheitlich zu sehen. Eine Beschränkung auf Teilbereiche wird der komplexen Realität nicht genügend gerecht.

Abschließend kann gesagt werden, daß Führung eine ganzheitliche Aufgabe ist und bei ganzheitlicher Betrachtungsweise auch zum gewünschten Erfolg führt. Die Konsequenz ganzheitlicher Führung ist ganzheitliches Denken und Handeln der so geführten Menschen. In Umkehrung dazu ist festzustellen, daß ganzheitliche Verhaltensweisen nicht Top-down verordnet werden können. Dieses Verhalten kann nur im Menschen selbst entstehen und nur, wenn vorher das richtige Umfeld geschaffen wurde.

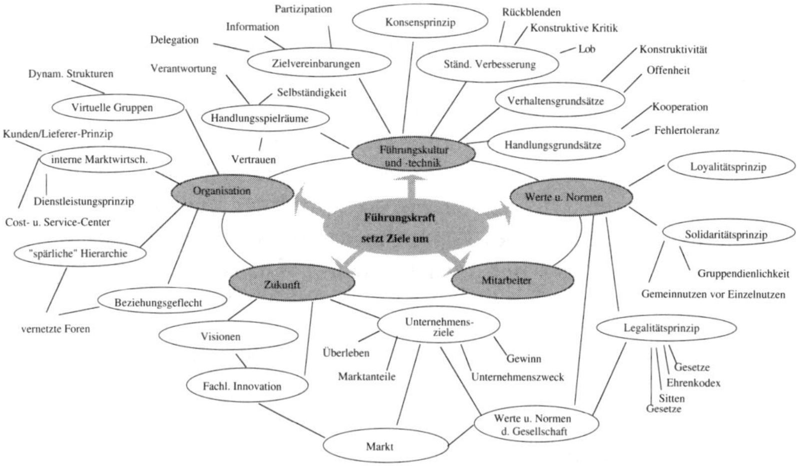

Abb. 14: Aufgabenbereiche der Führungskräfte

Auf die Ziele kommt es an

„Nur der ist ein guter Führer, von dem man am Ziel sagt: Wozu haben wir ihn eigentlich gebraucht?“ (Laotse)

Zielgerichtetes Handeln[1] setzt die Kenntnis und Akzeptanz des Zieles voraus. Eine Binsenweisheit, sicherlich, aber dennoch wird kaum einmal konsequent über Zielvereinbarungen, sondern nur allzu oft über Zielvorgaben geführt.

Ziele sind nicht immer vollständig beschreibbar. Ziele haben die Eigenschaft, „moving-targets“ zu sein. Sie ändern sich manchmal, während man sich auf sie zu bewegt. Es kann aber immer ein mehr oder weniger exakter Zielraum beschrieben und ein ungefährer *Zielwinkel* –

[1] Die Erfahrung zeigt, daß Zieldefinitionen, insbesondere, wenn Sie in Gruppen/Teams vorgenommen werden müssen, einer gewissen Übung bedürfen. Hierbei können spezielle Seminare geeigneter Anbieter außerordentlich hilfreich sein.

also ein Weg, der in die Nähe des Zieles führen wird – festgelegt werden. Zielwinkel und Zielraum sind iterativ zu überprüfen. „Stimmt die Richtung noch, die wir eingeschlagen haben, hat sich das Ziel geändert, müssen wir den Zielwinkel ändern?" Diese Fragen müssen um so häufiger gestellt werden, je unschärfer das Ziel ist. Die nächste wichtige Frage betrifft das Erreichen des Ziels: „Wie merken wir, daß wir das Ziel erreicht haben, wie messen wir den Grad der Zielerreichung?" Es mag simpel klingen, aber es kommt in der betrieblichen Praxis viel zu häufig vor, daß Ziele nur oberflächlich definiert sind, implizit angenommen werden oder schlichtweg nicht vorhanden sind.

Wenn man sich die Meßlatte von vornherein so hoch legt, daß man schon beim ersten Versuch „reißt", kann daraus nur Frust entstehen.

Zielorientiertes Führen setzt nicht nur klare Vereinbarungen über das anzustrebende Ziel und den einzuschlagenden Weg voraus, sondern verlangt auch eindeutige *Erfolgskriterien.* Erfolgskriterien verhindern, daß man über das Ziel hinausschießt, also unnötige Energie aufwendet. Erfolgskriterien müssen gemeinsam mit allen Beteiligten abgestimmt (Konsens) und objektiv erreichbar sein, um Demotivation zu verhindern.

Ziele dürfen aber andererseits nicht so anspruchslos angelegt werden, daß man die beteiligten Menschen regelrecht unterfordert. Mitarbeiter permanent zu unterfordern ist ein wohl schwerwiegenderer Führungsfehler, als sie zu überfordern.

Elemente der Zieldefinition

Zu einer vollständigen Zieldefinition gehören die *Sinnklärung* (Zweck), die Beschreibung des *Endergebnisses*, die Formulierung der *Erfolgskriterien* und die Festlegung des weiteren Vorgehens (*Zielwinkel*).

Die *Sinnklärung* liefert Klarheit über den Anlaß der Aufgabe. Typische Fragestellungen sind: „Wozu machen wir das? Zu welchem Zweck hat es zu geschehen?"

Das *Endergebnis* beschreibt den Zustand nach Abschluß der Aufgabe, also bei Auftragsende. Typische Fragestellungen zur Beschreibung des Endergebnisses sind: „Was will ich/wollen wir bis … erreichen? Was soll am Ende erreicht sein?"

Die *Erfolgskriterien* stellen die Meßlatte für das Endergebnis dar. Typische Fragestellungen sind: „Wie oder woran kann man das Ergebnis messen? Woran erkennt man, daß das Ziel erreicht wurde? Als Erfolgskriterien können sowohl objektive als auch subjektive Kriterien angesetzt werden, man muß jedoch stets die Überprüfbarkeit im Auge behalten.

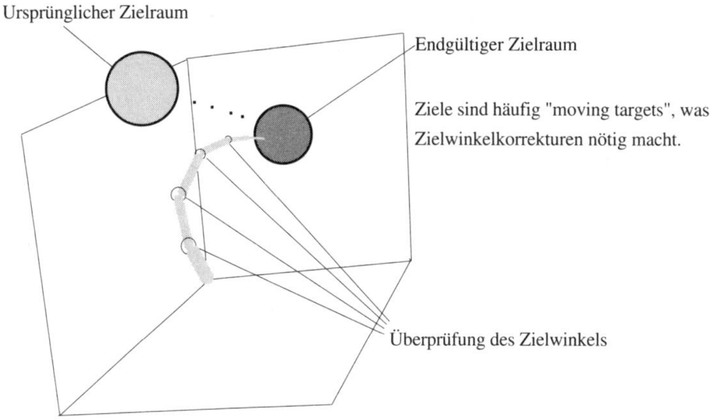

Abb. 15: Darstellung der Vorgehensweise bei offenen Aufgaben

Das Ziel wird durch die Erfolgskriterien mehr oder weniger genau beschrieben und in der graphischen Darstellung der Abbildung 15 als ein kugelförmiger *Zielraum* dargestellt. Oft handelt es sich um mehr oder weniger unscharfe Zielräume, deren Konturen erst beim Näherkommen klarer werden. Alle Schritte, die zum Ziel hinführen, sind als Vektoren dargestellt, die eine bestimmte Länge und einen bestimmten Zielwinkel haben. Der *Zielwinkel* steht im übertragenen Sinn für alle Maßnahmen, die zum Zielraum führen, die Länge des Vektors gibt Auskunft über den verbleibenden Abstand. An diesem sicherlich abstrakten Modell lassen sich aber einige allgemeine Aussagen zum Ablauf von Aufgabenlösungen zeigen.

Offene Aufgabenstellungen stellen einen eher unbekannten Zielraum dar. Seine Form ist weniger klar begrenzt oder teilweise unbekannt. Je geschlossener die Aufgabenstellung ist, desto exakter kann der Zielraum beschrieben werden. Das heißt aber noch nicht, daß auch der

Weg dorthin bekannt sein muß. Demnach kommt der ersten Zielwinkelfestlegung eine hohe Bedeutung bei. Sie stellt sicher, daß man nicht zunächst genau in die entgegengesetzte Richtung zum Ziel startet. Die typische Fragestellung ist: „Was muß zunächst getan werden?“ Bei der Festlegung spielt im wesentlichen die Erfahrung der Beteiligten eine Rolle. Je offener eine Aufgabenstellung ist, um so wichtiger ist die Hilfestellung durch den Zielwinkel. Je unbekannter der Weg, je unklarer der Zielraum, je unerfahrener der oder die Bearbeiter sind, desto öfter bedarf es der Kontrolle des Zielwinkels, um so kürzer ist daher die Vektorlänge.

Vorschläge zur Führung mittels Zielvereinbarungen

- Vereinbaren Sie für jedes Gespräch – gleich mit wem – Ziele. Achten Sie auf eine vollständige Zielklärung, zu einem möglichst frühen Zeitpunkt des Gesprächs: Was ist das Ziel dieses Gesprächs? Wozu sitzen wir zusammen? Was soll am Ende erreicht sein?
- Vereinbaren Sie für jede Aufgabenstellung ein Ziel. Fragen Sie nach dem Zweck der Aufgabe: Was soll erreicht werden? Wozu? Für wen?
- Beschreiben Sie jede Aufgabe so genau wie möglich schriftlich.
- Einigen Sie sich über den Zielwinkel: Wie gehen wir zunächst vor? Welches ist der erfolgversprechendste Weg?
- Halten Sie alle derartigen Vereinbarungen schriftlich fest und machen Sie sie für jeden Beteiligten zugänglich.
- Visualisieren Sie die Annäherung an das Ziel, z. B. durch Präsentationsgraphiken, Tabellen oder sonstige geeignete graphische Darstellungen.

Führen durch Konsens

Konsens ist das bindende Element der Zusammenarbeit. Es muß möglichst immer Konsens mit allen Beteiligten geben. Konsens bezüglich dem zu erreichenden Ziel, Konsens bezüglich der Vorgehensweise, Konsens bezüglich der Erfolgskriterien und Konsens bei Änderungen von Zielen, Vorgehensweisen oder Erfolgskriterien.

Das Konsensprinzip nimmt autoritären Führungskräften die Möglichkeit einsamer Entscheidungen und sichert das Entstehen eines Wir-Gefühls. Nur wenn alle Beteiligten das Gefühl haben dabeizusein, im selben Boot zu sitzen, können optimale Arbeitsabläufe entstehen. Es muß jedoch sorgfältig darauf geachtet werden, daß es nicht zu Scheinkonsens kommt. Konsens kann nicht „kraft Autorität" verordnet werden. Echter Konsens bedarf einer Zusammenarbeitskultur, die gelebt werden muß.

Die für westliche Beobachter langwierigen Abstimmungsprozesse japanischer Firmen stellen sich bei näherer Betrachtung als Konsensprozesse heraus. Der eigentliche Vorteil wird dann bei der Umsetzung deutlich, die für unsere Verhältnisse außerordentlich zügig abläuft. Bedingt durch den vorher stattgefundenen Konsens gibt es praktisch keine Reibungsverluste mehr. In westlichen Unternehmen werden Entscheidungen vorwiegend angeordnet, mit dem Ergebnis, daß dadurch anschließend erhebliche Akzeptanzprobleme auftreten, welche die Umsetzung behindern, verschleppen oder das geplante Vorhaben bis zur Unbrauchbarkeit verändern.

Es lassen sich verschiedene Ausprägungen von Konsens unterscheiden. Für die Führungspraxis kann es entscheidend sein, den jeweiligen Grad der Zustimmung der Beteiligten zu kennen. Die folgende tabellarische Aufstellung[1] liefert Anhaltspunkte für die verschiedenen Stufen des Konsens:

Ziel jeder Vereinbarung mit Mitarbeitern müssen die Konsensstufen Partizipation oder Kooperation sein. Die Stufen 3, Akzeptanz, und 4, Toleranz, können in Ausnahmefällen noch geduldet werden. Dagegen sind die beiden letzten Konsens- oder vielmehr Dissensstufen in der betrieblichen Praxis nicht mehr zu akzeptieren. Mitarbeiter, die sich regelmäßig oder dauerhaft in den Stufen 5 und 6 befinden, verletzen ihre Pflicht zur Loyalität gegenüber den Unternehmenszielen[2]. Es gibt gelegentlich auch Situationen, wo kein vollständiger Konsens möglich ist oder wo die Zeit zur Konsensbildung nicht ausreicht; zum Beispiel, wenn in Krisen oder

[1] Die Tabelle ist eng angelehnt an die von der Firma Coverdale Team Management Deutschland GmbH verwendete Stufeneinteilung und deren Bewertung.

[2] Vgl. auch Teil 1, Kapitel 2: Grundwerte und Normen; Der Aspekt der Loyalität.

Konsensstufe	**Verhalten des Mitarbeiters**
1. Partizipation (vollständiger Konsens)	Der Mitarbeiter tritt selbst für das Vorhaben ein und wird alles tun, um es zu verwirklichen.
2. Kooperation	Der Mitarbeiter hilft bei der Verwirklichung des Vorhabens.
3. Akzeptanz	Der Mitarbeiter akzeptiert das Vorhaben, fühlt sich aber nicht verpflichtet zu helfen.
4. Toleranz	Die neutrale Lage. Der Mitarbeiter duldet das Vorhaben, wird aber weder etwas dafür noch dagegen tun.
5. Boykott	Der Mitarbeiter will nichts mit dem Vorhaben zu tun haben und wird dagegen arbeiten. Er leistet passiven Widerstand.
6. Opposition (vollständiger Dissens)	Der Mitarbeiter wird alles tun, um das Vorhaben zu vereiteln. Er leistet aktiven Widerstand.

Tabelle 8: Konsensstufen

plötzlich eingetretenen Katastrophen zur Abwendung noch größeren Schadens rasche Entscheidungen gefordert sind. Diese müssen dann gefällt werden können, ohne daß erst langwierige Konsensprozesse ablaufen. Sofern die Führungskultur „stimmig" ist, werden Mitarbeiter in derartigen Notsituationen die Begründung für eine über ihre Köpfe hinweg gefällte Entscheidung akzeptieren und problemlos mitziehen.

Vorschläge zur Konsensbildung

- Bringen Sie alle Teilnehmer einer Gruppe auf den gleichen Informationsstand.

- Walzen Sie die Gruppe nicht mit zu perfekten Vorgaben nieder, lassen Sie im Gegenteil genügend „offen“, damit andere sich auch einbringen können.
- Stellen Sie nötigenfalls Zwischenkonsens her.
- Klären Sie zunächst alle formellen Themen.
- Achten Sie darauf, daß es keine Seilschaften in der Gruppe gibt.
- Vermeiden Sie Egoismen. Arbeiten Sie diese gegebenenfalls mit der Gruppe auf.
- Stellen Sie zunächst ein Wir-Gefühl her.
- Beantworten Sie Fragen zuerst, bevor Sie Gegenfragen stellen.
- Hören Sie aktiv zu.
- Binden Sie neu zur Gruppe dazugekommene Teilnehmer in die Gruppe ein.
- Fragen Sie regelmäßig die Stimmung der Mitarbeiter ab. Hinterfragen Sie so lange, bis alle Probleme klar sind und das weitere Vorgehen akzeptiert wird.

Das Prinzip der ständigen Verbesserung

„Jeder muß sich ein Ziel setzen, das er nicht erreichen kann, damit er stets zu ringen und zu streben habe“. (Johann Heinrich Pestalozzi)

Verbesserungen kann man nur vornehmen, wenn man weiß, wie gut oder schlecht das Ergebnis eines Arbeitsprozesses ist. Einer Veränderung geht immer die Erkenntnis eines Bedarfs voraus. Es wird nur selten der Fall sein, bereits mit dem ersten Verbesserungsschritt ein wirklich optimales Ergebnis zu erhalten. Ferner ist kaum vorstellbar, daß es keinen Anlaß zur Verbesserung gibt. Zumindest ein Beweggrund für die ständige Verbesserung ist immer vorhanden. Er leitet sich aus dem Unternehmensziel Gewinn ab: Je effizienter und effektiver ein betrieblicher Vorgang abläuft, desto höher ist die Unternehmensrendite und desto günstiger sind die Zukunftsaussichten des Unternehmens. Es kann also keinen Grund geben, nicht ständig nach Möglichkeiten der Verbesserung zu suchen.

Auftakt jedes kontinuierlichen Verbesserungsprozesses ist eine Rückblende.

Zur Überprüfung der Verbesserungsmöglichkeiten brauchen wir einen regelmäßigen Evaluationsprozeß oder, anders ausgedrückt, eine zyklische Vorgangsrückblende. Diese muß in der betrieblichen Kultur verankert werden. Die Ergebnisse jedes Vorgangs müssen analysiert und bewertet werden. Dabei sollten immer alle beteiligten Personen einbezogen werden. Es genügt nicht, die Bewertung durch einen oder einige Beteiligte vornehmen zu lassen und deren Schlußfolgerungen dann den anderen mitzuteilen. Vor dem Hintergrund langjähriger Erfahrung sind Verbesserungen nur dann dauerhaft wirksam, wenn nach der Erkenntnis ihrer Notwendigkeit die praktische Umsetzung erfolgte und eine Verhaltensänderung bei den Beteiligten eingeleitet wird. Diese Verhaltensänderung setzt zunächst einen internen Prozeß zur Bewußtseinsbildung voraus. Hierfür hat sich eine bestimmte Struktur und ein bestimmter, ganz formeller Ablauf bewährt. Zumindest wenn mehr als zwei bis drei Personen beteiligt waren, ist es wichtig, diese „Rückblende“ als moderierte Gruppensitzung durchzuführen. Die Moderation der Gruppe kann von einem der Beteiligten oder, besonders bei vorangegangenen Problemen, durch einen neutralen oder sogar externen Moderator wahrgenommen werden. Es wird in der im nächsten Bild dargestellten Reihenfolge abgefragt. Alle Beiträge werden visualisiert und erforderlichenfalls kurz diskutiert. Werden Verbesserungsmaßnahmen beschlossen, ist streng auf das Konsensprinzip zu achten.

Für die einzelnen Rubriken einer Rückblende empfiehlt sich ein formelles Schema (Abb. 16). Wichtig dabei ist die Beteiligung jedes einzelnen an der Bewertung. Das unten dargestellte Schema wird am besten auf einer Flip-Chart oder mit der Kärtchen-Methode auf Pinwand visualisiert.

Die Rückblende ist nicht auf rein sachliche Themen begrenzt, sondern sie schafft ein geradezu ideales Forum für die Betrachtung und Optimierung der zwischenmenschlichen Beziehungen. Die Fragestellung hierfür ist „Wie haben Sie sich beim Prozeßablauf gefühlt?“ „Was haben Sie im Prozeß beobachtet?“ „Was haben einzelne getan, um den Prozeß vorwärtszubringen?“

Gruppensitzungen dieser Art kommt eine erhebliche Bedeutung für die Verbesserung jeder Teamarbeit zu. Sie sind ein wichtiger Garant für

Rückblende/Feedback-Runde zur Aufgabe/Maßnahme: …	
Schritt 1: „Was ist gut gelaufen? Was war aus Ihrer Sicht positiv[1]?“ – Einzelbeiträge der Teammitglieder – … – … – …	**Schritt 2:** „Was ist weniger gut gelaufen? Was war aus Ihrer Sicht negativ[1]?“ … … … …
Schritt 3: „Was lernen wir daraus fürs nächste Mal? Was machen wir künftig anders?“ … …	

Abb. 16: Schematische Darstellung einer Rückblende
(In Anlehnung an die von Coverdale Deutschland GmbH verwendete Methodik)

dauerhaften Führungserfolg, da sie sicherstellen, daß potentielle Konflikte angesprochen werden.

Wie mißt man nun die Fortschritte, die durch die jeweils vereinbarten Maßnahmen erzielt werden? Häufig führen Rückblenden ja auch zu nicht quantifizierbaren Verbesserungen, wie z. B. stärkerer Kundenorientierung oder höherer Flexibilität. Eine geradezu ideale Meßgröße für die Beurteilung des Erfolgs der Bemühungen stellen Kosten dar. Unsere betrieblichen Rechnungswesen sind die einzigen kontinuierlich gepflegten und einigermaßen objektiven Informationsquellen für das Beurteilen der Effizienz und Effektivität des Unternehmens. Sie müssen

[1] Mit wertenden Begriffen wie „gut“ und „schlecht“ muß vorsichtig umgegangen werden. Man sollte sich immer vor Augen halten, daß sich das u. U. nur auf diese Situation bezieht, also nicht absolut positiv oder absolut negativ ist. Bei Bewertungen sind oft auch subjektive Einflüsse vorhanden.

aber konsequent genutzt und ständig angepaßt werden. Verdächtig, weil häufig ein Indiz für mangelnde Effizienz, sind alle Kostensteigerungen betrieblicher Funktionsbereiche, die höher als z. B. die Umsatzsteigerung des Gesamtunternehmens sind. Kostensteigerungen betrieblicher Einheiten müssen, einigermaßen kontinuierliche Geschäftsverläufe vorausgesetzt, proportional zur Umsatzentwicklung sein, idealerweise aber sogar sinken.

Vorschläge für die Einführung des Prinzips der ständigen Verbesserung

- Machen Sie konsequent Rückblenden: Am Ende von Sitzungen, Arbeitsschritten, Projekten oder in regelmäßigen Zeitabschnitten zwischendurch.
- Fragen Sie immer auch nach dem emotionalen Zustand der Beteiligten.
- Lassen Sie möglichst jeden der Beteiligten zu Wort kommen.
- Gehen Sie erst zur nächsten Aufgabe weiter, wenn Maßnahmen zur Verbesserung des Prozesses oder/und der Qualität des Arbeitsergebnisses beschlossen worden sind.
- Führen Sie Meßkriterien ein, die qualitative und quantitative Aussagen über die Wirkung von Maßnahmen ermöglichen.
- Stellen Sie die Ergebnisse öffentlich aus.
- Nutzen Sie die betrieblichen Kostenrechnungssysteme so intensiv wie möglich.
- Geben Sie sich selbst – wo immer möglich – sinkende Kosten bezogen auf ihre Dienste oder Produkte vor.
- Beargwöhnen Sie kritisch alle Kostensteigerungen.
- Definieren Sie quantifizierte Ziele zur Effizienzsteigerung (z. B. Kosten, Qualität, Produktivität).

Führungsfehler

„... denn letzten Endes sind alle Probleme der Wirtschaft Personalprobleme." (Alfred Herrhausen)

Das Kernziel jeder Führungsaufgabe ist die Sicherung der Unternehmensexistenz.

Hiermit sind im folgenden nicht die Fehler im Umgang mit Mitarbeitern gemeint, sondern vor allem die mangelhafte Erledigung der Führungsaufgabe im Sinne von Zukunftsplanung. Ein Bereich, der meist gar nicht unter dem Gesichtspunkt von Führung betrachtet wird, aber gerade hier gibt es Paradebeispiele für mangelnde Führungsqualität, denn im Grunde genommen ist der Kardinalfehler der Führung der, daß zu geringe Beiträge zur Sicherung der Unternehmenszukunft geliefert werden.

An drei Beispielen werden Grundmuster von Führungsfehlern gezeigt, die selten als solche zugegeben werden. Bedingt durch meinen DV-orientierten Erfahrungshintergrund, sind die Beispiele vielleicht etwas DV-lastig, die darin enthaltenen Muster können aber in allen Fachgebieten gefunden werden.

Versuchen Sie z. B. einmal, mit Ihrem DV-Bereich über das Thema des sogenannten Anwendungsstaus[1] als Folge von mangelnder Führungsqualifikation zu sprechen. Wenn Sie es nicht gerade mit ausgesprochen selbstkritischen Leuten zu tun haben, wird man Ihnen heftig und mit vielen, scheinbar plausiblen, technischen oder/und organisatorischen Argumenten widersprechen. Man wird Ihnen wahrscheinlich auch Erklärungsmuster liefern, warum es zwar bei anderen DV-Stellen durchaus so sein könnte, daß aber die spezifischen Anforderungen an den eigenen Bereich andere Gesetzmäßigkeiten bedingen. Glauben Sie es nicht, denn wenn ein DV-Bereich bereits Probleme mit dem Anwen-

[1] Unter Anwendungsstau wird der Berg von unerledigten Programmierarbeiten verstanden, den die meisten DV-Bereiche vor sich herschieben. Das Phänomen des Anwendungsstaus ist so alt wie die betriebliche Datenverarbeitung selbst. Aus Sicht vieler DV-Abteilungen sind die Hauptursachen für Anwendungsstau die überzogenen Änderungs- und Programmierungswünsche der Anwender oder die zu geringe eigene Personalkapazität. Aus Sicht der Anwender wird oft die Trägheit und Inflexibilität der DV-Abteilung als Ursache für den Anwendungsstau genannt.

dungsstau hat, muß der DV-Leiter vorher irgendwann einmal Fehler gemacht haben. Die Ursache für diesen ist, wie wohl jede dauerhafte Arbeitsüberlastung betrieblicher Stellen, mangelhafte Führungsqualifikation. Ich will dies an Hand der im folgenden geschilderten Praxisbeispiele näher erläutern.

Beispiel 1: Aufgabenstau

Das Grundmuster für einen klassischen Führungsfehler liefert uns der Anwendungsstau vieler DV-Abteilungen. Der Mechanismus der hier deutlich wird, läßt sich aber leicht auch auf solche anderen Bereiche im Unternehmen übertragen, die chronische Probleme mit zu geringer Personalkapazität haben.

In vielen DV-Abteilungen findet man heute die Situation, daß bereits 70–80 % des Budgets für die Pflege und Weiterentwicklung der existierenden Programme, der sogenannten „Altlasten", verwendet werden. In den Großunternehmen finden sich nicht selten Anwendungspakete, die im Kern älter als 10 Jahre sind.

Alle DV-Programme, wie z. B. Produktionsplanungs- und Steuerungssysteme, DV-Anwendungen im Personalwesen oder in der Finanzbuchhaltung, bedürfen nach ihrer Einführung einer permanenten Pflege. Zum einen gibt es immer wieder Bedarf an neuen Funktionen, zum anderen immer auch Fehler, die beseitigt werden müssen. Vor allem gibt es die permanente Notwendigkeit, die Programme an die sich ändernden Betriebsabläufe anzupassen.

Im Laufe der Zeit wird so ein ursprünglich bereits komplexes Programmsystem zum regelrechten Flickwerk, dadurch noch komplexer und damit immer weniger verständlich. Die Folge: der Pflegeaufwand steigt überproportional an. Obwohl immer mehr Personal dafür eingesetzt wird, sinkt die Produktivität der Programmierer ständig. Schließlich wird der Punkt überschritten, wo die Pflege des Programms noch in akzeptablen Zeiträumen erfolgt. Die Reaktionszeit auf Kundenwünsche nimmt zu, die Kosten steigen, und die Kundenzufriedenheit sinkt. Obwohl die Programmierer an sich mit enormem persönlichen Einsatz arbeiten, geht die Akzeptanz der Kunden verloren. Diese halten mit ihrer Meinung an der vermeintlichen Unfähigkeit der Programmierer (oder der gesamten DV-Stelle) nicht zurück. Es gibt negatives Feedback, Rechtfertigungen der DV-Stelle, viel Emotionen auf beiden Seiten, und irgendwann geht die Sachlichkeit verloren. Das ideale Klima für das Entstehen dauerhafter Feindschaften ist entstanden.

Lineare Extrapolation bei der Planung von Geschäftsabläufen gehört zu den klassischen Führungsfehlern.

Diese Situation wäre vermeidbar. Der DV-Leiter hätte rechtzeitig (Jahre vorher) die notwendigen Schritte einleiten müssen, die den Anwendungsstau vermieden hätten, und von vornherein, auf der Basis eines visionären Informationsverarbeitungs-Architekturmodells, einen straffen Modernisierungsplan erstellen und verwirklichen müssen. Er hätte dabei die IV-technische und personelle Unabhängigkeit anstreben müssen. Statt dessen hat er aber sich und das Unternehmen in die Abhängigkeit proprietärer DV-Anbieter und hochgradig spezialisierter Mitarbeiter geführt. Er ist damit – obwohl er dies wahrscheinlich nie zugeben würde – seiner Pflicht nicht nachgekommen, seinen Bereich auf eine absolut vorhersehbare[1] Situation vorzubereiten. Das mindeste, was er sich dafür vorwerfen lassen muß, sind mangelhafte fachliche Fähigkeiten und fehlende Innovationskraft. Obendrein hat er sicherlich auch noch versucht, durch Personalaufbau zusätzliche Kapazität zu schaffen – und feststellen müssen, daß sich außer drastisch gestiegenen IV-Kosten nichts wirklich verbessert hat, sondern im Gegenteil eher noch größere Probleme verursacht wurden. Einen Erklärungsversuch für dieses Paradoxon liefert das nächste Beispiel.

Beispiel 2: Personalplanung

Die interne Personalplanung eines Bereichs erfolgt meist auf der Basis von Erfahrungswerten. Bekannte Kenngrößen dienen als Ansätze für Hochrechnungen[2] . So wird oft der bisherige Umsatz pro Mitarbeiter simpel linear extrapoliert, wenn es um die Festlegung der neuen Personalzahlen geht. Der Quotient aus geplantem Umsatz und bisherigem Umsatz pro Mitarbeiter ergibt die neue Personalzahl. Dabei wird völlig unberechtigterweise impliziert, daß die Effektivität der Organisation

[1] Vgl. Scheer, A. W. (1988) S. 6; Trauboth, H. (1993); Martiny, L. (1990) S. 77 ff.

[2] Ergänzend dazu: Wittlage, H. (1994) S. 243: *„Der Personalbedarf für die Wahrnehmung der Führungs- und Fachaufgaben kann hingegen nicht nach einem allgemein verbindlichen Verfahren bestimmt werden, sondern wird betriebsindividuell zum Teil auch aufgrund nicht rational nachvollziehbarer Entscheidungsprozesse bestimmt (Intuitiv).“*

bei steigender Mitarbeiterzahl konstant bleibt. Mehr Menschen ergeben jedoch höhere Reibungsverluste. Die Kommunikationsprozesse laufen erschwert ab, die Informationsverteilung ist schwieriger, Redundanzen entstehen, die Transparenz geht verloren usw. Meist wird Personalwachstum von noch stärkerer Arbeitsteilung begleitet. Nach irgendwelchen ebenso simplen wie unwirksamen Regeln werden Gruppen-, Abteilungs- und Leitungsbereichsgrößen festgelegt. Die Folgen von noch mehr Stellen sind aber wiederum größere Reibungsverluste. Die Produktivität des Unternehmens sinkt nun noch mehr – auch wenn jede beteiligte Stelle optimal arbeitet.

Abbildung 17 zeigt den Zusammenhang zwischen Personalwachstum und der effektiven Produktivität.

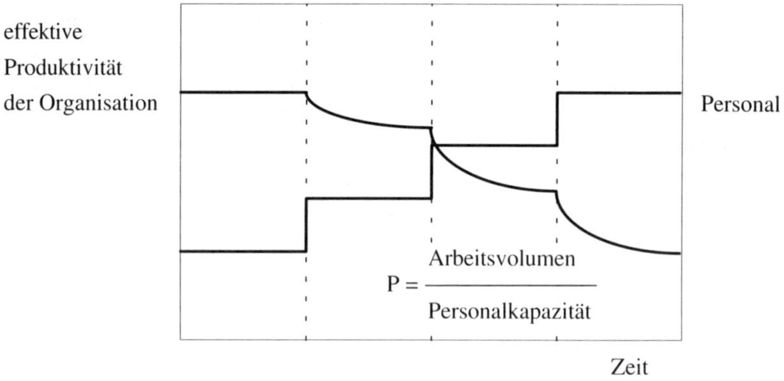

Abb. 17: Personalwachstum und Produktivität

Je mehr Personal aufgebaut wird, desto stärker sinkt die effektiv verbleibende Produktivität der gesamten Organisation. Im Extremfall kann es auch zu der paradoxen Situation führen, daß eine Erhöhung der Personalkapazität zu einer Senkung der absoluten Produktivität führt.

Plötzliche Personalabbaumaßnahmen im größeren Umfang sind ein Indiz für Führungsfehler in der Vergangenheit.

Eine häufige Folge: Die Unternehmensrendite schrumpft und ist nur solange noch positiv, wie ausreichend hohes Umsatzwachstum erzielt wird. In dem Moment aber, wo dieses ausbleibt, kippt die Rendite ins Negative. Die Betriebskosten sind – bedingt durch zu hohen Personalstand und ineffiziente Strukturen – zu hoch.

Personalabbau ist dann noch die einzige Möglichkeit, die Kosten wieder in den Griff zu bekommen. An sich ein völlig unnötiger Vorgang, denn es wäre die Aufgabe der Führungskraft gewesen, auf der Basis einer sorgfältigen Zukunftsplanung die Organisation auf diese Situation vorzubereiten. Proportionales Personalwachstum als Antwort auf Umsatzwachstum ist ein Planungsfehler, der von den Führungskräften verantwortet werden muß. Führungskräfte, die diesen Fehler begehen, müssen sich den Vorwurf einer zu starken operativen Ausrichtung (oder mangelnde unternehmerische Fähigkeiten) gefallen lassen. Den ganzen „Teufelskreis" des proportionalen Personalwachstums verdeutlicht Tabelle 9.

Anlaß/Auslöser	**Maßnahmen**	**Auswirkungen**
1. Steigendes Arbeitsvolumen (Aufgaben, Projekte, Maßnahmen, Produkte)	Personalaufbau	höhere Reibungsverluste (Sinken der effektiven Produktivität)
2. Sinkende Produktivität (ab jetzt ist die Wirkung zum Anlaß geworden!)	stärkere Arbeitsteilung und höhere Spezialisierung, weiterer Personalaufbau	noch höhere Reibungsverluste (die effektive Produktivität sinkt noch mehr) (Der Teufelskreis ist perfekt!)

Tabelle 9: Proportionaler Personalaufbau und seine Wirkung

Es ist die Aufgabe jeder Führungskraft, es erst gar nicht so weit kommen zu lassen, sondern die notwendigen technischen und organisatorischen Maßnahmen einzuleiten. Daß es prinzipiell geht, zeigt sich immer dann, wenn z. B. in Rezessionsphasen, also unter erheblichem Leidensdruck, plötzlich sehr wirksame Wege gefunden werden, mit verminderter Mannschaft mehr zu leisten.

Es sind jedoch niemals allein die obersten Führungskräfte für die Personalüberhänge verantwortlich. Jeder Mitarbeiter, der bei Zunahme seines Arbeitsvolumens mit der Forderung nach zusätzlicher personeller Unterstützung reagiert, jeder Gruppen-, Abteilungs- oder Bereichsleiter, der mehr Personal aufbaut ohne sich Alternativen zu überlegen, ist genauso mitschuldig an der Misere.

Beispiel 3: Lokale Optimierung

Wie läßt sich das Phänomen erklären, daß negative Betriebsergebnisse erwirtschaftet werden, obwohl jede Stelle innerhalb eines Unternehmens objektiv optimal arbeitet? Oder anders ausgedrückt: Wie erklärt sich der Effekt, daß sich in der Summe, unternehmensweit betrachtet, negative Wirtschaftlichkeiten ergeben, obgleich doch die Wirtschaftlichkeitsanalysen der Einzelinvestitionen positiv waren?

Ein konkretes Beispiel aus dem Bereich der Datenverarbeitung hilft, den Effekt zu erläutern: Als Beispiel soll die Beschaffung eines PC-gestützten Textverarbeitungsprogrammes für einen Fachbereich dienen. Üblicherweise verhandelt eine Einkaufsstelle mit dem Lieferer über den Preis der Lizenz oder es bestehen bereits Rahmenabkommen, in denen Rabatte festgelegt wurden. Die Höhe des Preises ist stückzahlabhängig und sei in diesem Beispiel 1.000,– DM (K'). Angenommen, der offizielle Listenpreis läge bei 1.200,– DM, dann würden in diesem Fall 200,– DM gespart. Es sei unterstellt, daß im Unternehmen innerhalb eines gewissen Zeitraums ein Bedarf von 1.000 Lizenzen besteht, die nach und nach einzeln oder in geringen Stückzahlen beschafft werden. Damit würden in der Summe Kosten in Höhe von 1 Mio DM entstehen. Da jedesmal ein Rabatt von 200,– DM berücksichtigt würde, ergäben sich in der Summe Kosteneinsparungen von 200.000,– DM.[1] Abbildung 18 hilft, den Effekt zu verdeutlichen.

Wenn unternehmensweit gedacht und gehandelt worden wäre, wäre ein Rabatt von ca. 75 % realistisch gewesen. Die Einzelkosten hätten dann bei 280,– DM (K") gelegen. Obwohl also die Einkaufsstelle in jedem Einzelfall erfolgreich mit dem Lieferer verhandelt hätte, wären 720.000,– DM zu viel ausgegeben worden.

[1] Bei einer korrekten Kosten/Nutzenbetrachtung müßten auch noch die nicht unerheblichen Kosten für die Abwicklung von ca. 1000 Beschaffungsvorgängen berücksichtigt werden. Wenn pro Bestellvorgang nur 200,— DM anfielen, wäre der ausgehandelte Rabatt bereits egalisiert. Die tatsächlichen Kosten für einen Bestellvorgang liegen wahrscheinlich erheblich darüber. Es wäre einmal interessant zu wissen, wie hoch die Kosten für interne Unternehmensabläufe sind. Unsere üblicherweise eingesetzten Kostenrechnungsverfahren geben darüber meistens keine Auskunft.

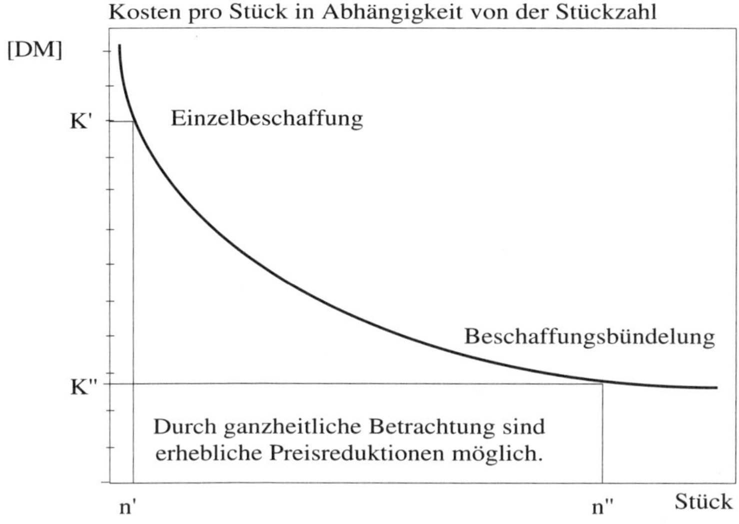

Abb. 18: Kostenvorteile bei Beschaffungsbündelung

Dies ist nur ein Beispiel für den negativen Effekt der lokalen Optimierung. Er läßt sich übertragen auf die Beschaffung von anderen Einrichtungen der Informationsverarbeitungen, den Kauf oder die Miete von Kopierern, FAX-Geräten, Meßinstrumenten, Prüfeinrichtungen, Werkzeugen für die Fertigung, die Entwicklung, den Versuch usw.

Die meisten Stellen eines Unternehmens tendieren dazu, im Laufe der Zeit ein ausgeprägtes Eigenleben zu entwickeln oder den Kontakt zu den restlichen betrieblichen Funktionsbereichen zu verlieren. Die Ursache dafür muß nicht immer Egoismus, Machtdenken oder mangelnde Kooperationsbereitschaft der Führungskräfte sein. Oft läßt die streng vertikale Strukturierung der Unternehmen gar kein anderes Verhalten zu.[1]

[1] Soziologisch gesehen haben die Ursachen für Interaktionsprobleme zwischen Gruppen wahrscheinlich einen kulturgeschichtlichen Hintergrund. Demnach hätten wir es hier mit einem systemimmanenten Problem zu tun und nicht mit individuellem Fehlverhalten. Betrachtet man die Kulturentwicklung, dann war die Einzelgruppe über viele hunderttausend Jahre hinweg maßgebend für die Ausbil-

Vorschläge zur Vermeidung von Führungsfehlern

- Berücksichtigen Sie den Effekt, daß komplexe Systeme durch Wartung und Anpassungen immer komplexer werden und der Ressourcenaufwand gegenüber „jungen" Lösungen überproportional steigt.
- Achten Sie auf den richtigen Zeitpunkt, um mit effektiveren Techniken gegebenenfalls ein neues System zu entwickeln.
- Verzichten Sie auf lineare Extrapolation. Überlegen Sie statt dessen, wie Sie durch alternative Maßnahmen (s. Teil 2: Organisatorische Aspekte) effizienter werden können.
- Prüfen Sie ständig, ob alle Aufgabenstellungen Ihres Bereichs wirklich noch erforderlich sind. Fragen Sie hierzu auch Ihre Kunden.
- Nehmen Sie keine Aufgaben wahr, für die Sie kein offizielles Mandat haben.
- Nehmen Sie keine Aufgaben wahr, für die Ihre Kunden nicht bereit sind, einen kostendeckenden Beitrag zu leisten. Wenn es sich nicht um bewußt subventionierte und somit „strategische" Tätigkeiten handelt, müssen Sie unbedingt versuchen, effizienter zu werden.
- Denken Sie horizontal. Fragen Sie sich ständig, ob es interne oder externe Stellen gibt, die Ihre Aufgaben besser machen können.
- Trennen Sie sich von allen Aufgabenbereichen, für die Sie nicht genügend Personalkapazität, Know-how oder Ressourcen haben.
- Denken und handeln Sie ganzheitlich und unternehmensweit. Begrenzen Sie sich bei Optimierungsaktivitäten nicht auf Ihren Bereich.

---

dung sozialer Verhaltensweisen. Erst seit wenigen zehntausend Jahren, also einem viel kürzeren Zeitraum, haben sich erste Hochkulturen mit größeren Individuenzahlen gebildet. Während in Kleingruppen die Zusammenarbeit noch allein über persönliche Beziehungen geregelt werden kann, ist dies innerhalb größerer Gesellschaften (Industrieunternehmen) nicht mehr ohne weiteres möglich. An die Stelle persönlicher Beziehungen sind anonyme Koordinationsmechanismen getreten, die aber offensichtlich nicht optimal funktionieren. Um die gruppenübergreifende Zusammenarbeit zu verbessern, müssen wir in viel höherem Maße persönliche Beziehungen pflegen, als wir es bisher getan haben. Dem Aufbau von Beziehungsgeflechten kommt hierbei die Schlüsselrolle zu.

Trends in der Zusammenarbeitskultur

Seit einigen Jahren gibt es viele positive Veränderungen in der Art und Weise, wie wir in Unternehmen miteinander umgehen. Es findet hier eine allmähliche Veränderung der Führungskultur statt, auf der aufgebaut werden und die eine fundamentale Erneuerung der Zusammenarbeitskultur ermöglichen kann. Wir erleben zur Zeit den Übergang von der bisherigen Mißtrauens- in eine Vertrauenskultur. Eine Kultur, die den einzelnen Menschen aus der Konformität herausholt und ihn wieder in den Mittelpunkt des betrieblichen Geschehens rückt. Damit erlangt er als Individuum wieder die Bedeutung, die er letztmals wohl in der vorindustriellen Zeit hatte. Wir sind heute Zeuge der Umkehrung der vom US-amerikanischen Ingenieur Frederick W. Taylor[1] im Jahr 1911 formulierten und bislang kaum angezweifelten Feststellung, nach der das System wichtiger sei als der Mensch. Was Taylor übersah, sind die sozialen Aspekte der menschlichen Arbeit. Die Leistung des Menschen und die aus ihr resultierende Befriedigung wurden von ihm fälschlicherweise als die wichtigste Quelle der Motivation angesehen. Wie in den folgenden Kapiteln aber noch gezeigt werden soll, sind die wohl wichtigsten Motivatoren für Mitarbeiter in den zwischenmenschlichen Beziehungen (formaler und informeller Natur) zu sehen.

Seit einigen Jahren findet eine allmähliche Veränderung des Umgangs zwischen Führungskräften und Mitarbeitern statt, die sich erkennbar in Richtung einer auf Vertrauen und Kooperation beruhenden Kultur bewegt. In Tabelle 10 werden die wichtigsten Aussagen einander gegenübergestellt.

Als ursächlich dafür kann die zunehmende Wichtigkeit von fachlichem Wissen für die Existenz des Unternehmens angesehen werden, denn ein Unternehmen hängt heute viel mehr vom Wissen und Können der Menschen (also deren Know-how) ab, als von der Verfügbarkeit der Ressource Kapital.[2] Als eigenen „Megatrend" stellen die beiden Zu-

[1] „In the past man has been first, now the system will be first." Taylor, F. W. (1911)
[2] Vgl. auch Sveiby, K. E. und Lloyd, T. (1989) S. 171 ff.:
- *„Das Gleichgewicht der Kräfte verschiebt sich vom Kapital zum Know-how hin.*
- *Ethik und Unternehmenskultur werden zum Schlüsselinstrumentarium des Managements, aufgrund der Notwendigkeit, Know-how-Unternehmen eine Struktur zu geben.*

Mißtrauenskultur	**Vertrauenskultur**
Grundhaltung, die von *Miß*-Achtung dem anderen gegenüber geprägt ist. Mitarbeiter ist *Unter*-Gebener.	Grundhaltung, die von Achtung vor der Persönlichkeit des anderen geprägt ist. Mitarbeiter ist Partner.
Führungskraft als *Vor*-gesetzter: – Antreiber – Befehlsgeber – Kontrolleur – Richter	Führungskraft als Partner: – Berater – Moderator – Helfer – Förderer
Führung durch Druck, Drohung, Manipulation, Befehlserteilung und Überwachung	Führung über Zielvereinbarungen, Gewähren von Handlungsfreiräumen (Delegation) und auf der Basis von Konsens.

Tabelle 10: Vertrauenskultur und Mißtrauenskultur in der Gegenüberstellung

kunftsforscher Naisbitt und Aburdene[1] die neue Bedeutung des Individuums heraus. Sie prognostizieren das Ende aller Kollektive (gemeint sind damit die gleichförmig organisierten Masseninstitutionen der traditionellen Unternehmen, Gewerkschaften, Religionsgemeinschaften und totalitären Staaten). Der Fall der Mauer und der Zusammenbruch der osteuropäischen kommunistischen Gesellschaften bestätigen eindrucksvoll ihre frühen Prognosen. Ein wichtiges Fazit von ihnen lautet:

- *Know-how-Arbeiter, ..., werden auf allen Ebenen der Gesellschaft an Macht gewinnen.*
- *Die Gewerkschaften werden einen entscheidenden Umwandlungsprozeß durchmachen, nachdem sie aufgrund von Mitarbeiterschwund ihre Strategien durchdacht haben.*
- *Manager in Know-how-Unternehmen, die Methoden aus herkömmlichen Industrieunternehmen anwenden, werden ständig in Schwierigkeiten geraten.*
- *Viele der neuen Know-how-Konzerne, ..., werden entfusionieren, nachdem sie festgestellt haben, daß Größe kein Wettbewerbsvorteil ist."*

[1] Naisbitt, J.; Aburdene, P. (1990) S. 375

„Individuen, das heißt Menschen, die bereit sind, Verantwortung zu tragen, suchen die Gemeinschaft. In einer Gemeinschaft aber gibt es keinen Platz, an dem man sich verstecken kann. Wer der Verantwortung aus dem Weg gehen will, versteckt sich im Kollektiv."

Für den Zusammenhang zwischen Wissen und Macht liefert uns der deutsche Philosoph Carl Friedrich von Weizsäcker[1] eine kulturgeschichtlich begründete Erklärung. Demnach wurden unsere heutigen Hochkulturen erst möglich, als der Mensch begann, den sozialen Umgang innerhalb und zwischen Gruppen zu objektivieren. Die erforderlichen Elemente dafür sind Geld, Wissen und Macht. Wobei sich Macht als die Akkumulation von Mitteln für beliebige Zwecke definiert. Geld ist eine Form abstrakter Macht innerhalb der Gesellschaft.

Analog zu Weizsäckers Schlußfolgerungen läßt sich Wissen also ebenfalls als eine Form abstrakter Macht auffassen. Wer es schafft, mehr Wissen als sein Konkurrent anzusammeln, hat mehr Macht als dieser, oder anders ausgedrückt, hat Wettbewerbsvorteile.

Führungskultur – ein Thema ohne Ende

Dauerhafter Führungserfolg erfordert die kontinuierliche Anpassung der Führungskultur und des Verhaltens aller Beteiligten.

Unter der Annahme, daß sich das Umfeld, die Aufgabenstellungen und die Strukturen eines Bereichs ständig ändern und daß es für jeden dieser Zustände eine optimale Zusammenarbeitskultur gibt, stellt sich zwangsläufig auch die ständige Notwendigkeit zur Änderung der Führungsziele.

Ob es sich um organisatorische, kulturelle oder Verhaltensziele handelt, Ziele sind, wenn sie einmal erreicht sind, keine Ziele mehr[1]. Da das betriebliche Umfeld nicht statisch bleibt, gibt es offensichtlich auch kein Endziel, das man erreichen kann. Wir können und dürfen also nicht immer nur in Ergebnissen denken, sondern müssen dem Prozeß dorthin genauso große Aufmerksamkeit widmen. So wird der Weg zum Ziel.

[1] Weizsäcker, C. F. von (1986 u. 1987)

Vorschläge für den Aufbau einer spezifischen Führungskultur

- Definieren Sie allgemein akzeptierbare Handlungsgrundsätze auf der Basis der Zusammenarbeitsgrundsätze.
- Definieren Sie Verhaltensgrundsätze für die Mitarbeiter Ihres Bereichs. Halten Sie sich selbst ausnahmslos auch an die Grundsätze.
- Leben Sie alle Grundsätze vor und „predigen“ Sie sie, wann immer möglich.
- Wenn Sie einen Grundsatz nicht selbst einhalten können, lassen Sie ihn lieber ganz fallen, bevor Sie unglaubwürdig werden.
- Verschaffen Sie sich Klarheit über Ihre eigenen (Persönlichkeits-) Defizite.
- Suchen Sie sich einen externen Coach, mit dem Sie regelmäßig Ihre Maßnahmen und Ihre persönlichen Probleme besprechen können.
- Verwenden Sie eine methodische Führungstechnik.
- Geben Sie Mitarbeitern und Führungskräften die Möglichkeit zum Besuch von Seminaren, die ein methodisches Vorgehen vermitteln.
- Gewähren Sie Handlungsspielräume, und delegieren Sie alles, was Sie nicht unbedingt selbst tun müssen an Mitarbeiter.
- Widerstehen Sie der Versuchung, sich um alles selbst zu kümmern.
- Versuchen Sie, Ihre emotionale Beteiligung so gering wie möglich zu halten. Versuchen Sie, sich z. B. vorzustellen, es wäre morgen Ihr letzter Arbeitstag an diesem Platz.
- Lesen Sie Literatur zum Thema Führung.
- Diskutieren Sie bei jeder Gelegenheit mit Mitarbeitern, Kollegen, Vorgesetzten über das Thema Führung.
- Gehen Sie jedem Verstoß gegen einen der Grundsätze nach und klären Sie ihn mit dem/den Beteiligten.
- Belohnen Sie niemals Fehlverhalten.

---

[1] Es gibt per Definition keine Organisation, deren Kultur, Abläufe und Menschen vollkommen zu ihren Unternehmenszielen passend wären. Wenn das so wäre, dann hieße das, daß die Ziele erreicht wären. Ab dann wäre es aber wirksame Realität und nicht mehr Ziel. Die Realisierung eines Ziels ist immer zukunftsorientiert. Vgl. hierzu auch Davis, S. (1987) S. 33 ff. Daraus ergibt sich interessanterweise, daß die Frage nach dem WARUM (also nach dem notwendigerweise in der Vergangenheit liegenden Grund = kausal) niemals als ZIEL-Frage taugt.

4. Kapitel: Die Führungskraft – Aufgaben und Verhalten

„Wir werden eine radikale Abkehr von der Tradition erleben, daß Leistung überwiegend durch den Aufstieg in Positionen mit Befehlsgewalt, also in die Managerriege, honoriert wird." (Peter F. Drucker[1])

Bevor ich auf die Aufgabe und das Verhalten von Führungskräften eingehe, möchte ich zunächst einige etwas kritischere Bemerkungen zur Rolle und zum Selbstverständnis von Führungskräften anführen. Angesichts der zunehmenden Schärfe des Wettbewerbs und der dadurch zunehmenden Existenzbedrohung werden Mitarbeiter künftig, weit offener und nachdrücklicher als bisher, Leistungsforderungen an ihre Vorgesetzten stellen und deren Beiträge zur Sicherung der Arbeitsplätze einfordern. Künftig darf und wird es kaum mehr möglich sein, daß Führungskräfte trotz erheblich defizitärer Leistungen im Amt verbleiben. Der folgende Abschnitt beschäftigt sich mit den Ursachen und der Notwendigkeit einer stärkeren Kritik „von unten".

Das Ende des Peter-Prinzips

„Die Arbeit wird von den Mitarbeitern erledigt, die ihre Stufe der Inkompetenz noch nicht erreicht haben." (Lawrence J. Peter[2])

Wie ich schon ausgeführt habe, ist auch eine Führungskraft letztlich nur ein Dienstleister. Sie hat durch ihren Beitrag dafür zu sorgen, daß alle am Herstellungsprozeß beteiligten Personen optimal zusammenarbeiten können. Führungskräfte sind nicht nur berechtigt Leistungen von ihren Mitarbeitern zu verlangen und zu bewerten, sondern werden künftig auch an ihrer Führungsleistung gemessen werden. Wenn sie ihre Aufgaben nicht erfolgreich lösen, werden sie sich mit einer Menge unangenehmer Fragen ihrer Mitarbeiter auseinandersetzen müssen.

---

1 Drucker, P. F. (1993) S. 134
2 Peter, L. J. (1970) S. 30

Dauerhaft erfolglose Führungskräfte kann sich die Solidargemeinschaft Unternehmen im globalen Wettbewerb nicht mehr leisten. Die geltende Gesetzmäßigkeit, wonach jede Führungskraft zwangsläufig die Stufe ihrer maximalen Inkompetenz erreicht und langfristig dort verbleibt, wird ihre Gültigkeit verlieren. Führungskräfte, die nicht erfolgreich die Existenz des Bereichs (Unternehmens) sichern, verletzen damit das Recht der beteiligten Menschen auf Arbeit und Einkommen. Für diese darf nicht nur kein Platz mehr in der betrieblichen Solidargemeinschaft sein, sondern sie müssen künftig auch die Konsequenzen ihres Tuns tragen[1]. Ob es sich nun um eine Gruppe, eine Abteilung oder ein ganzes Unternehmen handelt, ob und wie stark die Existenz gefährdet wurde oder ob nur Wettbewerbsvorteile verspielt wurden, die Führungskraft hat das zunächst ganz alleine zu verantworten. Und sie hat gegen das Solidaritätsprinzip – alle für einen, einer für alle – verstoßen und wird es wohl wieder tun, wenn man ihr die Chance dazu gibt. Die Schlußfolgerung daraus: Versagen muß Konsequenzen haben, Fehlverhalten darf nicht belohnt werden. Wir dürfen bei nachgewiesener Unfähigkeit von Führungskräften nicht mehr schweigen oder beide Augen zudrücken. Die Gefährdung der Unternehmensexistenz kann nicht einfach als Kavaliersdelikt abgetan werden.

[1] Dem Trend nach muß man heute leider den Eindruck haben, daß unsere Unternehmenskulturen vielfach zu „versagertolerant“ sind. Die Pflege rüder Umgangsstile oder selbstherrlicher Verhaltensweisen, Erfolglosigkeit bis hin zum offensichtlichen Versagen sind viel zu selten Anlässe für personelle Konsequenzen. Symptomatisch hierfür ist auch die Beobachtung, daß Führungskräften, selbst nach objektivem und nachgewiesenem Versagen, immer wieder neue Führungspositionen angeboten werden. Dabei kann man sich des Eindrucks nicht erwehren, daß, je höher die Führungskraft angesiedelt ist, umso geringer die Konsequenzen bei Mißerfolg sind. Oder, anders gesagt: „Einmal Führungskraft, immer Führungskraft!“
Es ist eine gern verdrängte Tatsache, daß eine unfähige Führungskraft niemals von sich aus in eine Führungsposition einrücken kann. Diejenigen Vorgesetzten, die bei einer Stellenbesetzung die Stärken des Kandidaten falsch eingeschätzt haben oder ihn womöglich trotz seiner Schwächen berücksichtigt haben, ihn also auf die „Stufe seiner Inkompetenz“ befördert haben, sind genauso mit in die Verantwortung zu ziehen.

Die Aufgaben von Führungskräften

In den folgenden Abschnitten möchte ich mich mit der Frage beschäftigen, was die spezifischen Aufgaben von Führungskräften eigentlich sind. Worin unterscheiden sich beispielsweise die Aufgaben einer Führungskraft von denen ihrer Mitarbeiter? Lassen sich für Führungskräfte spezifische Fähigkeits- und Fertigkeitsprofile beschreiben? Was sind die wirklichen Aufgaben und Tätigkeitsbereiche einer Führungskraft?[1]

Eine erste Antwort auf die Fragen liefert Tabelle 11. In dieser möchte ich eine Aufteilung in operative und unternehmerische Fragestellungen vornehmen.

Operative Orientierung	Unternehmerische Orientierung
– Wie wird's getan?	– Wie wird's organisiert?
– Die Aufgaben richtig machen.	– Die richtigen Aufgaben machen.
– Heute entscheiden für heute.	– Heute entscheiden für morgen.
– Definierte Abläufe.	– Undefinierte Abläufe.
– Das Heute ist wichtig.	– Das Morgen ist wichtig.
– Ereignisse bestimmen Entscheidungen.	– Entscheidungen bestimmen Ereignisse.

Tabelle 11: Unternehmerische und operative Sichtweisen im Vergleich

Der Übergang zwischen operativen und unternehmerischen Tätigkeiten ist fließend. Je höher die hierarchische Ebene, desto geringer der Anteil operativer Tätigkeiten. Abbildung 19 stellt dies bildlich dar.

Woraus besteht nun der typische Führungsalltag? Eine eigene Umfrage[2] unter Führungskräften der mittleren Führungsebenen in mehreren großen Industrieunternehmen ergab fünf wesentliche Führungsaufgaben:

[1] Weiterführende Literatur: Drucker, P. F. (1992); Sprenger, R. K. (1992).
[2] Stichprobenmenge und Klasseneinteilung genügen sicherlich nicht den Ansprüchen üblicher statistischer Erhebungen.

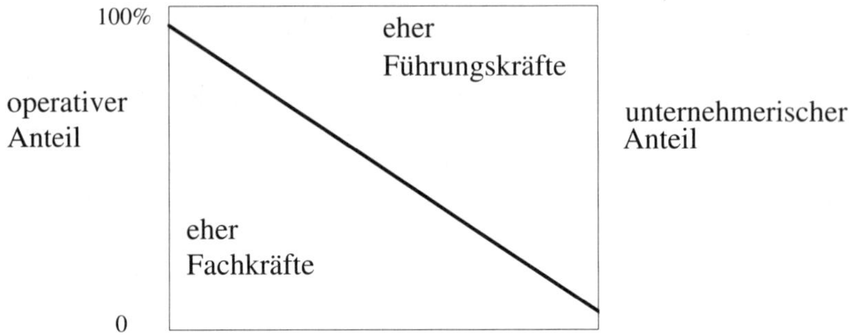

Abb. 19: Änderung des Tätigkeitsprofils beim im Übergang von Fach- zu Führungsaufgaben

- Beratung und Betreuung der Mitarbeiter 30 %
- Planung/Koordination der operativen Vorgänge 25 %
- Umfeld für Mitarbeiter bereiten 20 %
- Unternehmerisches Handeln 20 %
- Zielvereinbarungen mit Mitarbeitern 5 %

Als größte Hemmnisse für noch erfolgreicheres Arbeiten nannten die Befragten an erster Stelle mangelndes Wissen um administrative Abläufe, an zweiter Stelle unzureichende Informationen über betriebswirtschaftliche Zusammenhänge (die Befragten waren Führungskräfte aus den Bereichen Fertigung und F&E) und erst an dritter Stelle ungenügende Kenntnisse im Umgang mit Führungsproblemen.

Interessant waren auch ihre Antworten auf die Frage, wodurch sie ihre Führungsqualifikation erworben hatten. Demnach wurden praktisch alle erforderlichen Fertigkeiten mit wenigen Ausnahmen nach der Methode Versuch und Irrtum erlangt. Alle hatten erst nachträglich einschlägige Führungsseminare besucht und lasen allenfalls sporadisch Zeitschriften und Bücher zum Thema.

Als Quellen der Hilfe für die tägliche Führungspraxis nannten sie Glück, Bauch, Zufall, Rückschläge, Fehler sowie immer auch die Partnerin. Letzteres kann wohl als weiteres Indiz für die besonderen Fähigkeiten von Frauen bei zwischenmenschlichen Problemen angesehen werden.

Erstaunlicherweise gaben weniger als 10 % die Personalabteilung, den Vorgesetzten oder einen externen Berater als mögliche und brauchbare Quellen der Unterstützung an. Hierdurch wird deutlich, wie wenig qualifizierte Hilfe den Führungskräften für die tägliche Arbeit zuteil wird und wo wirksamere Hilfe angeboten werden kann.

Das künftige Aufgabenspektrum von Führungskräften wird sich nach meiner Auffassung zunehmend auf folgende Schwerpunkte konzentrieren:

- Die Gestaltung grundlegender Werte und Normen für die Zusammenarbeit (s. Teil 1, Kapitel 2),
- den Aufbau und die Pflege einer effizienten Organisationsstruktur (s. Teil 2, Kapitel 2),
- die Entwicklung einer spezifischen Zusammenarbeitskultur (s. Teil 2, Kapitel 3),
- die Gestaltung des Umfelds der Mitarbeiter und
- die Planung und Sicherung der Zukunft.

Auf die letzten beiden Aspekte werde ich in diesem Kapitel näher eingehen.

(1) Die Gestaltung des Umfeldes der Mitarbeiter

Unter Umfeld lassen sich eine Vielzahl von Einflüssen auf die Motivation des Mitarbeiters zusammenfassen: Gestaltung des Arbeitsplatzes, Entlohnung, Privilegien, Arbeitsklima, Einflußmöglichkeit, Entscheidungsfreiheit usw.

Welche Faktoren einen positiven, welche einen negativen Einfluß auf die Motivation der Mitarbeiter besitzen, hängt von den individuellen Erwartungen und persönlichen Voraussetzungen des einzelnen ab. Es gibt daher kein allgemeingültiges Regelwerk, das die Motivation der Mitarbeiter sicherstellt[1].

[1] Obwohl es häufig anders dargestellt wird, gilt, daß man Mitarbeiter wohl nicht motivieren kann, wenn sie es selbst nicht auch wollen. Interessant hierzu die Auffassung von Winston Spencer Churchill: *„Führung heißt, einen Mitarbeiter dazu zu bringen, das zu tun, was ich will – weil er es selbst will."*

Führungskräfte müssen das Umfeld ihrer Mitarbeiter so gestalten, daß deren Motivation erhalten bleibt.

Die Erfahrung zeigt, daß alle Motivationsversuche zum Scheitern verurteilt sind, solange der Mitarbeiter nicht selbst von seinem Handeln überzeugt ist, und daß, im Gegenteil, Motivationsversuche überflüssig sind, sobald er Entscheidungen mitgestalten oder zumindest nachvollziehen kann.

Vorschläge zur Umfeldgestaltung

- Reden Sie mit Ihren Mitarbeitern so häufig wie möglich zu formellen und informellen Anlässen.
- Verzichten Sie, soweit wie möglich, auf Kontrollen bei der Einhaltung von Arbeitszeiten. Es ist Sache jedes einzelnen Mitarbeiters, mit seiner Zeit verantwortlich hauszuhalten.
- Unterlassen Sie öffentliche (demütigende) Kontrollen von Arbeitsergebnissen.
- Geben Sie Mitarbeitern die Gelegenheit, ihre Arbeitsergebnisse (auch vor anderen) zu präsentieren.
- Gewähren Sie Ihren Mitarbeitern Freiräume für die Gestaltung ihres Arbeitsplatzes.
- Ermutigen Sie Ihre Mitarbeiter dazu, neue und unkonventionelle Wege bei der Problemlösung zu gehen. Geben Sie ihnen dabei jede nötige Hilfestellung.
- Vermitteln Sie Ihren Mitarbeitern das nötige Sicherheitsgefühl.
- Loben Sie so oft wie möglich – aber nur, wenn wirklich Leistung erbracht wurde.
- Fordern Sie Ihre Mitarbeiter auf, die Zusammenarbeitskultur mitzugestalten.
- Führen Sie regelmäßige (z. B. einmal wöchentlich) Arbeitsbesprechungen durch.
- Machen Sie regelmäßige (z. B. einmal jährlich) Workshops gemeinsam mit allen Führungskräften und, falls es die Zahl (oder das Budget) erlaubt, auch mit allen Mitarbeitern. Wählen Sie Aufgabenstellungen aus dem Themenkreis Zusammenarbeit. Lassen Sie sich dabei von erfahrenen externen Zusammenarbeitsspezialisten moderieren.

- Geben Sie Teams (Gruppen, Abteilungen, ...) Gelegenheit, sich regelmäßig (mindestens einmal jährlich) in zwei- bis dreitägigen Workshops zusammenzufinden. Nehmen Sie zu den gruppenübergreifenden Themen selbst daran teil.
- Versuchen Sie die Workshops außerhalb der Arbeitsumgebung stattfinden zu lassen. In einem angenehmen Ambiente haben diese eine viel positivere Wirkung.
- Finden Sie die Stärken Ihrer Mitarbeiter heraus. Versuchen Sie, Ihre Mitarbeiter so einzusetzen, daß diese ihre Stärken auch einbringen können.

(2) Die Planung und Sicherung der Zukunft

„Unsere Fürsten hingegen, die eine lange besessene Herrschaft verloren haben, mögen nicht das Schicksal anklagen, sondern ihre eigene Feigheit; denn sie haben in ruhigen Zeiten nie daran gedacht, daß diese sich ändern können (der gewöhnliche Fehler der Menschen), ...“ (Niccolò Machiavelli ,1514[1])

Welche Forderungen werden künftig (mittel- und langfristig) an uns Führungskräfte gestellt? Welche Aufgaben resultieren daraus? Welches ist die heute optimale Organisationstruktur? Wie muß die künftige Organisationstruktur sein? Welche Unterschiede ergeben sich daraus für das Führungsverhalten? Was muß ich als Führungskraft tun, um die notwendigen Veränderungen durchzuführen?

Fragen, die sich eine Führungskraft ständig stellen muß, will sie nicht den Anschluß an die ständige Umgestaltung des Unternehmens verpassen. Es ist keine undifferenzierte Binsenweisheit, daß nichts so sicher sei wie die Änderung, sondern bare Realität. Die Gestaltung der Zukunft erfordert Fingerspitzengefühl bei der Beurteilung komplexer Sachverhalte, visionäre Vorstellungen bezüglich technischer und gesellschaftlicher Entwicklungen und Mut bei der Festlegung von Zielen[2].

---

[1] Machiavelli, N. (1990) S. 116

[2] *„Wenn das Leben keine Vision hat, nach der man strebt, nach der man sich sehnt, die man verwirklichen möchte, dann gibt es auch kein Motiv, sich anzustrengen.“* (Erich Fromm)

Die meisten Unternehmen geraten im Laufe ihrer Geschichte immer wieder einmal in Krisensituationen, die ihre Existenz bedrohen können. Was kann nun eine Führungskraft gegen diese Existenzbedrohung tun, und was sind geeignete Maßnahmen hierfür? Für die folgende Betrachtung der Verantwortlichkeit von Führungskräften ist es gleichgültig, ob die Krise durch unternehmensinterne Maßnahmen (Versäumnisse, Fehlentscheidungen) oder äußere Einflüsse (Konkurrenz, Politik) hervorgerufen wurde, denn unabhängig davon gilt: Je frühzeitiger und rascher sich ein Unternehmen an sich verändernde Anforderungen anpassen kann, desto geringer wird die Wahrscheinlichkeit, daß es in ernsthafte Existenzschwierigkeiten gerät. Anpassungen bedeuten aber immer, daß es Veränderungen geben muß. Nun sind Veränderungen, gerade wenn sie präventiver Natur sind, nicht ohne weiteres durchzuführen, wenn Menschen davon betroffen sind. Wie schon weiter oben ausgeführt, zeigt die Erfahrung, daß viele Menschen erst dann ernsthaft bereit sind, sich zu ändern, wenn sie erheblichen persönlichen Leidensdruck haben und sich dessen bewußt sind.

Die Sicherung der Unternehmensexistenz ist die wichtigste und vielleicht sogar die einzige Aufgabe, an der Führungskräfte aller Ebenen gleichermaßen beteiligt sind. Bei der heutigen Schnelligkeit der Geschäfts- und Marktentwicklung genügt es nicht mehr, daß sich nur die Unternehmensleitungen damit auseinandersetzen. Bedingt durch die enorm gestiegene Komplexität von Abläufen, erhalten Unternehmensleitungen zumindest größerer Unternehmen wahrscheinlich nicht mehr alle relevanten Informationen zum sicheren Steuern des Unternehmens. Jeder ist damit in der Pflicht, seinen Beitrag zur Sicherung der Existenz zu erbringen. Er wird nur dann dazu bereit sein, wenn eine weitgehende Übereinstimmung seiner persönlichen Visionen mit denen des Unternehmens vorhanden ist und damit ein Bewußtsein der Verbundenheit besteht, das zielgerichtetes Denken und Handeln ermöglicht.

Betrachten wir einmal die aktuelle globale Marktentwicklung: Die Märkte „internationalisieren“ sich in einer bisher beispiellosen Geschwindigkeit. Wir erleben gleichzeitig, daß die nationalen Monopolistenstrukturen zusammenbrechen und daß weltweit agierende Wettbewerber auftauchen, die flexibel und rasch jede sich bietende Marktnische besetzen. Damit verbunden ist eine Verschiebung vom mengenorientierten Produzentenmarkt zu einem individuellen Käufermarkt, der die Unternehmen vor neuartige Anforderungen bei der Erfüllung der Kundenwünsche stellt. Die Erfolgskriterien für Lieferzeit, Qualität und Individualität von Produkten müssen völlig neu und ständig wieder anders definiert werden.

Dabei ist aber die interne Struktur unserer Unternehmen in vielen Fällen noch zu sehr von den alten Monopolistenstrukturen geprägt. Wir finden immer noch rein auf Umsatzwachstum ausgerichtete Organisationsstrukturen mit ihren ungeeigneten, fast planwirtschaftlichen Steuerungsmechanismen und eine häufig völlig erstarrte bürokratische Hierarchie, deren Schlüsselpositionen noch immer mit systemkonformen Führungskräften der Vergangenheit besetzt sind. Für sie war und ist der Mensch im Betrieb mehr ein bloßes Objekt und in seiner großen Anzahl ein Zeichen von Macht, als ein geachtetes, partizipierendes Mitglied einer auf den Erfolg und das Überleben ausgerichteten Zweckgemeinschaft.

Unternehmenskrisen entstehen in der Regel durch externe Einflußfaktoren – in Verbindung mit Führungsfehlern. Es sollte Aufgabe der Führungskräfte eines Unternehmens sein, mit externen Störungen so umzugehen, daß Krisen rechtzeitig vom Unternehmen abgewendet werden. Das gelingt – insbesondere in der gegenwärtigen wirtschaftlichen Lage – offenbar nicht immer.

Betrachten wir vor einem abschließenden Fazit noch einmal eine (notwendigerweise unvollständige) Auswahl an äußeren und internen Einflußfaktoren:

- Die Internationalisierung der Märkte bringt immer neue Wettbewerber.
- Die Kundenbindung nimmt immer mehr ab. Auch langjährige Kunden wechseln gegen selbst geringe Vorteile den Lieferer.
- Die alten Monopolistenstrukturen sind zusammengebrochen.
- Der Wettbewerb wird immer rauher und härter.
- Es hat eine Verschiebung zu einem selbstbewußten und mündigen Käufermarkt stattgefunden.
- Der Kunde diktiert Qualität, Liefertermin und Preis.

Als unternehmensinterne Krisenfaktoren wären zu ergänzen:

- Unternehmen mit Wachstumsstrukturen und jahrelang angesammelten Rücklagen haben bisher kaum Wert auf optimale Effizienz und minimale Kosten legen müssen.
- Interner Bürokratismus und planwirtschaftliche Strukturen haben viele Unternehmen für den Wettbewerb zu langsam, zu träge und zu wenig flexibel gemacht.
- Langjähriges Monopolistendasein hat Anpassungen an das Marktgeschehen nicht erforderlich gemacht. Ein Strukturwandel hat daher meist nicht stattgefunden.
- In vielen stark vertikal orientierten und statischen Aufbauorganisationen wurde die Kreativität und Leistungsbereitschaft der Mitarbeiter abgewürgt.
- Mißtrauenskulturen lassen nur minimale Handlungsspielräume zu und degradieren die Mitarbeiter zu Objekten. Als Ergebnis davon sind viele Mitarbeiter in die innere Kündigung gegangen, sind über Gebühr freizeitorientiert und haben eine geringe Leistungsbereitschaft.

Unternehmenskrisen – ein Fazit: Viele Unternehmen – besonders Service- und Know-how-Firmen mit geringer Kapitalausstattung – stellen in Krisensituationen, wie sie z. B. Rezessionsphasen darstellen, plötzlich fest, daß sie keine fürs Überleben ausreichende Kostenstrukturen mehr haben und kämpfen um ihre Existenz. Auch viele der rein auf Umsatzwachstum ausgerichteten Unternehmen kommen in eine existentielle Krise, wenn das Wachstum einmal ausbleibt. Dann treten ihre verborgenen Probleme zu Tage, und es zeigen sich ihre zu hohen Strukturkosten, ihre Planungsfehler und ihre mangelnde Effizienz. Und plötzlich ist auch viel zu viel Personal vorhanden, das bezahlt werden muß. Aus dem einstigen Symbol von Macht ist nun eine lästige, weil teure Ressource geworden, die man mit allen Mitteln loszuwerden versucht. Wenn es um Sicherung der persönlichen Existenz geht, ist sich jeder selbst der nächste, und die Führungskräfte sitzen hierbei an den längeren Hebeln. Das wirklich schlimme an einer solchen Situation ist jedoch deren Wirkung auf die Motivation der Mitarbeiter. Diese können sich zu Recht fragen, welchen Wert die einstigen Beteuerungen über die Wichtigkeit ihrer persönlichen Anwesenheit wirklich hatten. Es wird kaum einen geben, der daraufhin nicht in eine opportunistische Grundhaltung verfällt oder gar in die innere Kündigung[1] geht. Der dabei insgesamt entstehende Vertrauensverlust kann auf Jahre hinweg kaum mehr ausgeglichen werden.

Unternehmenskrisen bieten Chancen für Veränderungen

Wenn jedoch die Führungskräfte die über das Unternehmen hereingebrochene Krise als Chance erkennen und nutzen,

- dann kann auf der Basis einer auf den Menschen ausgerichteten Zusammenarbeitskultur die Grundlage für eine endogene Anpassung geschaffen werden,
- dann kann durch die Einführung interner marktwirtschaftlicher Prinzipien die erneute bürokratische Verkrustung dauerhaft beseitigt werden,
- dann können durch die Einführung einer auf Zielvereinbarungen und Konsens beruhenden Führungskultur Freiräume für Mitarbeiter geschaffen werden, die ihre dauerhafte Motivation sicherstellen.

Erst persönlich spürbarer existentieller Leidensdruck erzeugt genügend hohe Bereitschaft zur Veränderung.

Der wohl einzige positive Nebeneffekt einer existentiellen Krise ist das Entstehen eines existentziellen Leidensdrucks bei Mitarbeitern und Führungskräften, denn nur dann – so zeigt leider die Erfahrung – sind spürbare Veränderungen im Unternehmen durchsetzbar (Abb. 20). Sicher gibt es auch in Zeiten ohne Leidensdruck Versuche fähiger und vorausschauender Führungskräfte, das Unternehmen auf die kommende Situation vorzubereiten. Aber in den allermeisten Fällen werden deren Ideen durch die Beharrungskräfte der Organisation so lange verschleppt, verzögert, verändert, boykottiert oder bis zur Unkenntlichkeit verändert, bis sie wirkungslos verpuffen und ihre Initiatoren sich entnervt und erschöpft in fatalistische Grundhaltungen zurückziehen. Erst wenn die persönliche Existenz vieler gefährdet ist, findet sich auf einmal die Bereitschaft, alles Bisherige in Frage zu stellen.

---

[1] Ergänzende Literatur: Hilb, M. (1992)

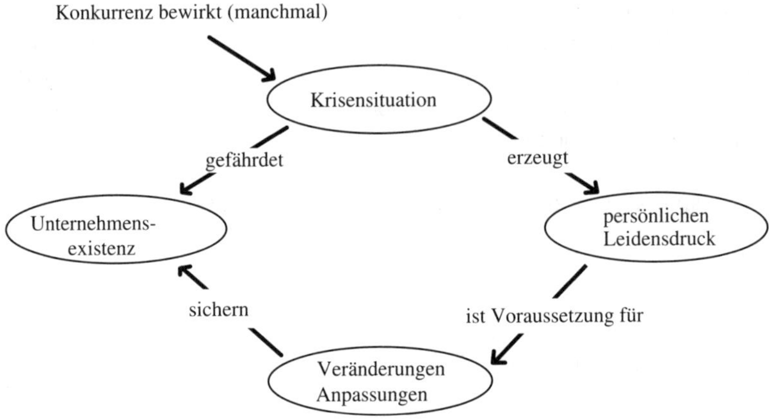

Abb. 20: Leidensdruck erzeugt Veränderungsbereitschaft

Wie schon erwähnt, gibt es kaum einen negativeren Einfluß auf das Loyalitätsempfinden von Mitarbeitern gegenüber ihrem Unternehmen als Personalabbaumaßnahmen. Wie soll ein Mitarbeiter sich als wichtiger Teil des Unternehmens fühlen können und sich voll einbringen, wenn er weiß, daß umgekehrt das Unternehmen in Krisen nicht zu ihm stehen wird? Der Pflicht des Mitarbeiters, alles nur Erdenkliche zur Existenzsicherung des Unternehmens zu tun, steht die Pflicht des Unternehmens gegenüber, die Existenz des Mitarbeiters zu sichern. Und hier ist wieder die Führungskraft gefordert. Sie hat – jede in ihrem Bereich, mehr als Betriebsrat oder Gewerkschaft – die Verantwortung des Unternehmens für die Beschäftigten zu vertreten.

Es ist natürlich besser, Unternehmen erst gar nicht in eine akute existentielle Krise geraten zu lassen. Unternehmen müssen sich daher kontinuierlich an die sich ständig ändernden Marktgegebenheiten anpassen können, ohne daß dazu immer erst eine Krise eintreten muß. Leider steht dies aber im Widerspruch zu der immer wieder gemachten Erfahrung, daß erst Krisen den Anlaß für wirksame Änderungen geben. Wie muß die Führungskraft also agieren, damit das Unternehmen von sich aus, praktisch als lernender Organismus, innerhalb der marktwirtschaftlichen Konkurrenzprozesse erfolgreich bestehen kann?

Das Hauptproblem der Veränderungsunwilligkeit von Organisationen liegt in der Gleichgültigkeit der Stelleninhaber und der Mitarbeiter gegenüber dem äußeren Marktgeschehen. Man denkt in internen Strukturen, die, scheinbar statisch, ein falsches Gefühl der Sicherheit vermitteln. Vom aktuellen Marktgeschehen erfährt man, falls man sich überhaupt dafür interessiert, nur aus den Medien. Vor allem in größeren Unternehmen fehlt oft schon ab der zweiten oder dritten Ebene das Bewußtsein um den Zusammenhang zwischen Markt, Unternehmensergebnis und eigener Existenz. Allenfalls in Krisenzeiten entsteht ein existentieller Leidensdruck. Sollen also wirksame Maßnahmen eingeführt werden, um die Gleichgültigkeit der Organisation gegenüber dem Marktgeschehen zu beenden, müssen die existenzbedrohenden Einflüsse auch für die rein intern agierenden betrieblichen Funktionsbereiche anschaulich gemacht werden. Die Erfahrung hat gezeigt, daß dies nicht generell und selten dauerhaft möglich ist, und so müssen indirekt wirkende Mechanismen zum Aufbau eines konstruktiven Leidensdrucks benutzt werden. Die verschiedenen Möglichkeiten hierzu wurden bereits in den vorangegangenen Kapiteln dargestellt.

Vorschläge zur Zukunftsplanung

- Bauen Sie ein Kennziffernsystem über Ihren Arbeitsbereich auf, das Ihnen hilft, Trends zuverlässig und rechtzeitig zu erkennen.
- Visualisieren Sie diese Zahlen für alle Mitarbeiter und für alle Kunden.
- Entwickeln und pflegen Sie eine Vision über die Zukunft Ihrer Tätigkeitsbereiche; diskutieren Sie diese mit Kunden, Mitarbeitern, Lieferern, Kollegen und Coach.
- Lesen Sie alles was irgendeinen direkten oder indirekten Bezug zu Ihren Tätigkeitsbereichen hat. Oftmals zeichnen sich generelle Trends auf einem anderen Fachgebiet früher ab als auf dem eigenen.
- Abonnieren Sie mindestens zehn, besser 20 verschiedene Zeitschriften aus dem In- und Ausland über Ihr(e) Arbeitsgebiet(e), angrenzende Gebiete sowie über Wirtschaft, Führung, Organisation und Datenverarbeitung.
- Beschaffen Sie sich regelmäßig Bücher zu aktuellen Themen und arbeiten Sie diese konsequent durch.

- Erarbeiten Sie sich nötigenfalls eine eigene Lernmethodik[1] zur raschen Erarbeitung von schriftlich vorliegenden Informationen.
- Erlernen Sie gegebenenfalls eine rationelle Lesetechnik (z. B. „diagonal lesen"), die Ihnen schnelles Lesen ermöglicht.
- Seien Sie fortschritts- und veränderungsorientiert: Greifen Sie frühzeitig neue Methoden, Techniken und Werkzeuge auf und führen Sie diese ein. Nehmen Sie als Maß für die Brauchbarkeit Kriterien wie Kosten, Produktivitäts- oder Qualitätskennziffern.
- Sorgen Sie dafür, daß Ihre Visionen von Ihren Mitarbeitern verstanden und verinnerlicht werden.
- Agieren Sie rechtzeitig. Wenn Sie in letzter Zeit häufig reagieren mußten, kann das ein Hinweis darauf sein, daß Sie schon etwas versäumt haben.

Das ideale Persönlichkeitsprofil einer Führungskraft

„Der Manager der Zukunft ist ein Mann mit drei hervorstechenden Eigenschaften: Er hat eine Witterung für profitable Geschäfte, kann strategisch denken und mit Menschen umgehen. Fachwissen, das sich ohnehin schnell überholt, eignet er sich bei Bedarf an; er legt keinen Wert auf Status- und Abgrenzungssymbole, sondern überzeugt durch Aufrichtigkeit und Kompetenz." (Günter Ogger)[2]

Welche Eigenschaften und Fertigkeiten muß eine Führungskraft haben, um erfolgreich zu sein? Eine erste Antwort auf diese Frage liefert uns eine Gegenüberstellung der heutigen und der künftigen organisatorischen Randbedingungen.

[1] Bewährt hat sich folgende Methode: Rasches Durchlesen, ohne sich in Einzelheiten zu verlieren. Jede interessante Textstelle sofort mit einem Markierstift kennzeichnen, eventuell noch eines dieser gelben Selbstklebezettelchen als Seitenmerker anbringen. Danach alle markierten Stellen abschreiben (nicht kopieren) und in eine eigene Ordnung bringen. Als Ergebnis eines gelesenen Buchs sollten z. B. nicht mehr als 1–3 DIN-A4-Seiten übrigbleiben, die Sie dann verkleinern und in Ihren Terminplaner einordnen können.

[2] Ogger, G. (1992) S. 242

Bisher: Klare, hierarchische und stabile Organisationen	Künftig: unklare (virtuelle), netzförmige und dynamische Organisationen
– Ein direkter Vorgesetzter	– Für verschiedene Aufgaben verschiedene Vorgesetzte
– Aufgaben werden angeordnet (Befehlsgeber)	– Ziele und Aufgaben werden partizipativ vereinbart (Partner, Mentor, Coach, Berater)
– Die Einzelleistung zählt	– Die Gruppenleistung zählt
– Arbeitsleistung dient dem eigenen Fortkommen	– Arbeitsleistung dient dem Fortkommen des Unternehmens
– Kompetenz der Führungskraft ist kaum anzweifelbar, muß von ihr nicht gerechtfertigt werden.	– Kompetenz wird ständig in Frage gestellt und muß von der Führungskraft immer wieder bewiesen werden.
– Die unternehmerischen Leistungen der Führungskräfte dürfen von den Mitarbeitern nicht öffentlich bewertet werden.	– Führungskräfte werden an der Höhe ihres Beitrags zum Erfolg des Unternehmens gemessen. „Wie hoch ist Ihr Beitrag zum Gemeinschaftsergebnis?“ Für Geschäftsführer ist demnach das Maß die erwirtschaftete Unternehmensrendite.
– Hierarchische Beziehungen „über eigenen Vorgesetzten, Vorgesetzten des Empfängers, an Empfänger, ...“	– Netzwerkförmige und vorwiegend informelle Beziehungsgeflechte mit Direktkontakten. Einbezug Vorgesetzter nur im Bedarfsfall.
– Barrieren gegenüber unternehmensexternen Stellen	– Einbezug der internen und externen Kunden und Lieferer
– Scheu vor Zusammenarbeit mit anderen	– Bildung temporärer Interessengemeinschaften mit internen und externen Partnern

– Unternehmen als Zwangsgebilde	– Unternehmen als zweckorientierte Solidargemeinschaften
– Formalisierte Kommunikation	– Informelle Kommunikation
– Formelle Berichtswege	– Aktiver Informationsaustausch
– Formelle Sitzungsabläufe	– Sitzungsabläufe mit wechselnder Moderation
– Formelle Gremien	– Informelle Zusammenkünfte
– Ausgeprägtes Formularwesen	– Formularpragmatismus

Es gilt wohl, daß es für jede Unternehmensstruktur und für jede darin vorkommende Situation den spezifischen „Archetyp" einer Führungskraft gibt. Dauerhaft existieren kann jeweils nur die Führungskraft, die einen situations- und systemkonformen Führungsstil anwendet[1]. Es sei ferner unterstellt, daß ein Führungsstil konsistent sein muß, wenn er von Mitarbeitern akzeptiert werden soll. Er kann also nicht als Rolle gespielt, sondern muß vorgelebt werden. Dies wiederum setzt ganz bestimmte Eigenschaften und Verhaltensweisen der Führungskräfte voraus, die man somit auch identifizieren und beschreiben kann. Ein Blick auf das betriebliche Umfeld hilft uns bei der anschließenden Beschreibung der Anforderungen an Führungs- und Fachkräfte:

- Immer anspruchsvollere und komplexere Aufgabenstellungen
- Immer rascher fortschreitende technische Innovation
- Immer raschere Zunahme des Fachwissens
- Immer kürzere Entscheidungs- und Reaktionszeiträume
- Immer stärkere Vernetzungen und Abhängigkeiten von internen und externen Lieferern

[1] Unternehmenskulturänderungen sind für jede Führungskraft existenzbedrohende Ereignisse. Wenn sich Unternehmenskulturen ändern, ändern sich auch die erforderlichen Führungsstile. Wenn die Führungskraft nicht in der Lage ist, den neuen Führungsstil zu pflegen (was voraussetzt, daß sie ihn verinnerlichen kann), hat sie über kurz oder lang Existenzprobleme. Es ist andererseits aber immer wieder erstaunlich, wie lange sich überholte Führungsstile (und ihre Pfleger) halten.

Der folgende Abschnitt basiert auf aktuellen Stellenausschreibungen und Leistungsbeurteilungen. Die überspitzt dargestellten Eigenschaften bilden in ihrer Gesamtheit das theoretisch weitgehend optimale Anforderungsprofil an heutige Führungs- und Fachkräfte.

Demnach denkt die „ideale" Führungs- oder Fachkraft ganzheitlich, kann Sachverhalte in Kürze zusammenfassen, denkt in komplexen Systemen, ist Generalist, kann konzeptionell arbeiten und ist fähig zu programmatischen Aussagen. Sie denkt vernetzt und kann gleichzeitig mehrere Dinge auf einmal tun. Sie ist teamorientiert, kompromißbereit, führt Konsens herbei und strebt Harmonie im zwischenmenschlichen Bereich an. Sie weist gleichzeitig eine hohe Durchsetzungskraft und Überzeugungsfähigkeit auf. Sie ist fähig und bereit Verantwortung zu übernehmen, denkt stets an die Konsequenzen ihres Tuns, ist innerlich stets bei der Sache und ist sich ihrer Verantwortung für ihre Mitarbeiter und Kollegen immer bewußt. Sie kann sich gut in die Situation anderer hineinversetzen. Sie hat ein ausgeprägtes Verständnis von Fairneß und verabscheut Ungerechtigkeiten. Sie stellt an sich selbst die höchsten Ansprüche und begnügt sich nicht mit durchschnittlichen Ergebnissen. Es bereitet ihr Spaß ihre Leistungsgrenzen zu suchen. Sie ist visionär, hat den Blick stets nach vorne gerichtet, entwickelt Zukunftsszenarien und stellt die Weichen für deren Realisierung. Sie geht zielorientiert vor, setzt klare Prioritäten, kann Wichtiges von Unwichtigem und Dringendes von Wichtigem unterscheiden. Sie führt ihre Mitarbeiter so, daß Motivation und persönliche Begeisterung erhalten bleiben und baut ein partnerschaftliches Arbeitsklima auf. Sie hat Fingerspitzengefühl für technische Innovation, Sensibilität für den Markt und nimmt rechtzeitig interne und externe Trends wahr. Sie ist fachlich vollkommen, kennt alle angrenzenden Fachgebiete fast ebenso gut, hat Philosophie, Betriebswirtschaft, Psychologie und mindestens zwei technisch/naturwissenschaftliche Fachgebiete studiert, hat 10 Jahre Berufserfahrung und ist nicht älter als 35.

So etwa müßte eine Führungs- oder Fachkraft beschrieben werden, die das ideale Profil für die '90er Jahre haben soll. Daß es ihn nicht geben kann, diese Mischung aus feinsinnigem Künstler und genialem Erfinder, dieses unternehmerische Naturtalent, diesen tiefschürfenden Psychotherapeuten, unverwüstlichen Optimisten und mutigen Draufgänger, ist leicht einsichtig. Einige dieser Eigenschaften[1] findet man am ehesten noch bei Frauen. Für sie ergeben sich in den Industrieunternehmen künftig sicherlich neue Perspektiven[2].

Aber dennoch, es gibt nicht mehr einen einzelnen Menschen, der alle diese Eigenschaften aufweist.

Wenn man das erforderliche Profil nicht mehr in einer Person findet, dann muß man eben mehrere nehmen.

Diese Feststellung führt uns unmittelbar zur neuen Führungsmaxime: Dem bewußten Umgang mit Teams. Wenn es nicht mehr den einzelnen Menschen gibt, der alle erforderlichen Eigenschaften und Fertigkeiten besitzt, dann muß man das Profil eben durch mehrere abdecken. In der Auswahl der richtigen Teammitglieder, der Steuerung ihrer Zusammenarbeit und der Erzeugung eines optimalen Arbeitsumfelds für das Team liegt der Schlüssel für den Führungserfolg – und die Führungskraft selbst ist ein partizipierender Teil darin. Der „ideale" Mitarbeiter, sei er nun Führungs- oder Fachkraft, zeichnet sich dadurch aus, daß er teamorientiert denkt und handelt.

Führungskräfte werden sich künftig weniger mit der Frage beschäftigen: „Wie löse ich diese Aufgabe?", als mit der Frage: „Wie setze ich das Team zusammen, das die Aufgabe lösen kann?".

Es wird einen Verhaltenswechsel geben, der viele heutige Führungskräfte überfordern wird. Bisher entscheiden Führungskräfte vorwiegend allein, verstehen sich selbst als Chef oder Vorgesetzten, arbeiten nur innerhalb hierarchischer Zuständigkeiten, geben Anweisungen weiter, horten Informationen, fordern lange Anwesen-

---

1 Vgl. Teil 1, Kapitel 1: Erfahrungen mit Frauen in der Industrie

2 In den politischen Führungsebenen gibt es den verstärkten Trend, daß Frauen jetzt zunehmend auch die traditionellen Männerbereiche übernehmen. Da das gesellschaftliche Umfeld auch die Unternehmenskulturen beeinflußt, kann erwartet werden, daß sich dieser Trend mit gewisser Zeitverzögerung auch auf die Wirtschaftswelt ausweiten wird. Einige Beispiele: Die türkische Wirtschaftspolitikerin Tansu Ciller ist Regierungschefin in Ankara (AP, 14.6.93). In Italien ist mit Maria Teresa Cortellessa erstmalig in der Geschichte des Landes eine Frau zur Vize-Chefin der Polizei ernannt worden (AP, 13.6.93). In Kanada wird erstmals eine Frau regieren. Kim Campbell wurde zur Parteiführerin und Ministerpräsidentin gewählt (dpa, 13.6.93). Mit Heide Simonis ist in Schleswig-Holstein zum ersten Mal in Deutschland eine Frau zur Ministerpräsidentin eines Landes gewählt worden (Mai 1993). Sogar in dem islamischen Land Pakistan ist mit Benazir Bhutto eine Frau Regierungschefin.

heitszeiten ihrer Mitarbeiter und begrenzen sich fachlich auf ihren unmittelbaren Tätigkeitsbereich[1]. Künftig wird wohl nur Erfolg haben, wer partizipativ entscheidet, sich als Coach, Sponsor, Berater und Moderator eines Teams versteht, sich zur Aufgabenlösung aller möglichen organisatorischen Ressourcen bedient, Informationen beschafft und weitergibt und mehr als nur eine fachliche Disziplin beherrscht. Die zum Mitarbeiter hin orientierte Führungsaufgabe wird darin bestehen, für jede Aufgabenstellung die richtigen Mitglieder für ein Team auszuwählen, zusammenzubringen und zu unterstützen. Die „ideale" Führungskraft ist dabei jemand, der dies effizient beherrscht und sich selbst auch als Bestandteil dieser Teams sieht.

Weitere Hinweise auf Eigenschaften künftiger Führungskräfte liefert eine Umfrage unter mehr als 600 Unternehmen in Deutschland, die im Auftrag des Forbes-Magazins (Ausgabe 3/93) durchgeführt wurde (Angaben in Prozent, Mehrfachnennungen):

unternehmerisch denkend	81,3	integer	25,3
teambildend	78,7	charismatisch	17,3
kommunikativ	73,0	multikulturell	9,3
visionär	45,3	intuitiv entscheidend	4,0
international orientiert	36,0	kundenorientiert	1,3
ökologisch/sozial orientiert	25,3		

Auffallend und in hohem Maße bedenklich ist an diesen Antworten die geringe Bedeutung, die der Kundenorientierung zugemessen wird. Auch die Forderung „multikulturell" dürfte bei wachsender Internationalisierung der Märkte einen höheren Rang verdienen. Ebenfalls eine zu geringe Bedeutung wird der Eigenschaft „integer" zugemessen. Und die, für die Gewährung von Handlungsspielräumen so wichtige Loyalität fehlt sogar gänzlich. Ehrenhaftigkeit, Vertrauenswürdigkeit und Anständigkeit scheinen demnach im Geschäftsleben eher verzichtbare

[1] Vgl. Dumaine, B. (1993) S. 38–42.

Eigenschaften zu sein. Zu ähnlichen Schlußfolgerungen kommen auch Steinmann und Löhr[1], die auf einen Verfall der Sitten innerhalb der Wirtschaftsunternehmen hinweisen.

Im Mittelpunkt der bisherigen Betrachtungen standen die nach außen, zum Mitarbeiter und Unternehmen hin gerichteten Aufgaben und Verhaltensweisen der Führungskräfte. Daneben gibt es auch noch eine Reihe von Themenkreisen, die die Führungskräfte selbst betreffen. Die letzten vier Abschnitte des Kapitels beschäftigen sich mit vier Themen, die im Führungsalltag eine ständige Beachtung erfordern. Diese sind (1) „Der Umgang mit eigenen Defiziten", (2) „Durchsetzen von Verhaltensänderungen", (3) „Der Umgang mit dem eigenen Vorgesetzten" und (4) „Führungskräfte im Dilemma".

(1) Der Umgang mit eigenen Defiziten

Es gibt wohl keinen Menschen, der nicht irgendwo Defizite aufweist. Dies ist innerhalb der üblichen Bandbreite menschlichen Verhaltens auch nicht weiter schlimm. Bei Persönlichkeitsdefiziten von Führungskräften ist es wegen deren Vorbildfunktion jedoch ungleich schwerwiegender. Wenn sich eine Führungskraft z. B. autoritär und rücksichtslos verhält, darf sie sich nicht wundern, wenn sich die Führungskräfte ihres Bereichs ihren Mitarbeitern gegenüber auch autoritär und rücksichtslos verhalten. Wenn sie konstruktive Zusammenarbeit mit anderen Stellen ablehnt, wird es mit der Zusammenarbeit innerhalb ihres Bereichs auch nicht gerade bestens bestellt sein.

Die Ursache für bestimmte menschliche Verhaltensweisen liegt wohl in einer Vielzahl internalisierter Charakterlinien begründet, die, seien sie ererbt oder erworben, das Verhalten des Menschen prägen. Viele Menschen sind sich der Gründe für ihre Verhaltensweisen und Reaktionen nicht bewußt. Ihr eigenes Bild über ihre Persönlichkeit ist durch Wunschbilder überlagert, die Fähigkeit zur selbstkritischen Betrachtung nicht genügend ausgeprägt oder ihr Selbstbewußtsein ungerechtfertigt

[1] Steinmann, H.; Löhr, A. (1991) S. 44. *„Die moralischen Standards der Führungskräfte, ..., weisen eher auf eine allmähliche Erosion ethischer Standards denn auf ihre Verbesserung hin."*

übersteigert. Diese Menschen merken meist nicht einmal, daß sie immer wieder in Situationen geraten, wo sie andere Menschen verletzen[1].

Jede Führungskraft muß bemüht sein, mit ihren persönlichen Defiziten bewußt umzugehen. Dazu gehört zunächst einmal, daß sie sich dieser Defizite bewußt wird, was relativ leicht geschehen kann. Fragen Sie doch einmal einige Ihrer Mitarbeiter (z. B. mittels einer anonymen Umfrage), welche Eigenschaften sie an Ihnen am wenigsten schätzen. Sie werden erstaunt sein, wie viel da zusammenkommt (und wie schmerzhaft das ist). Wenn Sie diesen Weg lieber meiden wollen, empfehle ich eines der vielen Seminare aus dem Bereich der Persönlichkeitsbildung, dort wird meist auch eine Persönlichkeitsanalyse durchgeführt.

Einen viel einfacheren Weg bietet die folgende Methode: Machen Sie sich einmal klar, wie Sie selbst am liebsten geführt werden würden. Hierzu einige Beispiele konkreter Verhaltensweisen für Führungskräfte zur Auswahl:

- Leistungen loben – nicht übergehen
- führen durch fragen – nicht durch befehlen
- die Persönlichkeit jedes Menschen achten – nicht übergehen
- stets bedingungslos konstruktiv zusammenarbeiten
- die Ideen anderer leben lassen
- andere an Entscheidungen teilhaben lassen
- Fehler tolerieren – nicht sanktionieren
- viel zuhören – nicht viel reden
- die Arbeitsergebnisse anderer vermarkten – nicht zu eigen machen
- nicht manipulieren, nicht erpressen

Die Liste ließe sich noch erheblich ausweiten. Suchen Sie einige der Ihnen am wichtigsten erscheinenden Verhaltensweisen heraus. Sie können davon ausgehen, daß Sie – wenn Sie ehrlich sind – zumindest eini-

[1] Vergleichbar damit ist das bekannte Bonmot über den Autofahrer, der in der Gegenrichtung auf der Autobahn unterwegs ist und auf die Falschfahrerwarnung im Radio mit dem Satz reagiert: „Ein Falschfahrer? – Hunderte!“. Übertrieben, gewiß, aber mangelndes Selbstwahrnehmungsvermögen ist immer wieder der Ursprung von Zusammenarbeitsproblemen.

ge Verhaltensweisen ausgewählt haben, bei denen Sie selbst ein Defizit aufweisen. Falls Sie also beispielsweise „zuhören – nicht reden“ für wichtig halten, kann es sein, daß Sie selbst eher zuviel reden.

Vorschläge für den Umgang mit eigenen Defiziten

- Suchen Sie sich z. B. aus dem Kapitel „Hilfestellungen für die tägliche Führungspraxis“ drei oder mehr persönliche Führungsgrundsätze[1] aus. Visualisieren Sie diese mit Hilfe von Graphiken, Zeichnungen oder Collagen und kleben Sie sie in Ihren Terminkalender, auf den Schreibtisch oder einen anderen Ort, wo Sie sie täglich zwangsweise lesen.
- Suchen Sie sich einen externen Coach, mit dem Sie Ihre persönlichen Probleme im Umgang mit anderen Menschen besprechen und konstruktiv aufarbeiten können.
- Besuchen Sie regelmäßig Führungsseminare.
- Lesen Sie Fachliteratur.
- Gründen Sie mit Kollegen aus Fach- und Personalabteilungen eine Diskussionsrunde zum Thema Führung.
- Stellen Sie sich einer regelmäßigen Bewertung durch Ihre Mitarbeiter.
- Bauen Sie dafür, am besten mit Unterstützung eines externen Beraters, ein Beurteilungsschema auf, deren Kernfrage z. B. lautet: „Glauben Sie, daß Sie mit Hilfe Ihres derzeitigen Chefs in Zukunft noch erfolgreich sein können?“
- Bilden Sie mit ein bis zwei weiteren Kollegen der gleichen Führungsebene ein Coaching-Team auf Gegenseitigkeit. Treffen Sie sich etwa zwei- bis dreimonatlich und spiegeln Sie sich gegenseitig Ihre Außenwirkungen.

---

[1] Vier (von sechs) meiner eigenen persönlichen Führungsgrundsätze sind:
„Klare Ziele und Erfolgskriterien!“
„Nicht Richter, sondern Förderer der Mitarbeiter sein!“
„Durch Fragen steuern!“
„Loben, loben, loben!“

(2) Durchsetzen von Verhaltensänderungen

„Es gibt keine andere vernünftige Erziehung, als Vorbild sein, wenn's nicht anders geht, ein abschreckendes." (Albert Einstein)

Erfolgreiches Führen verdeutlicht sich immer in erfolgreicher Zusammenarbeit. Das Verhalten der Menschen ist dabei entscheidend für die Qualität der Zusammenarbeit. Verbesserungen der Qualität der Zusammenarbeit setzen somit Veränderungen des Verhaltens voraus.

Im Rückblick stelle ich fest, daß bei allen Maßnahmen zur Veränderung der Führungskultur ich immer zuerst mich selbst geändert habe.

Erfolgreiche Verhaltensänderungen bei Mitarbeitern und Führungskräften bilden demnach die Voraussetzung für erfolgreiche Mitarbeiterführung. Verhaltensänderungen können aber nicht kraft Amtes angeordnet werden[1]. Das Verhalten von Führungskräften ist in hohem Maße beispielgebend für das Verhalten von Mitarbeitern. Es ist von vornherein aussichtslos als Führungskraft von seinen Mitarbeitern Verhaltensweisen zu fordern, die man selber nicht lebt. Eine Führungskraft, die z. B. Offenheit und Konstruktivität von ihren Mitarbeitern fordert, aber selbst distanziert und bürokratisch ist, wird keine Verhaltensänderung erwarten können. Dem Verhalten von Führungskräften kommt daher die entscheidende Bedeutung für die Einleitung von Verhaltensänderungen bei Mitarbeitern zu. Nur wenn Sie die von Ihnen geforderten Verhaltensweisen vorleben – weil Sie selbst so sind –, werden dauerhafte Zusammenarbeits- und damit Führungserfolge realisiert werden können.

Da das Verhalten jedes Menschen stark von seinen charakterlichen Veranlagungen und Ausprägungen bestimmt ist, sind dauerhafte Verhaltensänderungen offensichtlich nur über längere Zeiträume hinweg realisierbar. Das beispielgebende und konsistente Verhalten von Führungskräften ist somit eine Grundvoraussetzung für geplante Änderungen der Führungskultur, und somit liegt auch der Schlüssel für erfolgreiche Verhaltensänderungen bei Mitarbeitern in der Führungskraft selbst.

---

1 „Ab sofort arbeiten Sie gut zusammen!" ist eine in der betrieblichen Praxis gar nicht selten erteilte Anordnung. Aber sie ist allenfalls als frommer Wunsch oder Bitte zu verstehen. Hierarchische Autorität ist zwar ein hervorragendes Mittel zum Verbieten von Zusammenarbeit, aber nicht für den Aufbau guter persönlicher Beziehungen.

Vorschläge zum Durchsetzen von Verhaltensänderungen

- Fangen Sie bei sich selbst an.
- Verlangen Sie kein Verhalten von Mitarbeitern, das Sie nicht selbst vorleben.
- Schaffen Sie sich Klarheit über Ihre eigenen Verhaltensweisen. Benutzen Sie dazu am besten einen (externen) Berater.
- Verfassen Sie die aus Ihrer Sicht erforderlichen Verhaltensweisen im Umgang miteinander als Richtlinie und diskutieren Sie diese mit Ihren Mitarbeitern.
- Machen Sie sich einen Merkzettel mit Ihren Führungsgrundsätzen für Ihren Terminkalender, Schreibtisch oder an einer anderen Stelle, wo Sie ihn zwangsläufig vor Augen haben.

(3) Der Umgang mit dem eigenen Vorgesetzten

„Choose, what information you are going to pass ... while keeping his nose out of your business!" (Max Taylor)[1]

Der eigene Vorgesetzte ist ein Bestandteil des persönlichen Beziehungsgeflechts jeder Führungskraft. Allerdings kommt dieser Beziehung wegen ihrer disziplinarischen Komponente eine besondere Bedeutung zu, und entsprechend sorgfältig muß sie gepflegt werden.

Es gibt wahrscheinlich nur zwei wirkliche Alternativen im Umgang mit seinem eigenen Vorgesetzten: Entweder man kommt mit ihm klar, oder man geht. Alle anderen Möglichkeiten, wie innere Kündigung, passiven oder aktiven Widerstand, halte ich – weil schädlich für die Unternehmensgemeinschaft – für nicht vertretbar. Überdies sollte man daran denken, daß jeder Vorgesetzte die Loyalität seiner Mitarbeiter erwarten kann und sie, wenn es nicht anders geht, auch durchsetzen wird.

Bevor man sich jedoch für die Alternative Gehen entscheidet, sollte man nichts unversucht lassen, sich zu arrangieren. Die moderne Managementliteratur verwendet hierzu auch den Begriff „Führung nach oben". Was kann man darunter verstehen? Muß und kann ich als Mitarbeiter

[1] Taylor, M. (1992) S. 154

meinen Chef führen? Nach meiner Auffassung kann man nach oben nicht führen, sondern man kann und muß versuchen, optimal zusammenzuarbeiten.

Für die Zusammenarbeit mit dem eigenen Chef gelten, mit umgekehrten Vorzeichen, die gleichen Regeln wie für den Umgang mit Mitarbeitern. Und damit hängt es von jedem selbst ab, ob die Zusammenarbeit klappt oder nicht. Für mich ist es daher sicher, daß es – von ganz wenigen Ausnahmen abgesehen[1] – nur die erste Alternative gibt: Arrangieren!

Vorschläge für den Umgang mit dem eigenen Vorgesetzten

- Akzeptieren Sie ihn. Setzen Sie allenfalls gedämpfte Hoffnungen auf die Chance, ihn ändern zu können. Versuchen Sie statt dessen mit ihm Konsens über Ziele und Vorgehensweisen zu erlangen.
- Kommunizieren Sie so häufig wie möglich mit ihm.
- Versuchen Sie herauszufinden, wo seine Interessenschwerpunkte bezüglich Ihrer Arbeit liegen.
- Finden Sie heraus, welches seine eigenen Tätigkeitsschwerpunkte sind und wo seine spezifischen Probleme und Sorgen liegen. Versuchen Sie, ihm bei der Bewältigung zu helfen.
- Hören Sie ihm aktiv zu.
- Versuchen Sie regelmäßige Treffen mit ihm zu vereinbaren. Kommunikation ist „die Voraussetzung überhaupt" für den Aufbau von Beziehungen.
- Wirken Sie vertrauensbildend. Vermeiden Sie jeden der üblichen Tricks, mit denen Sie Vorhaben durchsetzen oder verschleiern wollen.

---

[1] Grundsätzlich sind für mich nur ethische Gründe akzeptabel, wenn es um die Verweigerung der Zusammenarbeit mit dem eigenen Chef geht. Dann allerdings halte ich selbst öffentlichen Widerstand für gerechtfertigt und notwendig. Beispiele für nach meiner Meinung moralisch niemals akzeptierbare Handlungen sind: Die offensichtliche Anordnung oder stillschweigende Duldung krimineller (gegen geltendes Recht verstoßende), umweltschädigender oder die Menschenwürde verachtender Machenschaften.

- Versuchen Sie sich vorzustellen, wie Sie auf Ihre Mitarbeiter wirken und ziehen Sie Parallelen zu Ihrer Situation.
- Fragen Sie sich, was Sie tun können, damit er mehr Zeit für Sie hat.
- Sagen Sie ihm, was Ihre Mitarbeiter von ihm erwarten.
- Lehnen Sie seine Vorschläge zu Ihren Vorhaben nicht von vornherein ab. Auch ein Vorgesetzter will mit seinen Beiträgen ernstgenommen werden.
- Seien Sie loyal. Sagen Sie ihm das und verhalten Sie sich auch so.

(4) Führungskräfte im Dilemma

Die Kunst des Führens besteht auch darin, in einem ständigen Dilemma leben zu können.

Die Arbeit einer Führungskraft kann man durchaus mit einer Gratwanderung im Hochgebirge vergleichen, bei welcher man der ständigen Gefahr ausgesetzt ist, an einer der beiden Seiten abzustürzen. Entsprechend stehen auch Führungskräfte bei vielen Vorhaben vor einem immerwährenden Dilemma. Tabelle 12 stellt einige Beispiele zu dieser Problematik vor:

Im Kern lassen sich alle Beispiele auf die beiden letztgenannten reduzieren. Diese können ihrer Natur gemäß auch als soziale bzw. monetäre Dilemmata bezeichnet werden.

Beim monetären Dilemma besteht das Problem darin, daß trotz steigender Leistungsumfänge die Kosten reduziert werden müssen. Beim sozialen Dilemma besteht die Schwierigkeit darin, die Motivation der Mitarbeiter zu erhalten, obwohl für die jeweilige Arbeit immer weniger Personalkapazität zur Verfügung steht. Oder, anders ausgedrückt, entweder die Produktivität der Mitarbeiter zu steigern oder Personal abzubauen. Abbildung 21 zeigt die Gesamtproblematik und stellt einen Zusammenhang mit äußeren Einflußfaktoren her.

Marktwirtschaftliche Prozesse (Konkurrenz) halten das Unternehmen in einem Spannungsfeld zwischen den Kundenwünschen und -forderungen auf der einen Seite und dem von der Konkurrenz ausgehenden Preisdruck. Gäbe es beispielsweise keine Konkurrenz, sondern eine reine Monopolistensituation, dann würde der Preisdruck und damit der

Führungskräfte müssen einerseits ...	**Andererseits aber ...**
die Produktentwicklungsdauer verkürzen.	die Produktfunktionalität steigern.
die Produktkosten senken.	die Produktqualität erhöhen.
die Produktivität in allen Bereichen steigern, das heißt Rationalisierungsmaßnahmen ausweiten.	die dafür erforderlichen Investitionsaufwendungen reduzieren.
die Werkzeugkosten reduzieren.	werden die Fertigungsstückzahlen immer kleiner.
die Maschinenrüstzeiten verringern.	werden die Losgrößen kleiner.
die Bestände senken, also Zwischen- und Fertigwarenlager abbauen.	die Liefersicherheit erhöhen.
die Fertigungseinrichtungen höher auslasten.	steigt die Produktvielvalt und -variabilität.
das Tagesgeschäft bewältigen.	Zukunftsvorsorge betreiben.
das Arbeitsvolumen der Mitarbeiter steigern.	die (zumindest relative) Personalkapazität reduzieren.
die Sachleistungen steigern.	die Kosten reduzieren.

Tabelle 12: Die Dilemmata der Führungskräfte

interne Kostendruck genauso wegfallen wie der Zwang zu höherer Produktivität des Personals. Kostensteigerungen könnten dann bequem über Preiserhöhungen egalisiert werden.

Das monetäre und soziale Dilemma läßt sich noch weiter vereinfachen, indem man es auf die Produktivität bezieht. Definiert man als Produktivität eines Unternehmens den Quotienten aus der Summe aller erbrachter Leistungen und der Summe aller aufgewendeten Ressourcen (Investitionen, Personal etc.), dann können Produktivitätssteigerungen entweder durch eine Reduktion des Ressourceneinsatzes oder durch Steigerung der erbrachten (und verkauften) Leistungen realisiert werden. Dagegen muß bei stagnierendem oder sinkendem Leistungs-

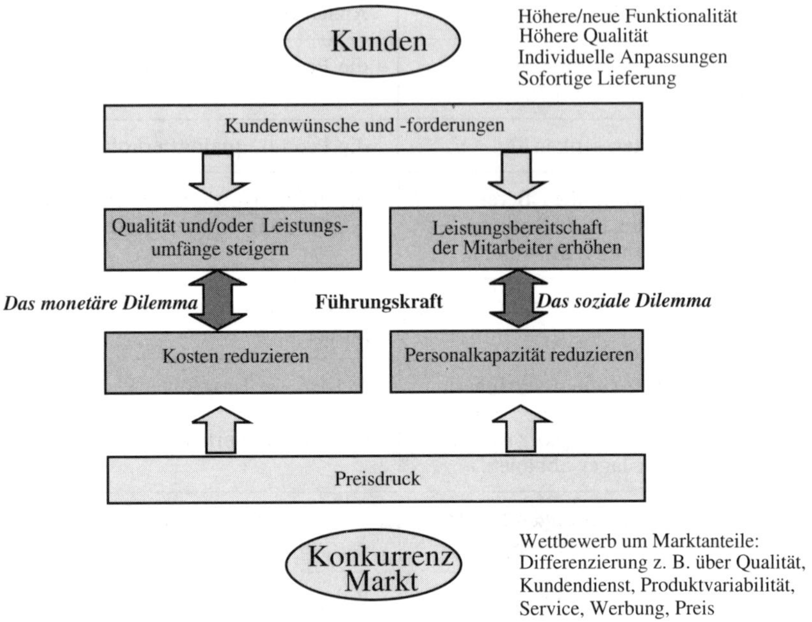

Abb. 21: Der Mechanismus des monetären und sozialen Dilemmas

volumen zwangsläufig auch der Ressourceneinsatz reduziert werden. Und hier liegt auch der Schlüssel für den Umgang mit derartigen Dilemmata verborgen: *Kontinuierliche Verbesserungen.* Eine Führungskraft kann dem permanenten Produktivitätsdilemma dann erfolgreich standhalten, wenn sie es schafft, eine sich kontinuierlich optimierende Führungsorganisation zu etablieren.

Wie schon im vierten Kapitel dargestellt, ist lineare Extrapolation ein unbedingt zu vermeidender Führungsfehler, da die effektive Produktivität nach Personalaufbaumaßnahmen eben nicht, wie vielfach unterstellt, konstant bleibt, sondern sinkt. Wer diesen Effekt mißachtet, initiiert zwangsläufig den dort beschriebenen Teufelskreis, kommt früher oder später in ein akutes Produktivitätsdilemma und führt seinen Bereich (und sich) in eine existentielle Krise.

Vorschläge für den Umgang mit dem Produktivitätsdilemma

- Beachten Sie den Effekt, daß die effektive Produktivität bei linearer Extrapolation der Leistungsumfänge und des Ressourceneinsatzes sinkt. Verändern Sie bei Personalaufbaumaßnahmen auch die Führungsorganisation.
- Suchen Sie ständig nach Möglichkeiten zur Produktivitätserhöhung.
- Widersetzen Sie sich Bestrebungen oder der Versuchung, bei steigendem Arbeitsvolumen, im gleichen Maße die Personalkapazität zu erhöhen. Suchen Sie statt dessen gemeinsam mit allen Betroffenen nach organisatorischen Lösungen.
- Gestalten Sie die Führungsorganisation Ihres Bereichs so um, daß sich ein kontinuierlich verbesserndes System ergibt. Orientieren Sie sich z. B. an den in den vorangegangenen Kapiteln vorgestellten Maßnahmen zur endogenen Adaption.
- Begrenzen Sie sich bei der Suche nach Produktivitätsgewinnen nicht von vornherein nur auf Ihren eigenen Bereich.
- Denken Sie generell ganzheitlich und unternehmensweit.
- Beachten Sie den Effekt, daß Sie, für sich betrachtet, immer zu wenig Ressourcen haben, aber bei unternehmensweiter Betrachtung dennoch meist Redundanzen vorhanden sind.

5. Kapitel: Informationsverarbeitung (IV) – Mythos oder Führungshilfe?

„Information ist Anfang und Grundlage der Gesellschaft. Ohne Information gibt es keine Gesellschaft und ohne Gesellschaft keine Information“ (Karl Steinbuch)[1]

Kann uns die Daten- oder besser Informationsverarbeitung (IV) hilfreiche Dienste für die Unterstützung der Führungsaufgabe liefern? Wie könnten diese Dienste aussehen? Welches sind die besonders lohnenden Einsatzgebiete der IV und welche sollte man eher meiden? In diesem Kapitel soll versucht werden, einige Antworten auf derartige Fragen zu finden.

Betrachtet man die internen Abläufe von Unternehmen, dann finden sich vor allem in größeren Betrieben noch immer die unzeitgemäßen starren Organisationsstrukturen mit ihren exakt definierten Zuständigkeiten und Abgrenzungen (vgl. auch Teil 2, Kapitel 1 und 2). Diese verhindern jede Chance einer raschen Anpassung an das Marktgeschehen, führen zu verzögerten Produkteinführungen und zu nicht mehr konkurrenzfähigen Preisen. Als die Wunderwaffe zur Erhöhung der Flexibilität, Qualität und Kostensenkung galt daher über viele Jahre hinweg die Informationsverarbeitung. Statt sich um die Ursachen für unzulängliche Abläufe zu kümmern, wurden Computersysteme beschafft, welche die Produktivität auf ein wettbewerbsfähiges Niveau bringen sollten.

Als wichtigste strategische Ressource eines Unternehmens ist viel eher der Mensch anzusehen als der Computer.

Aber die meisten der von den Unternehmen eingeführten DV-Maßnahmen zur Produktivitätssteigerung (mittels Computern) sind praktisch wirkungslos geblieben und der einstigen „strategischen Ressource“ steht man heute zunehmend kritischer gegenüber. Denn bis heute gibt es keinen allgemein gültigen Beweis dafür, daß die Unternehmen durch den Einsatz von IV-Systemen we-

[1] Steinbuch, K. (1968) S. 101

sentlich produktiver geworden wären. Trotz ständig gestiegener und zum Teil enormer Investitionen in die IV wachsen z. B. Verwaltungen immer noch ins Uferlose, obgleich erwartet werden müßte, daß der Computereinsatz dies verhindert hätte. Großflächige US-amerikanische Untersuchungen[1] bestätigen diese Erfahrung: Während der achtziger Jahre wurde in den U.S.A. die gewaltige Summe von 1000 Mrd $ in die Informationsverarbeitung investiert, ohne daß sich die Unternehmensrenditen oder die Produktivitätskennziffern signifikant verbessert haben. Im Servicebereich, wo mehr als 800 Mio $ investiert wurden, waren die Ergebnisse besonders unbefriedigend. Hier stieg die Produktivität im Mittel um magere 1 %, während sie im gleichen Zeitraum in Japan, bei vergleichsweise viel niedrigeren Investitionen, um mehr als 5 % gestiegen ist.

Heute kann man davon ausgehen, daß die Informationsverarbeitung Unternehmen nicht die entscheidenden Rationalisierungseffekte bringt.

Bei der Suche nach Gründen für das Ausbleiben der Rationalisierungseffekte hilft eine Arbeit von Paul Strassmann[2] weiter. Strassmann suchte nach Korrelationen zwischen dem Unternehmenserfolg und der Höhe der IV-Investitionen – vergeblich, wie er feststellen mußte. Er plädiert schließlich dafür, das Augenmerk der Rationalisierungsbemühungen statt auf die IV-Technik auf die Führungskräfte der IV-Bereiche zu richten. Seine umfangreichen Untersuchungen bestätigen auch die in der betrieblichen Praxis schon seit geraumer Zeit erkannte Tatsache, daß es keine Korrelation zwischen der Höhe der IV-Investitionen und der Unternehmensrendite gibt[3].

Für mich gibt es aber immer den „unteren IV-Schwellwert“ oder auch die kritische Masse an IV-Infrastruktur, die mindestens vorhanden sein sollte, will man sich keine Wettbewerbsnachteile einhandeln.

[1] Business Week: June 14, 1993, S. 57 ff.

[2] Strassmann, P. A. (1990)

[3] *„There is no relationship between expenses for computers and business profitability.“* (dito, S. XVII)

Das Ende der IV-Euphorie

„Es ist zu bezweifeln, ob alle bisherigen technischen Erfindungen die Tageslast auch nur eines menschlichen Wesens erleichtert haben". (John Stuart Mill)[1]

Wer einen Nagel in die Wand schlagen will, braucht dazu einen Hammer, einen ganz normalen Hammer mit einem Griff aus Holz. Falls gerade kein Hammer greifbar ist, kann man pragmatisch vorgehen und z. B. einen großen Stein nehmen. Betrachten wir nun den IV-Einsatz in der betrieblichen Realität, dann kann man sich oft des Eindrucks nicht erwehren, daß viele Hammer vergoldet und mit Mahagonistielen ausgestattet wurden, um dennoch lediglich Nägel in die Wand zu schlagen.

Die IV-Branche hat es in den vergangenen Jahrzehnten geschafft, ihre Kunden glauben zu machen, daß der Einsatz von IV geeigneter sei als alle anderen Maßnahmen, die Produktivität und die Wettbewerbsfähigkeit der Unternehmen zu steigern. Eine Illusion, die nun langsam zu bröckeln beginnt.

Betrachten wir einmal die Wirkung des Einsatzes von IV-Technik auf die Erhöhung der Produktivität am Beispiel der bekannten Schlagworte aus der jüngsten Vergangenheit. Computer-Aided-Manufactoring (CAM), Computer-Aided-Quality (CAQ), Computer-Integrated-Manufactoring (CIM), Computer-Aided-Engineering (CAE), Computer-Aided-Office (CAO) sind die „Missions-Bezeichnungen" für versprochene Produktivitätssteigerungen. Doch selten konnten die Wirtschaftlichkeitsprognosen einer späteren Nachbetrachtung standhalten. Die durch Einführung dieser Maßnahmen tatsächlich erreichten Produktivitätssteigerungen lagen oft zwischen 0,2 und 5 %. Sie sind damit viel geringer als von den IV-Herstellern propagiert und weit unterhalb des Wertes, der notwendig wäre, um die getätigten Investitionen zu rechtfertigen. Eine Untersuchung[2] des US-amerikanischen Arbeitsministeriums aus dem Jahr 1992 ermittelte sogar noch niedrigere Produktivitätssteigerungen: 3,5 % als Durchschnitt für DV-Einsatz in der gesamten Industrie und 0,8 % für den Rechnereinsatz im Büro. Analysiert man einzelne Fälle, dann kann

[1] Mill, J. S. (1848)

[2] Computerworld: October 5, 1992, S. 20

häufig ein Schwellwerteffekt (Abb. 22) festgestellt werden. Die durch die IV-Investition erzielte Produktivitätssteigerung wurde demnach bereits nach Überschreiten eines relativ niedrigen Investitionsniveaus erreicht. Erfahrungen zeigen, daß ca. 80 bis 90 % der insgesamt erreichbaren Produktivitätssteigerung meist schon nach Investition der Hälfte der späteren Gesamtkosten erreicht wurden.

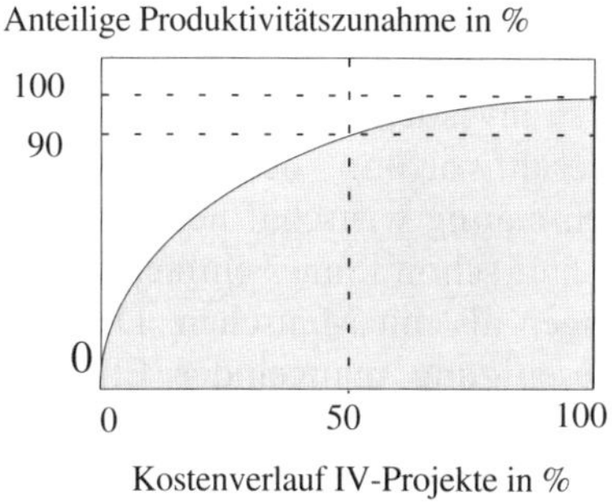

Durch IV-Einsatz erreichbare Produktivitätserhöhungen liegen i.d.R. zwischen 0,2 und 5 %.

Aber:
Ca. 90 % der theoretisch erreichbaren Produktivitätssteigerung wurden bereits mit ca. 50 % der späteren Gesamtkosten erreicht!

(Quelle: Verfasser)

Abb. 22: Der Schwellwerteffekt bei IV-basierten Rationalisierungsmaßnahmen

Die IV ist oft nur der vergebliche Versuch, die Unzulänglichkeiten der Ablauforganisation auszugleichen. Es wird an den Symptomen kuriert, nicht an der Ursache.

Der Grund für die zu hohen IV-Kosten läßt sich häufig auf mangelnde Zusammenarbeit zurückführen. Dabei ist es gleichgültig, welches die einzelnen Anlässe sind. Ob es sich um Kopfzahldenken, Machtstreben, Absicherungsverhalten oder einfach nur Unfähigkeit aufgrund des sogenannten Endplazierten-Syndroms[1] handelt, der Effekt bleibt der gleiche: Ineffizienz. Sie äußert sich in langen Durchlaufzeiten, ge-

[1] Endplazierten-Syndrom: Nach Lawrence J. Peters („Das Peter-Prinzip") Definition ist es das Krankheitsbild bei denjenigen, die ihre Stufe der Unfähigkeit erreicht haben. Mitarbeiter, die diese Symptome zeigen, können keine nützliche Arbeit mehr leisten. Das bedeutet nicht, daß diese Mitarbeiter plötzlich faul werden, im Gegenteil, sie glauben weiterhin noch etwas zu leisten. Aber früher oder später wird ihnen ihr Problem bewußt, und sie beginnen darunter zu leiden. Als Folge davon entwickeln sie typische, pathologische und/oder nichtpathologische Symptome. Peter unterscheidet neben medizinischen Symptomen wie Magenbeschwerden, Hypertonie, Alkoholismus u. a., vor allem auch nicht-medizinische wie Kommunikationsdrang oder -angst, Ordnungswahn, Selbstmitleid, Entscheidungsunfähigkeit u. a.

ringer Flexibilität, mangelnder Qualität und damit in zu geringer Produktivität und zu hohen Kosten. Genau dies verspricht die IV-Industrie zu bekämpfen, wenn es um Argumente für den IV-Einsatz geht. Ein Schlagwort wie z. B. höhere Flexibilität ist vor allem dann hilfreich, wenn man als IV-Leiter nach quantifizierbarem Nutzen gefragt wird. Steigende Flexibilität läßt sich in der Regel nicht quantifizieren und ist daher hervorragend geeignet, kritischen Fragern den Wind aus den Segeln zu nehmen. Meist sind es daher die nicht-quantifizierbaren Faktoren, die bei Wirtschaftlichkeitsanalysen aufgezählt werden, um trotz fehlender Quantifizierbarkeit dennoch zu investieren. Und so wird eben immer dann die „unternehmerische Verantwortung" der Geschäftsleitungen bemüht, wenn es um die Genehmigung wirtschaftlich fragwürdiger IV-Projekte geht. Es war und ist halt schon immer einfacher, sich mit technischen Systemen zu beschäftigen als mit Menschen. Der Ruf nach einem Wunderwerkzeug zur Beseitigung mangelnder Effizienz wird von allen IV-Stellen gern gehört und hat zur Einführung von genauso umfangreichen, komplexen und technisch anspruchsvollen wie überflüssigen IV-Infrastrukturen zur Unterstützung der Ablauforganisation geführt.

IV-Systeme drängen mittlerweile in die kleinsten Lücken der Ablauforganisation und bewirken damit, daß nun noch der letzte Rest organisatorischer Veränderungsfähigkeit verlorengeht. Die meisten Versuche einer wirksamen Änderung werden mit der Begründung: „Wir müssen die getätigten Investitionen schützen, schließlich haben wir tausende von Mannjahren an Programmentwicklung investiert!" im Keim erstickt oder angesichts der kaum noch durchschaubaren Komplexität gar nicht erst gewagt.

Der triumphale Siegeszug der PC in den Unternehmen wäre ohne die vorangegangene langjährige Frustration der Anwender durch ihre DV-Abteilung nicht möglich gewesen.

Im Zusammenhang damit steht auch das schlechte Image, das viele Datenverarbeitungsabteilungen bei ihren Anwendern haben. Die zunehmende Inflexibilität der zentralen DV-Abteilung verbunden mit langen Reaktionszeiten auf Anwenderwünsche, ständig steigenden Kosten und dazu ein elitäres Selbstbewußtsein des DV-Personals haben die Anwender frustriert. Um den ihrer Meinung nach trägen, verständnislosen und eingebildeten DV-Leuten zu entgehen, haben die Anwender die erste sich bietende Gelegenheit genutzt, um sich unabhängig zu machen. Die Chance kam, als sich der Personal-Computer[1] (PC) Anfang der achtziger Jahre auf den Weg machte, die Welt zu erobern. Endlich waren die Anwender nicht mehr abhängig von elitären DV-Stellen – dafür jetzt vom PC, dessen Unzulänglichkeiten sie aber stillschweigend akzeptierten. Wenn man PC-Anwender nach Problemen oder der tatsächlichen Höhe ihrer Betriebsaufwendungen fragt, bleiben sie die Antwort schuldig oder machen unrealistische Angaben. Erst in jüngerer Zeit gibt es auch selbstkritische Stellungnahmen, und sogar die Fachpresse äußert sich mehr und mehr realistisch über die möglichen Folgen des PC-Einsatzes. Man liest Zitate wie „Der PC, volkswirtschaftlich ein Desaster" (Computer Zeitung Nr. 17, 20. August 1992), „Je komplexer die Anwendungen, um so mehr Arbeitszeit wird unproduktiv vergeudet" (PC, Nr. 41, 7. Oktober 1992), „Fünf Milliarden Arbeitsstunden und 100 Milliarden Dollar werden jedes Jahr durch Herumspielen an PC vertan. Das sind 2 % des US-amerikanischen Bruttosozialprodukts" (PC, Nr. 6, 3. Februar 1993).

PC haben unbestreitbare Vorteile, und man kann auf sie in der betrieblichen Praxis nicht verzichten. Probleme verursachen sie nur dann, wenn sie über ihre Einsatzbandbreite hinaus genutzt werden. Der Anwender verbringt eine Menge Zeit damit, diese funktionellen Unzulänglichkeiten zu umgehen, oder er versucht, in der Unmenge von angebotenen Werkzeugen eines zu finden, das diese Unzulänglichkeiten nicht aufweist (dafür aber andere). Untersucht man den Aufwand für den Betrieb von PC, stellt man fest, daß jeder Anwender zwischen 5 und 15 % (im Mittel rd. 10 %) seiner Arbeitszeit für Tätigkeiten aufwendet, die nichts mit seiner eigentlichen Aufgabe zu tun haben, also für Datensicherung, Systemmanagement, Installation neuer Software, Testen neuer Software, Umgehen funktioneller Unzulänglichkeiten oder Feh-

[1] Die Tabelle zeigt die derzeitige Verteilung der weltweit auf Arbeitsplatzrechnern installierten Betriebssysteme und ihre voraussichtliche Verteilung in drei Jahren (Quelle Computerworld 1993, Werte gerundet):

	1993	1996
MS/DOS	120.000.000	140.000.000
OS/2	5.000.000	14.000.000
Macintosh	10.000.000	13.000.000
PC Unix	1.500.000	1.500.000
Windows NT	300.000	10.000.000

ler (Suchen nach sogenannten Work-arounds), Herumprobieren, Lesen von Handbüchern, usw[1]. Dabei ist der Zeitaufwand für „Spielen“ (manche Spiele werden bereits vom Hersteller des Betriebssystems mitgeliefert) oder das Einarbeiten in die Bedienung oder die heimliche Erstellung der privaten Einkommensteuererklärung noch gar nicht eingerechnet. Nach einer neueren US-amerikanischen Untersuchung (FOCUS vom 25.1.1993, Seite 92–93) verbringt ein PC-Benutzer 5,1 Std. pro Woche mit unproduktiven Tätigkeiten. Bezogen auf eine 40-Stundenwoche sind das 12,75 %. Ohne Berücksichtigung blieb hierbei die Tatsache, daß der Anwender nun plötzlich Dinge tut, die er gar nicht oder nicht in dieser Qualitätsstufe tun müßte. Indem er z. B. einen simplen Kostenverlauf für rein interne Zwecke im mehrfarbigen 3D-Design darstellt und sich dabei auch nicht scheut, das aufwendig „gescannte“ Firmenlogo zu integrieren.

Durch den Einsatz von PC verliert ein Mitarbeiter also zunächst einmal zwischen 5 und 15 % seiner Produktivität, die durch die eingesetzten Werkzeuge (PC-Programme wie z. B. Textverarbeitung, Graphiksoftware oder Datenbanken) erst einmal wieder wettgemacht werden müssen. Was nicht ohne weiteres sicher ist!

Zusammenfassend kann man sagen, daß sich durch unkoordinierten oder unzweckmäßigen Einsatz der Informationsverarbeitung[2] in vielen

[1] Im Kern liegen die Probleme der heute weit verbreiteten MS/DOS-basierenden PC in funktionellen Einschränkungen ihrer Hardwarestruktur und vor allem aber des Betriebssystems. MS/DOS geht im Kern immer noch auf ein 16 bit CP/M-Betriebssystem zurück. (Bezeichnenderweise hieß es ursprünglich einmal QDOS, von Quick und Dirty Operating System!). Die heutigen funktionellen Einschränkungen stammen also aus der allerfrühesten Designphase des Produkts. Damals, in den späten ‘70er Jahren, wurden PC-Hauptspeicher mit 1 Megabyte noch ins Reich der Utopie verwiesen, und es gab kaum jemand, der die Notwendigkeit für eine 32 bit basierende Speicherverwaltung einsah. Dadurch sind bis heute weder echtes Multitasking noch transparente und virtuelle Adreßräume möglich, beides unumgängliche Eigenschaften für anspruchsvolle Anwendungen. Trotz aller Unzulänglichkeiten haben dennoch MS/DOS-basierende PC die größte Verbreitung erlangt. Ergänzende Literatur: Cringeley, R. X. (1993).

[2] Ein einfaches Rechenbeispiel hilft dies verdeutlichen: In einem Bereich seien 100 PC installiert; der versteckte Betreuungsaufwand beim Anwender betrage 10 %. Dann beschäftigen sich zehn Mitarbeiter mit Tätigkeiten, die nichts mit ihrer eigentlichen fachlichen Aufgabe zu tun haben.

Unternehmen die Produktivität nicht steigert, sondern erniedrigt, die Flexibilität nicht erhöht, sondern reduziert und die Unternehmensrendite nicht verbessert, sondern verschlechtert.

Plädoyer für ein unternehmensweites Informations- und Kommunikationssystem

Die heute notwendigen Produktivitätssteigerungen lassen sich nicht einfach durch immer weitere Investitionen in die Informationsverarbeitung erzielen, sondern nur durch die Verbesserung der betrieblichen Zusammenarbeit. Die IV kann hierzu einen Beitrag liefern, dem oft viel zu geringe Bedeutung beigemessen wird. In schlankeren, informelleren und dezentralisierten Unternehmen kommt dem Informationsaustausch und der Kommunikation[1] erfolgskritische Bedeutung zu.

Bei 1000 oder 10 000 PC (in Großunternehmen keine Seltenheit) werden also 100 bzw. 1000 Mitarbeiter damit gebunden! Mittels geeigneter Betreuungskonzepte (Netzwerk, zentrale PC-Server, professioneller Benutzerservice) ließe sich der Aufwand auf weniger als 1 % verringern. Aber leider verhindern Abgrenzungsverhalten und Bereichsegoismen nur zu oft diese Möglichkeit.
Was auch viel zu wenig beachtet wird, sind die erheblichen Kosten für die Pflege des Programmbestands. Pro Jahr kann man mit einer Update-Rate von rd. 50 % ausgehen, bei typischerweise 6 installierten Softwarepaketen, also 3 Software-Updates pro Jahr und PC. Pro Update fallen dabei für Bestellaufwand, Lizenzgebühren und Installationsaufwand schätzungsweise zwischen 300 und 500 DM an. In der Summe offenbaren sich wiederum die enormen Kosten, die dabei für das Unternehmen entstehen: Bei 1000 PC zwischen 0,9 und 1,5 Mio DM pro Jahr. Auch hier kann durch ganzheitliche Betrachtung ein erhebliches Rationalisierungspotential erschlossen werden. Erfahrungswerte zeigen hier Einsparungsmöglichkeiten zwischen 50 und 70 %.

[1] An dieser Stelle soll uns ein Ausflug in die Evolutionstheorie zu einem essentiellen Zusammenhang zwischen Sprache, Kommunikation, Wissen und Informationsverarbeitung führen:
Die Geschichte beginnt vor einigen (vielen) hunderttausend Jahren, als sich menschenähnliche Individuen zu Gruppen zusammenschlossen. Irgendwann später, setzte in einer der Gruppen durch einen zufälligen (evolutionären) Prozeß die Ausbildung der Sprache ein. Dies war die direkte Konsequenz aus der vorausgegangenen Gruppenbildung und das entscheidende Ereignis für die weitere Höherentwicklung bis hin zum heutigen Menschen. Während davor das spezifisch erworbene Wissen des einzelnen Individuums mit dessen Ende weitgehend erlosch, war es nun möglich, Wissen, Erfahrungen und Denkalgorithmen an andere Mitglieder

In der Unterstützung der Informations-, Kommunikations- und Kooperationsbedürfnisse der Menschen ist der wohl größte Nutzen der Informationsverarbeitung zu sehen.

Je einfacher und schneller der Informationsaustausch (Berichte, technische Informationen, Produktdaten und interne Vorgänge, Meinungen, Wissen) zwischen den betrieblichen Stellen, Kunden und Lieferern funktioniert, um so effizienter sind die Unternehmensabläufe. Unsere Unternehmen brauchen also die Möglichkeit zum einfachen, schnellen, zeitlich und räumlich unabhängigen Informationsaustausch. Insbesondere die zeitliche und geographische Unabhängigkeit gewinnt immer höhere Bedeutung, da zunehmend international agiert wird. Zeitzonen, lokale Feiertage, unterschiedliche Urlaubskontingente und Gleitzeitregelungen machen es immer schwieriger, persönlich zu kommunizieren. Hier kann die Informationsverarbeitung Infrastrukturen bereitstellen, die den Informations- und Kommunikationsaustausch im Unternehmen wirksam unterstützen. Je spärlicher die Aufbauorganisation, je dynamischer und unstrukturierter die Abläufe, desto schwieriger wird es festzustellen, welche Stelle gerade was macht, oder wo sich das gesuchte Know-how befindet. Erst eine funktionstüch-

---

der Gemeinschaft weiterzugeben. Die sprachliche Kommunikation brachte entscheidende Wettbewerbsvorteile für die Spezies Mensch und war der Beginn der sogenannten „intellektuellen Integration". Im Laufe dieses Prozesses entwickelte sich schrittweise neues Wissen, neue, immer komplexere Wissensgebilde entstanden und führten schließlich zu dem, was wir heute in seiner Gesamtheit als „Wissenschaft" bezeichnen.

Die grundsätzlichen Erkenntnisse daraus sind:

(1) Ohne die Fähigkeit des Menschen zur Bildung von Gemeinschaften gäbe es keine Sprache, und ohne Sprache gäbe es kein Wissen.

(2) Intellektuelle Höherentwicklung kann nur in Gruppen auf der Basis von sprachlicher Kommunikation entstehen.

Wenn es ohne Sprache kein Wissen und ohne Kommunikation kein neues Wissen gibt, dann kann hierin der Schlüssel für Verbesserungen der Wettbewerbsfähigkeit eines Unternehmens und/oder einer Nation liegen. Ohne umfassende Kommunikation wird die Vermehrung von Wissen behindert und somit die Wettbewerbsfähigkeit verringert. In der Unterstützung und Verbesserung der kommunikativen Fertigkeiten liegt, neben den damit eng gekoppelten kooperativen Fertigkeiten, der wohl entscheidende Ansatzpunkt für Erfolg oder Mißerfolg der menschlichen Gemeinschaft „Unternehmen". Die Informationstechnik kann uns hier einen wichtigen, auf Dauer betrachtet, vielleicht sogar ihren wichtigsten Nutzen überhaupt liefern: die wirksame Unterstützung der Informations-, Kommunikations- und Kooperationsbedürfnisse der Menschen.

tige informationstechnische Infrastruktur liefert die notwendigen Hilfen für die heute erforderlichen Kommunikationsbedürfnisse und damit die Basis für die Zusammenarbeitskultur in größeren Unternehmen. Wir finden heute zwar eine (meist viel zu) aufwendige IV-Infrastruktur für alle möglichen Zwecke vor, aber die elementar wichtigen Funktionen[1] für eine effiziente Zusammenarbeit stellen diese kaum einmal bereit. Im Bereich der betrieblichen Kommunikation bauen wir auf Infrastrukturen auf, die im Grunde genommen aus dem letzten Jahrhundert stammen. Zur schriftlichen Kommunikation verwenden wir die *Papier-Post* und für die persönliche Kommunikation das *Telefon.* Beides sind im betrieblichen Umfeld seit vielen Jahren bewährte Medien. Neuere Medien, wie die elektronische Post oder Ablage, tun sich aber unverständlicherweise schwer. Die früher allgemein verbreitete Schreibmaschine wurde zwar in den letzten Jahren fast völlig von DV-gestützten Systemen ersetzt, und viele Informationen liegen jetzt in einer elektronisch les- und speicherbaren Form vor, aber dennoch werden sie häufig weiterhin auf Papier gedruckt und mit der (Papier-)Post verschickt. Es gibt kaum ein deutsches Unternehmen mit einer durchgängigen und flächendeckenden elektronisch gestützten Kommunikationsinfrastruktur. Wir verschenken dadurch nicht nur unnötig viel Zeit für langwierige – weil papiergestützte – Abstimmungsprozesse, sondern verzichten auch auf die Nutzung von brachliegendem, weil unentdeckt in der Organisation verborgenem, Know-how und bringen für die Führung des Unternehmens wichtige Informationen nicht schnell genug vor Ort.

Ohne ein unternehmensweites Informations- und Kommunikationssystem (I&K) können wir die anstehenden organisatorischen Anpassungen nicht bewältigen. Das I&K-System muß topographisch gesehen global sein, eine (zumindest mäßig) heterogene IV-Landschaft unterstützen und dem Benutzer die Wahl der eingesetzten Werkzeuge überlassen. Aber, die Freiheit des einzelnen zur Auswahl von Arbeitshilfsmitteln darf nicht zum Wildwuchs führen. Die persönliche Freiheit muß da aufhören, wo das Unternehmen Nachteile erfahren würde. Zu große Vielfalt bei den verwendeten DV-Hilfsmitteln birgt die Gefahr von Inkompatibilitäten und schadet der Zusammenarbeit.

[1] Grundfunktionen eines rechnergestützten Systems zur wirksamen Unterstützung der Kooperationsbedürfnisse sind Textverarbeitung, Dokumentenablagen, Post, Adreßverzeichnis, Konferenz- und Informationsdienste.

Funktionen eines Informations- und Kommunikationssystems

Für fast alle betrieblichen Funktionsbereiche wird heute eine käufliche DV-Unterstützung angeboten, und ständig kommt Neues hinzu. Eine kleine Auswahl davon sind: Textverarbeitungssysteme, elektronischer Dokumententransfer (elektronische Post), Dokumentenverwaltungssysteme, Volltextsuchsysteme, Fax-Transfer, Systeme zur Erzeugung von Geschäftsgraphiken (z. B. Kreis-, Linien- oder Balkendiagramme), Systeme zur Erstellung von technischen Zeichnungen (CAD), graphische Designhilfen, Desk-Top-Publishing (Berichte, Bücher, Zeitschriften), Systeme für die tabellenorientierte Berechnung (Tabellenkalkulation), Bulletin-boards, Informationsdienste (VTX), elektronische Konferenzsysteme, Vorgangsbearbeitung. Daß es eine hohe Nachfrage dafür gibt, zeigt sich allein schon durch die fast undurchschaubare Vielfalt derartiger Produkte und die Menge an Herstellern. Welches sind aus betrieblicher Sicht die unverzichtbaren Kernbausteine eines Informations- und Kommunikationssystems?

Sinnvolle Bausteine eines I&K-System stellen die Textverarbeitung, die lokale und zentrale Dokumentenablage, die elektronische Post und das zugehörige unternehmensweite Teilnehmerverzeichnis, die elektronische Konferenz und interne Informationsdienste wie z. B. Videotext dar. Eventuell ließe sich noch die Unterstützung der Vorgangsbearbeitung[1] dazurechnen. Deren Nutzen wird aber in hierarchischen Unternehmen mit ihren stark formalisierten Vorgangsketten eher fraglich bleiben.

Bei der Beurteilung der Leistungsfähigkeit eines I&K-Systems kommt es vor allem auf Durchgängigkeit zwischen den oben dargestellten Funktionen und weniger auf den Perfektionsgrad der einzelnen Werkzeuge an.

Auf die Kernelemente elektronische Post (1), elektronische Konferenz (2) und Informationsdienste (3) wird im folgenden näher eingegangen.

[1] Die rechnerunterstützte Vorgangsbearbeitung liefert auf der Basis der I&K-Basisdienste weitere Funktionen wie Definition und Verfolgung von Abläufen, elektronische Unterschriftendurchläufe u. ä.

(1) Elektronische Post und elektronische Adreßverzeichnisse

Das wohl wichtigste Kommunikationsmedium, die elektronische Post, kann nur sinnvoll eingesetzt werden, wenn ein einheitliches unternehmensweites Adreßverzeichnis vorhanden ist. Es muß einfach, schnell und sicher in der Handhabung sein, wenn es akzeptiert werden soll. Der entscheidende Nutzen dieses Werkzeugs entsteht nur bei einer unternehmensweiten Verbreitung über alle Hierarchieebenen hinweg. Auch und vor allem Führungskräfte müssen also aktiv einbezogen werden. Wer heute, was leider gelegentlich noch der Fall ist, noch Berührungsängste hat, muß sich langsam Sorgen um seine berufliche Existenz machen, denn er schließt sich selbst von der betrieblichen Kommunikation aus. Ein immer wieder genanntes Argument gegen die Nutzung der elektronischen Kommunikation ist das Fehlen der eigenhändigen Unterschrift, die als unabdingbar für die Autentizität der Schreiben betrachtet wird. Dabei übersieht man völlig, daß eine elektronisch versendete Post automatisch verifiziert ist und daß eine zusätzliche Faksimile-Unterschrift daher nur ein Relikt aus einer vergangenen Zeit darstellt. Ähnliches gilt auch für die Abbildung des betrieblichen Formularwesens. Auch dieses stammt aus der Zeit der papiergestützten Abläufe. Jeder Versuch, sie im Rechner nachzubilden, ist nicht nur überflüssig, sondern auch kontraproduktiv[1].

(2) Elektronische Konferenzen

Wenn zeitlich und räumlich unabhängig voneinander kommuniziert werden soll und der Teilnehmerkreis nicht von vornherein feststeht, dann ist

[1] Moderne Rechneranwendungen sind entweder maskenorientiert (hierarchische, „zweidimensional" strukturierte Benutzeroberflächen) oder objektorientiert (netzförmige, „mehrdimensionale" Benutzeroberflächen wie z. B. die weit verbreitete Window-Technik). Die rechnerseitig abgebildeten betrieblichen Vorgänge liegen nun auf dem elektronischen Kommunikationsmedium, dem Bildschirm, formatiert vor und auf eine papiergestützte Vorgangsbearbeitung könnte daher ganz verzichtet werden. Häufig findet man nun die Situation, daß nach der Umstellung einer manuellen Vorgangsbearbeitung auf Computer doch noch ein Teil der manuellen, papiergestützten Vorgangsbearbeitung erhalten bleibt. Dies erfordert, daß die gespeicherten Daten zusätzlich noch auf die bisherigen, meist nicht Computergeeigneten Formulare auszugeben sind. Dies macht in der Regel den Einsatz aufwendiger und pflegeintensiver Programme notwendig und verhindert das Ausschöpfen des theoretisch möglichen Rationalisierungspotentials.

die elektronische Konferenz das einzige brauchbare Medium. Es stellt eine Art „schwarzes Brett“ dar, wo jeder seine Beiträge anheften kann. In der betrieblichen Praxis haben sich diese Art von Konferenzen in allen Bereichen bewährt. Besonders die Computerhersteller haben seit Jahren umfangreiche interne Konferenzdienste eingerichtet, an denen sie vor allem in den Bereichen Service und Wartung auch ihre Kunden teilnehmen lassen. Die häufigsten Einsatzbereiche innerhalb von Unternehmen finden sich wohl in den Entwicklungsabteilungen, aber auch dort, wo interdisziplinäre Arbeitsgruppen räumlich und/oder zeitlich getrennt voneinander gemeinsame Aufgaben bearbeiten.

(3) Informationsdienste

"Executives and professionals need to think through what information is for them, what data they need: first to know what they are doing, then, to be able to decide what they should be doing, and finally, to appraise how well they are doing." (Peter Drucker)[1]

Nur wer die richtigen Informationen erhält, kann auch selbständig und verantwortungsbewußt arbeiten. Die rechnergestützte Bereitstellung von wichtigen Informationen ist unumgängliche Voraussetzung zur Unterstützung flacher Hierarchien und einer dynamischen Ablauforganisation. Informationen über Produkte, technische Spezifikationen, Liefertermine, Wettbewerber, organisatorische Maßnahmen, Arbeitsanweisungen, technische Empfehlungen, aktuelle Unternehmens- oder Bereichsziele, aber auch aktuelle Fertigungs- oder Qualitätsprobleme müssen jederzeit abrufbar sein. Hierfür muß jede Stelle die auch für andere wichtigen Informationen in das Informationssystem einspeisen. Bewährt haben sich hierfür innerbetriebliche Videotext-Systeme, Bulletin-Boards oder zentrale Dokumentenablagen.

Die drei folgenden Themenkreise möchte ich von den übrigen I&K-Funktionen trennen und einer etwas kritischeren Betrachtung unterziehen.

[1] Drucker, P. F. (1988) S. 45

Kritische Betrachtung aktueller IV-Entwicklungen

(1) Management Informationssysteme (MIS)

Die höchste Stufe der rechnergestützten Informationsbereitstellung stellt das sogenannte Management-Informations-System (MIS) dar, oft auch Executive-Information-System (EIS) genannt. Es soll dem Manager die entscheidungsrelevanten Informationen auf Knopfdruck bereitstellen. Gern übersehen oder verschwiegen wird dabei, daß ein System nur die Informationen bereitstellen kann, die es gespeichert hat. Jede Führungskraft muß wissen, welches die für sie zur Führung wichtigen Informationen sind. Die Entscheidung darüber kann nicht von einem DV-System erwartet werden. In der Erfassung der relevanten Informationen liegt die Voraussetzung für richtige Entscheidungen. Diese Informationen dann mathematisch aufzubereiten und graphisch ansprechend zu visualisieren ist keine Kunst und kann mit finanziell anspruchslosen DV-Lösungen realisiert werden. Denn auch hier gilt die Produktivitätsbarriere: mit der Hälfte der Investitionen sind bereits 90 % des Nutzens erreichbar. Mit den hübsch anzuschauenden MIS- oder EIS-Systemen verspricht die IV-Branche in der Regel mehr, als sie halten kann.

(2) Computer-Aided-Software-Engineering (CASE)

Der Software-Produktion haftet von je her ein Makel an: die Entwicklungszeit dauert zu lange, die geplanten Kosten werden überzogen, und die Ergebnisse bleiben hinter den Erwartungen zurück. So manch einer der leidgeprüften Auftraggeber von Softwareprojekten hat sich in eine fatalistische Grundhaltung zurückgezogen. Die beliebte Redewendung „Dreimal so lange und doppelt so teuer!“ ist symptomatisch für die Ohnmacht und Resignation der Betroffenen.

Bereits seit der Frühzeit der Datenverarbeitung schlägt man sich mit den Unwägbarkeiten der Softwareentwicklung herum und sucht nach Lösungen für die Misere, daß die Projekte immer teurer werden und länger dauern als ursprünglich geplant. Werkzeuge und Methoden wurden entwickelt und umfangreiche Untersuchungen über die organisatorischen und psychologischen Aspekte des Softwareentwicklungsprozesses durchgeführt. Und trotzdem sind praktisch alle Maßnahmen zur Erhöhung der Produktivität und Qualität wirkungslos geblieben oder haben nicht zu dauerhaften Verbesserungen geführt.

Es drängt sich die Frage auf, ob wir die richtigen Werkzeuge zur Unterstützung der Softwareproduktion haben? Lange Zeit war dies sicherlich eine berechtigte Frage. Schon in den 70er Jahren gab es die ersten kommerziell verfügbaren CASE-Werkzeuge. Die Funktionalität dieser Systeme war aber noch sehr begrenzt, und so war es nicht weiter verwunderlich, daß der große Fortschritt ausblieb. Spätestens aber seit Ende der ‘80er Jahre, seit es eine Reihe von funktionell breit angelegten und ausgereiften CASE-Werkzeugen gibt, müßte es mit den Produktivitätsproblemen vorbei sein. Da sich aber seither die Produktivität der Softwareentwickler dennoch nicht deutlich gebessert hat, kann es offensichtlich nicht an den Werkzeugen liegen.

Wo liegen dann die Schwierigkeiten? Als die wahrscheinlichste Ursache läßt sich der eigentümliche Prozeßablauf der Softwareerzeugung identifizieren: die Kombination von nicht determinierbaren (weil kreativen und damit menschenabhängigen) Prozessen mit stark routinemäßigen operativen Abläufen. Die spezifischen Probleme der Softwareentwicklung liegen demnach wohl allein in menschlichen Unzulänglichkeiten begründet!

Ein Werkzeug ersetzt nicht die Organisation, die Organisation ersetzt nicht die Kreativität, die Kreativität des Menschen ist nicht ersetzbar.

Gäbe es bei der Produktion von Software keine kreativen und innovativen Elemente, dann ließe sich die Vorgangskette wie jeder Fertigungsprozeß optimieren und automatisieren. Die Kreativität der Programmierer ist aber nicht determinierbar und damit nicht automatisierbar. Softwareproduktion ist Teamarbeit, die sozialen Fähigkeiten der beteiligten Menschen und insbesondere ihre Fähigkeiten zur Zusammenarbeit sind als die erfolgskritischen Faktoren zu sehen. Damit muß jeder Versuch, die Probleme der Softwareentwicklung mit rein technischen Werkzeugen in den Griff zu bekommen, scheitern. Das heißt nicht, daß die Softwareproduktion keine rechnergestützten Hilfsmittel benötigt. Aber es zeigt wieder einmal, daß es nicht möglich ist, eine Ablauforganisation mit rechnergestützten Werkzeugen zu automatisieren.

In der jüngeren Zeit sind einige vielversprechende ganzheitliche Ansätze zu erkennen. Dabei wird dem Faktor „Mensch“ wesentlich größere

Beachtung geschenkt, als dies bisher der Fall war. Besonders hilfreich sind dabei die Bemühungen, den Softwareentwicklungsprozeß hinsichtlich seiner Qualität und Produktivität zu quantifizieren[1]. Interessant ist ein Vergleich der westlichen mit den japanischen Softwarefabriken, deren Aktivitäten lange Zeit unbemerkt blieben. Michael Cusumano[2] weist auf erhebliche Vorteile der japanischen Softwareproduzenten bei der Produktivität, Qualität und Code-Wiederverwendung hin. So ist die Fehlerrate japanischer Firmen im Mittel um 45 % niedriger als bei US-amerikanischen Unternehmen. Dagegen liegt die Produktivität der japanischen Softwarefirmen um 58 % und die Wiederverwendungsrate um 55 % höher als bei den US-Firmen. Cusumano führt dies auf den zeitlichen Vorlauf der Optimierungsbemühungen der japanischen Softwareproduzenten zurück, die dadurch höhere Reifegrade nach der SEI-Einstufung erzielt haben als ihre amerikanischen Konkurrenten.

(3) Group-Support-Systems (GSS)

Die Computerbranche hat es wieder einmal rechtzeitig erkannt – im Zeitalter der Teamarbeit muß es auch eine Computerunterstützung für Teams geben. Vor übertriebenen Hoffnungen auf allzu positive Wirkungen sei jedoch gewarnt. Der Einsatz von komplexen DV-gestützten

---

[1] Das Software Engineering Institute (SEI) der Carnegie Mellon University in Pittsburgh legt fünf Reifegrade für Softwareproduzenten fest. Die niedrigste Einstufung wird mit „initial" bezeichnet und für ungesteuerte (chaotische) Entwicklungsprozesse ohne formale Abläufe und bei fehlender Prozeßintegration von CASE-Werkzeugen vergeben. Die Stufe zwei wird mit „repeatable" bezeichnet und bei vorhandenem, wenngleich noch rudimentärem Prozeßmanagement und bei klarer Prozeßstruktur mit festgelegten Verantwortlichkeiten und Wiederverwendung von Softwareteilen vergeben. Der Entwicklungsprozeß verläuft auf der Basis von Erfahrungen stabil und ist wiederholbar. Die Stufen 3 bis 5 sind: „defined", „managed" und „optimised". Ab Stufe 3 des Reifegradmodells wird die quantifizierte Beschreibung des Softwareentwicklungsprozesses verlangt. Hier setzt die von der internationalen Standardisierungsorganisation herausgegebene Norm ISO 9000 an. Reifegrade höher als zwei werden heute, mit Ausnahme einiger japanischer Firmen oder westlicher Rüstungshersteller, noch so selten vorgefunden, so daß es sich hier nicht lohnt, näher auf sie einzugehen. Die überwiegende Mehrzahl der US-amerikanischen Softwarefirmen (die Werte für Deutschland dürften ähnlich liegen) lag 1991 gemäß einer Studie des SEI-Instituts bei der Stufe 1 oder knapp darüber.

[2] Cusumano, M. A. (1991) S. 459

Werkzeugen zur Verbesserung der Gruppenarbeit bringt nur dann spürbare Fortschritte, wenn die bestehenden Abläufe bereits weitgehend optimal sind. Sonst wird es nur ein weiterer vergeblicher Versuch werden, die vom Menschen verursachten Unzulänglichkeiten einer Ablauforganisation durch Einsatz eines technischen Werkzeugs auszugleichen. Wer mittels GSS mangelhafte Zusammenarbeit verbessern will, läuft Gefahr, an den Symptomen[1] zu kurieren und die tatsächlichen Probleme zu verschleiern.

Motivation, Leistungsbereitschaft oder Kreativität des Menschen lassen sich nicht durch ein wie auch immer geartetes Computersystem ersetzen, allenfalls (ein wenig) unterstützen.

Die verwendeten Bezeichnungen sind noch so vielfältig, wie der Markt neu. Sie heißen Group Support Systems (GSS), Workflow Support Systems (WSS), Electronic Meeting Systems (EMS), Group Decison Support Systems (GDSS), Computer Supported Cooperative Work Systems (CSCW) oder Workgroup-Software. Ihre Funktionen und Einsatzgebiete sind ebenso unterschiedlich. Im einfachsten Fall werden die I&K Basisfunktionen (Post, Textverarbeitung, Ablage und Infodienste) durch die Möglichkeit ergänzt, anonyme Bewertungen zu Sachverhalten abzugeben, um damit gruppenweite Entscheidungen vorzubereiten. Oder sie ermöglichen die Definition interner Laufwege, um z. B. Unterschriftendurchläufe auf elektronischem Wege (electronic routing) abzubilden. Die anspruchsvollsten unter den GSS sollen das gemeinsame Forschen, Beurteilen, Verhandeln und Zusammenarbeiten ermöglichen – trotz räumlicher und zeitlicher Trennung der Teammitglieder. Noch im Forschungsstadium befinden sich Systeme, die durch den Einsatz von Methoden der „künstlichen" Intelligenz das GSS gar in die Lage versetzen soll, selbständig in die Unternehmensabläufe einzugreifen. Also Wissen zu speichern, Erfahrungen zu sammeln, Schlußfolgerungen zu ziehen, von sich aus Tätigkeiten anzustoßen, Informationen zu verteilen oder Entscheidungen über Abläufe zu fällen. Der Fokus der Unterstützung liegt bei den meisten GS-Systemen auf den gruppeninternen Abläufen und weniger auf der Zusammenarbeit zwischen zwei oder mehr Gruppen.

Alle heute verfügbaren GSS sind ungeeignet, wenn es um die Unterstützung von kreativen oder nicht a priori strukturierbaren Phasen der

[1] „If you automate a mess, you'll get an automated mess!" (Ingenieurs-Jargon)

Teamarbeit geht: beim Brainstorming, bei der Dokumentation einer laufenden Diskussion, bei der Konsensfindung bezüglich komplexer Sachverhalte, bei der Risikobewertung oder generell beim Umgang mit Unabwägbarem, Unsicherem, Spontanem.

Bei allem von vielen IV-Leuten verbreiteten Optimismus bezüglich der Weiterentwicklung der GSS darf nicht vergessen werden, daß innerhalb einer Vorgangskette der Mensch immer ein nichtdeterminierbares Element darstellt. Ob GSS also jemals in der Lage sein werden, eine selbständige Rolle innerhalb einer Organisation zu übernehmen, muß bezweifelt werden.

3. Teil
Hilfestellungen für die Führungspraxis

Die folgenden Übersichten, Leitsätze und Vorschläge geben zusätzliche praktische Hilfestellungen und Tips, die sich bei der Teamarbeit, bei Gesprächen mit Mitarbeitern und beim Aufbau einer spezifischen Bereichskultur als nützlich erweisen können.

1. Kapitel: Ratgeber und Leitsätze

Als Führungskraft verbringen Sie wahrscheinlich den weitaus größten Teil ihrer Zeit damit, mit anderen Menschen zu kommunizieren[1]. Ihr Tagesablauf besteht vorwiegend aus kommunizierenden Tätigkeiten: Sie nehmen an Sitzungen, Besprechungen, Workshops, Beurteilungsgesprächen, Einstellungsgesprächen, Schulungen, Tagungen und Führungsgesprächen teil. Sie halten oder hören Vorträge, schreiben oder bearbeiten Berichte, erstellen interne und externe Briefe oder diskutieren mit Mitarbeitern, Kunden oder Kollegen aller hierarchischer Ebenen. Dabei müssen Sie stets versuchen, die Ziele und Interessen Ihres Bereichs angemessen einzubringen. Je besser Ihre persönlichen Kommunikationsfähigkeiten sind, desto schneller werden Sie verstanden und desto rascher können brauchbare Arbeitsergebnisse erzielt werden. Häufig gibt es aber Probleme mit der Zusammenarbeit, deren Gründe nicht immer nachvollziehbar sind, da unbewußte emotionale Auslöser eine Rolle spielen.

Der bewußte Umgang mit anderen Menschen vermeidet die Entstehung von Blockaden und unangenehmem Arbeitsklima und ermöglicht effiziente Arbeitsabläufe.

Die hier aufgeführten Übersichten und Listen stellen zwar keine erschöpfende Unterstützung dar, helfen jedoch als schnelle und praxiserprobte Nachschlagemöglichkeit zur Vorbereitung einer Teamarbeit und bei auftretenden Problemen während der Zusammenarbeit mit anderen. Die darin teilweise enthaltenen Wiederholungen wurden bewußt eingebaut, um ihre Wichtigkeit und Bedeutung zu betonen. Das Stichwortverzeichnis am Ende des Kapitels ermöglicht einen raschen Einstieg zu thematisch zusammengehörigen Aussagen.

---

[1] Ergänzend hierzu: Schimansky-Geier, D. (1993) S. 81.

Kommunikation:	40 %	24 Stunden
Offizielle Sitzungen:	8 %	
Besprechungen:	19 %	
Telefonate:	13 %	
Am Schreibtisch:	38 %	22 Stunden
Eingangspost:	8 %	
Ausgangspost:	7 %	
Erstellen Schriftstücke:	11 %	
Vorlagen lesen:	11 %	
Auf Tour:	22 %	13 Stunden

Übersicht 1: Ratgeber für die Moderation von Gruppen

	Problem/Aufgabe	Ursache/Lösung
1	*Arbeit stockt*	*Ergebnis zusammenfassen; Standpunkt/ Meinung aller Mitglieder feststellen; evtl. visualisieren*
2	*Prozeß stockt*	*Aufteilen in Kleingruppen; später wieder zusammenführen*
3	*Diskussion stockt*	*Weiterführende Vorschläge einbringen (lassen)*
4	*Einzelredner blockiert Team*	*Ruhigstellen durch Arbeitsteilung. (s. auch Zeile 1)*
5	*Blinder Aktionismus*	*Zuerst sorgfältig und hartnäckig die Aufgabe klären (vgl. Kapitel 4)*
6	*Durcheinander in Startphase*	*Erst Kommunikationsregeln aufstellen*
7	*Überschwang von Kreativität*	*Erst freien Lauf lassen, dann straffer führen*
8	*Kreativität wird durch zu starke Strukturierung gehemmt*	*Balance zwischen Strukturiertheit und Freiraum suchen*
9	*Kreativität wird durch Debatte über Struktur der Aufgabe gebremst*	*„Kärtchenmethode" läßt den notwendigen kreativen Raum; ermöglicht die Arbeit auf mehreren Niveaus (Wozu? Endergebnis? Für wen? Wie? Was?) gleichzeitig*
10	*Konfusion: zu früh wird zu viel geredet*	*– Denkpausen einlegen vor dem Reden – Große Aufgabe delegieren – Zerlegen in überschaubare Teilbereiche – Die Anwesenden bereits mit Teilaufgaben beschäftigen*
11	*Gruppe nicht mehr zielgerichtet*	*Konkreten Vorschlag über weiteres Vorgehen zur Abstimmung stellen*
12	*Gruppenzusammenarbeit schwierig (zäh, konfliktträchtig)*	*Wenn gewisses Vertrauen in Leistungsfähigkeit der anderen da ist, können Teilgruppen Teilaufgaben lösen*

13	*Moderator überblickt die Gruppe (noch) nicht*	*Moderator soll sich dann inhaltlich zurückhalten; am besten Assistenten einschalten*
14	*Bei neu hinzukommenden Mitarbeitern in eine Gruppe, den Einbezug der Neuen planen und durchführen (Problem: „Steuerer – Mitmacher" beachten)*	*– Den Neuen da „abholen", wo er steht* *– Dem Mitmacher die Möglichkeit zu einer Aktion geben, er fühlt sich sonst nicht beteiligt/überflüssig* *– Das Abholen der Mitmacher transparent für die Gruppe machen, die Schwierigkeiten offen ansprechen. Dadurch wird „Wir-Gefühl" in neuer Gruppe möglich* *– Information für Mitmacher neutral geben, sonst besteht die Gefahr, daß bei falscher/gefärbter Zusammenfassung oder Wiedergabe bisherige Teammitglieder aggressiv werden*
15	*Konkretes Vorgehen ist noch nicht allen klar oder akzeptiert*	*Dann noch nicht in die praktische Durchführung gehen*
16	*Uneinigkeit, ob eine Entscheidung sofort oder später gefällt werden soll*	*Erst Entscheidungskriterien aufstellen, dann Abstimmung aufgrund der bereits vorhandenen Kriterien durchführen. Wenn diese eindeutig ausfällt, keine Diskussion über weitere Kriterien*
17	*Keine Einigung bei gegensätzlichen Ideen*	*Entscheidungskriterien suchen, Konsens herbeiführen*
18	*Zeitdruck*	*– Verzicht auf neue Lösungsvorschläge und Last-Minute-Ideen* *– Neben Zeitkontrolle → Zeitsparvorschläge* *– Zeitplan aufstellen (rückwärts terminieren)*

Übersicht 2: Ratgeber für die Aufgabenklärung innerhalb von Gruppen

	Problem/Aufgabe	**Ursache/Lösung**
19	*Kreative Aufgabenstellung*	*Systematisches und kreatives Vorgehen kann parallel laufen:* *– systematischen Rahmen festlegen vor Bearbeiten der Aufgabenstellung* *– Ideen sofort notieren und visualisieren* *– Erst „chaotische“ Phase zulassen, dann Zusammenfassung (Visualisierung)*
20	*Komplexe Aufgabenstellung*	*– Schleifen zum Ziel einbauen;* *– Aufgabe konsequent durchstrukturieren; prüfen auf Machbarkeit*
21	*Mehrdeutige Aufgaben*	*Sie führen oft zu falschen Lösungen, daher im Zweifelsfall Aufgaben lieber offen formulieren*
22	*Unterschiedliche Arbeitsstile*	*Verschiedene Arbeitsweisen (z. B. stille Denker versus kreative Redner) unter einen Hut bringen: Kombinieren der Arbeitsstile (getrennt, nacheinander, synchron etc.)*
23	*Verwirrung bezüglich Endergebnis*	*Entzerrung durch Zuordnung von Terminen zu Teilzielen*
24	*Verwirrung bezüglich Ergebnis und Erfolgskriterien*	*Begriffe vor Arbeitsbeginn klären und abgrenzen*
25	*Verwirrung bei Bestimmung von Erfolgskriterien*	*Zeitliche Zuordnung (bis wann was) einzelner Erfolgskriterien beachten; zeitliche/räumliche Distanz von Endergebnis und Erfolgskriterien auf Zeitachse darstellen und Beiträge/Meinungen auf entsprechender Zeitebene festmachen*

Übersicht 3: Ratgeber für die Motivation von Gruppen

	Problem/Aufgabe	**Ursache/Lösung**
26	*Team ist nicht motiviert, weil die Zielvorstellung fehlt*	*Definieren Sie Ziele klar, dann weiß jeder, was zu tun ist, und keiner schweift ab. Umfassende Informationen über Aufgabenstruktur und Ziel geben*
27	*Wenn die Zielvorstellung fehlt, arbeiten die Mitarbeiter blind vor sich hin*	*Mitarbeiter/innen von Anfang an über Aufgabenziel informieren*
28	*Wenn ein unterschiedlicher Informationsbedarf besteht*	*Informationen aufteilen:* *– solche, die zum Handeln direkt benötigt werden* *– solche, die den Hintergrund erläutern bzw. Zusatzinformationen darstellen*
29	*Ein Mitarbeiter hat für einige Zeit den Raum verlassen*	*Um ihn wieder zu motivieren, muß er durch eine kurze Zusammenfassung des Geschehenen wieder eingebunden werden*
30	*Schwierige (konfliktträchtige/ heterogene) Gruppe motivieren*	*Kleine Schritte machen vom Einfachen zum Schwierigen*
31	*Teilnehmer arbeiten nur aufgefordert mit*	*Auf gleichen Infostand bringen und in Ziele einbinden*
32	*Keine Einigung zum Thema „Endprodukt" – Mitarbeiter/ -innen, deren Ideen unberücksichtigt geblieben sind, müssen wieder motiviert werden*	*Zumindest Elemente ihrer Ideen berücksichtigen, von den anderen Ideen überzeugen und bei der nächsten Gelegenheit wieder einbinden.*

Übersicht 4: Ratgeber für die Kommunikation

	Problem/Aufgabe	Ursache/Lösung
33	*Teilnehmer werden „überfahren“*	*Teilnehmer muß sich selber wehren; Moderator/Gruppe (alle anderen Teilnehmer) achten auch darauf*
34	*Akzeptanz von Gruppenmitgliedern in der Gruppe*	*Information über den Hintergrund der Person geben*
35	*Aneinander vorbeireden*	*Aussagen visualisieren*
36	*Einander nicht mehr zuhören*	*Darauf muß der Moderator aufpassen und bisherige Ergebnisse zusammenfassen und visualisieren*
37	*Redefluß blockiert Gruppe*	*Moderator/Teilnehmer muß einschreiten*
38	*Vorschläge bleiben nebeneinander stehen*	*Ideen und Vorschläge verbinden*
39	*Vorinformationen fehlen bei neu Hinzugekommenen*	*Neue Mitarbeiter dort abholen, wo sie stehen*
40	*Ständig wechselnde Gruppenzusammensetzung*	*– Stärkere Betonung der Aufgabenstellung* *– Weniger intensive Auseinandersetzung mit- und untereinander* *– jeder braucht ein Nest*
41	*Emotionales Unwohlsein in Gruppe*	*– Aussprechen* *– Emotionen werden durch Nebensätze angeregt/entfacht* *– Emotion klar kennzeichnen*
42	*„Störenfried“ hemmt die Gruppe*	*Aufspalten in Arbeitsgruppen*
43	*Verschiedener Informationsstand*	*Zeit nehmen für Abklärung*

44	*Scheinkonsens*	– *Überprüfen, ob alle einverstanden sind* – *Zur Vermeidung von Scheinkonsens „visualisieren“* – *Entscheidung durch Abstimmung* – *Konsens muß erarbeitet werden*
45	*Eigene Ideen oder Vorschläge werden von der Gruppe nicht angenommen*	*Richtigen Zeitpunkt abwarten*
46	*Unterschiedliche Ideen*	*Nicht Konsens herbeizwingen; evtl. eine Synthese der Ideen realisieren lassen*
47	*Brainstorming-Zeit war nicht ausreichend*	*Wenn nachträglich neue Ideen kommen, müssen sie angemessen berücksichtigt werden*
48	*Komplexe Aufgaben*	*Kommunikationsstrukturen (Regeln) zwischen den Teilgruppen festlegen*

Übersicht 5: Ratgeber für die Delegation

	Problem/Aufgabe	Ursache/Lösung
49	*Differenz zwischen Arbeitsergebnis Zielsetzung*	*Bei Delegation Aufgabe, Ziele und Erfolgskriterien klar nennen, sonst kann es zum „Eulenspiegel-Syndrom“ kommen: Der Mitarbeiter interpretiert den delegierten Auftrag so weit als möglich in „seinem Sinn“ (u. U. restriktiv/destruktiv). Ergebnis hängt von den geäußerten Erwartungen ab.*
50	*Den Auslegungsspielraum (inklusive der Arbeitsschritte) des Mitarbeiters (kann/muß man) durch Vorgaben steuern*	*Auftragsdefinition entweder* *– sehr klar/eindeutig oder* *– offen, aber mit Zielen*
51	*Leerlauf in großen (Projekt-) Organisationen*	*Information über Ziele und was getan werden soll geben; regelmäßigen Informationsfluß sicherstellen*
52	*Zum Delegieren müssen komplexe Aufgaben in Teilaufgaben zerlegt werden, die aber ausreichend genau beschrieben werden müssen*	*– Auftragsdefinition mündlich und schrift-* *– lich vornehmen* *– Je schwieriger der Auftrag, um so wichtiger ist Schriftform*
53	*Unklarheit beim Auftraggeber wirkt beim Mitarbeiter weiter*	*Schriftliches Formulieren zwingt zur Klärung*
54	*Den Mitarbeitern nicht nur das Ziel für sie selbst nennen, sondern auch Auftragshintergrund/höhere Zielebene*	*Schafft höhere Identifikation/Motivation*
55	*Unterbleiben der Delegation aus Vertrauensmangel*	*Vertrauen aufbauen: Vorschuß und Feedback notwendig*
56	*Verwirrung über das Auftragsende: Fehlende Rückmeldung führt zur Frustration*	*(Positive) Rückmeldung über Auftragsende geben*
57	*Keinen neuen Auftrag erteilen, ohne vorhergehende Antwort abzuwarten*	*Nicht von ungeprüften Annahmen ausgehen, sondern durch Information absichern. Vorsicht bei bewußtem Zurückhalten von Informationen*
58	*Uneinigkeit der Auftraggeber*	*Konsens erarbeiten, sonst Chaos bei den Ausführenden*

Die folgenden acht Listen stellen eher Check-Listen als konkrete Handlungsanweisungen dar. Sie können in der Vorbereitungsphase einer Gruppenarbeit hilfreich sein.

Liste 1: Leitsätze für die Startphase der Teamarbeit

1. Klären Sie zunächst alle Formalien (verfügbare Zeit, erforderliche Ressourcen, Bedürfnisse der Mitarbeiter, ...).
2. Beginnen Sie erst mit der Arbeit am Thema, wenn alle Teilnehmer bereit dazu sind.
3. Informieren Sie die Teilnehmer sofort über Aufgaben und Ziele.
4. Stellen Sie zu Beginn die Informations-Transparenz für alle Beteiligten sicher.
5. Bringen Sie alle Teilnehmer einer Gruppe bezüglich der Zielsetzung auf die gleiche Ebene.
6. Vorsicht beim bewußten Zurückhalten von Information!
7. Stellen Sie klar, was, in welcher Zeit, mit welchem Ziel bearbeitet wird.
8. Vereinbaren Sie einen Zeitplan, und sorgen Sie für dessen Einhaltung.
9. Kleingruppen ermöglichen einen dynamischen Kreativitätsprozeß.

Liste 2: Allgemeine Leitsätze für die Teamarbeit

1. Halten Sie Ideen sofort auf Karten fest, dann gehen sie nicht verloren.
2. Visualisieren Sie ungeklärte Fragen an der Pinwand o.ä.
3. Benutzen Sie Karten bereits fürs Brainstorming (dadurch kommt jeder „zu Wort").
4. Verwenden Sie eine visualisierende Moderationstechnik: Zum Beispiel können Karten an einer Pinwand leicht gegliedert, strukturiert und zusammengefaßt werden.

5. Erst Konsens übers generelle Vorgehen herstellen, dann schwierige Detailfragen diskutieren.
6. Halten Sie auch Zwischenergebnisse fest.
7. Stellen Sie regelmäßig Zwischenkonsens her.
8. Gerade wenn es eilt – Denkpause einlegen!
9. Zusammenfassungen dürfen nicht nur das Ergebnis, sondern müssen auch den Weg dorthin zeigen.
10. Versuchen Sie, abgelehnte Ideen doch noch einzubauen, damit die Motivation erhalten bleibt.

Liste 3: Leitsätze für den Umgang mit Emotionen

1. Trennen Sie in kritischen Situationen persönliche von sachlichen Fragen.
2. Integrieren Sie „schmollende" Teilnehmer, damit die gesamte Gruppe wieder arbeiten kann.
3. Möglichst Konsens statt demokratische Abstimmverfahren.
4. Emotionales ansprechen lassen!
5. Störungen unbedingt ansprechen, um „Rückzug" von Teilnehmern zu vermeiden.
6. Achten Sie auf die Körpersprache[1].

Liste 4: Leitsätze für Moderatoren

1. Ein guter Moderator hat einen guten Assistenten.
2. Der Moderator darf selbst nur mitarbeiten, wenn die Prozeßkontrolle weiterhin sichergestellt ist.
3. Wenn Moderator und Gruppe auf verschiedenen Ebenen reden, kommt man zu keinem Ergebnis. Standpunkte und Sichtweisen klären!

---

[1] Nützliche Literatur hierzu: Molcho, S. (1983)

4. Der Moderator muß sich inhaltlich stark zurückhalten.
5. Wenn der Moderator Verbündete in der Gruppe hat, ist mehr Platz für Produktivität und Kreativität.

Liste 5: Leitsätze für Teamleiter

1. Andere haben auch gute Ideen.
2. Erst ein Wir-Gefühl herstellen, bevor Sie anfangen.
3. Neue Mitmacher einbeziehen!
4. Konsens ist besser als Mehrheitsentscheidung.
5. Schmollende Teilnehmer können durch Fragen zurückgewonnen werden.
6. Integration schafft Mitmacher.
7. Klare Aufgaben und Zielsetzung motivieren.
8. „Zurücklassen“ von Teilnehmern frustriert und blockiert.
9. Egoismen hindern Einigung.
10. Ignorieren der Beiträge/Ideen von Teilnehmern demotiviert.
11. Offenes Feedback geben!
12. „Mir klar“ bedeutet nicht immer „Dir klar“.
13. Den Mitmacher da abholen, wo er steht.
14. Störungen ansprechen ist besser als „Rückzug“.
15. Aktiv zuhören bringt viel.
16. Schweigen kann auch bewußt eingesetzt werden.
17. Den Wissensstand der Mitarbeiter kennen!
18. Versetzen Sie sich in die Lage des anderen.
19. Nicht ungeprüft von Annahmen ausgehen!
20. Führung braucht Vor-Information.

21. Informationen müssen an die Bedürfnisse des Empfängers angepaßt werden.
22. Der „Sender“ ist für die Botschaft verantwortlich.
23. Kommunikation setzt anerkannte Regeln voraus.
24. Fragen erst beantworten; nicht mit neuen Fragen antworten.
25. Kommunikation setzt Vertrauen, aber auch Loyalität voraus.
26. Eine „Botschaft“ hat oft verschiedene Facetten; Sie müssen versuchen, alle davon zu erkennen/berücksichtigen.
27. Scheinkonsens ist nur ein Scheinpragmatismus.
28. Auch Führen muß Spaß machen.

Liste 6: Leitsätze für Teammitglieder

1. Kümmern Sie sich aktiv um die notwendigen Informationen.
2. Prozeßautorität darf nicht zu Eigenmächtigkeit führen!
3. Haben Sie Mut zur Prozeßautorität, es hilft allen.
4. Bringen Sie Diskussionsbeiträge zum richtigen Zeitpunkt ein.
5. Geben Sie offen Feedback auf die Beiträge anderer.

Liste 7: Leitsätze für den Umgang mit Kreativität

1. In Kleingruppen wird Kreativität besser.
2. Kreativität verlangt Ruhepausen.
3. Klare Vorgaben von Aufgaben und Zielen fördern Kreativität.
4. Kreativität braucht auch zeitweilig Chaos.
5. Vorschläge und Ideen verbinden hilft mehr als stehenlassen und abwürgen.
6. Brainstorming will noch keine Bewertung.
7. Bei Zeitdruck Mut zur Kreativitätspause haben.

8. Wenn der Moderator Verbündete in der Gruppe hat, ist mehr Platz für Produktivität und Kreativität.
9. Am Ende einer kreativen Phase ist eine Zusammenfassung zur eindeutigen Rückkehr zum formalen Ablauf besonders wichtig.

Liste 8: Leitsätze fürs Delegieren

1. Erzeugen Sie Verantwortungsbewußtsein, das erzeugt Qualität.
2. Als Mittelmanager muß ich meinen eigenen Auftrag/Ziel mit Vorgesetzten und anderen Partnerstellen klären.
3. Störungen/Unklarheiten mit Vorgesetzten und Kollegen potenzieren sich beim Delegieren nach unten.
4. Sinnvolle Teilziele delegieren!
5. Delegation schafft Entlastung.
6. Organisations-/Unternehmensziele müssen allen bekannt gegeben werden.
7. Regeln der Zusammenarbeit müssen vereinbart werden, z. B. Austausch von Infos, Turnus von Abstimmungsrunden.
8. Walzen Sie das Team nicht mit perfekten Vorgaben nieder, sonst macht keiner mehr mit.

Stichwortverzeichnis zu den Übersichten und Leitsätzen

2. Kapitel: Metaphern – eine bildhafte Sprache für Führungsgespräche

Wer hat nicht schon einmal vergeblich versucht, Mitarbeitern unangenehme Maßnahmen plausibel zu machen? Plötzlich kommt man an einen Punkt, wo keine Argumente mehr greifen und Mitarbeiter, die man bisher als logische und sachliche Denker kennengelernt hat, sich in irrationalen Argumentationen verstricken. In solchen Momenten kann es hilfreich sein, wenn man den Kontext wechseln und eine geeignete bildhafte Sprache einsetzen kann, die emotional nicht vorbelastet ist. Durch Metaphern[1] wird ein analoges Abbild der Realität erzeugt, das oft verständlicher, einprägsamer und in seiner Wirkung nachhaltiger ist als jede Form von sachlich korrekter Darstellung. Insbesondere liegen Metaphern semantisch meist so weit außerhalb unserer Industriewelt, daß emotionale Ressentiments nicht zu befürchten sind. Anhand zweier vielseitig einsetzbarer Metaphern, ich nenne sie „Kamelmetaphern" und „Bootsmetaphern", möchte ich ihre Bedeutung für die Führungspraxis beispielhaft darstellen.

1. Kamelmetaphern

„Die Ziele der Kamele und der Kameltreiber sind beim Verlassen einer Oase sehr unterschiedlich, aber bei der Annäherung an eine Oase stimmen sie wieder überein." (Arabisches Sprichwort)

Einem Mitarbeiter des Westdeutschen Rundfunks verdanke ich die Urform der im folgenden modifizierten Metaphern.

[1] Anmerkung: Die durch die Metaphern geschaffenen Metawelten haben nicht die Komplexität der realen Welt. Sie passen meist nur in Teilbereichen, und ihre Analogien sind meist schnell erschöpft. Die Anwendung von Metaphern in der Führungspraxis darf nicht übertrieben werden.

Beispiel 1: Kosteneinsparungen

Alle Maßnahmen zur Kostenreduzierung sind für die Betroffenen unangenehm. Entsprechend fallen die Reaktionen aus, und man hört Sätze wie: „Ich spare immer schon, jetzt sollen die anderen auch mal sparen." oder „Unsere Arbeit ist doch wichtiger als die der anderen. Deshalb soll zuerst mal bei denen gespart werden".

Eine besonders unangenehme Aufgabe als Führungskraft ist es, die Kürzung von Sozialleistungen oder Einkommenseinbußen zu vertreten. Ob es sich um die Streichung des Mittagessenzuschusses, der Fahrgeldbeihilfen oder um die Anrechnung von tariflichen Lohnerhöhungen auf übertarifliche Zulagen handelt, immer sind heftige und empörte Reaktionen die Folge. Indirekte und insbesondere direkte Einkommenskürzungen stellen immer das wohl allerletzte Mittel einer betrieblichen Maßnahme zur Kosteneindämmung dar. Ihre demotivierende Wirkung ist so enorm, daß es führungstechnisch praktisch nicht möglich ist, diese Maßnahmen ohne bleibende Schäden für die Motivation der Mitarbeiter und Unternehmenskultur umzusetzen. Auch die noch so einleuchtendste Metapher wird hier wohl erfolglos bleiben.

Für die Erklärung rechtzeitig eingeleiteter Maßnahmen zur Kosteneindämmung gibt es jedoch eine brauchbare Variante der „Kamelmethapher":

„Wenn in einer Oase das Wasser nicht mehr für alle Kamele reicht, gibt es nur noch drei Möglichkeiten: a) Man rationiert den Wasserverbrauch so stark, daß es wieder für alle reicht (man spart). b) Man schickt einen Teil der Kamele in die Wüste, sich eine andere Oase zu suchen (man reduziert die Anzahl der Kamele). c) Alle Kamele trinken weiterhin so viel wie bisher und verdursten gemeinschaftlich (man ignoriert das Problem)."

Beispiel 2: Veränderungen, Umstrukturierungen

„Warum soll etwas, das funktioniert, geändert werden?", fragen sich viele Mitarbeiter bei anstehenden Veränderungen. „Das ist doch bloß so eine Marotte vom Chef". Veränderungen schaffen Unruhe. Es liegt wohl ganz tief in der menschlichen Natur begründet, daß man sich ungern ändert, und so ist es immer wieder schwer begreiflich zu machen, warum Maßnahmen, die in die Zukunft gerichtet sind und für die es aus Sicht der Betroffenen (noch) keinen Anlaß gibt, jetzt notwendig sein sollen. Für diese Situation eignet sich der Archetyp der „Kamelmetapher“ besonders gut:

„Frage: Warum soll ein Kamel die Oase, in der es noch genügend Wasser gibt, verlassen und sich in die Wüste begeben? Antwort: Es gibt immer Kamele mit einem besonderen Spürsinn für bevorstehendes Unheil, die sich rechtzeitig, bevor die Oase ausgetrocknet ist, mit ihrer Gruppe auf den Weg machen, eine ergiebigere Oase zu suchen. Zu einem Zeitpunkt also, an dem noch keines der anderen Kamele daran denkt, diesen (scheinbar) sicheren Ort zu verlassen.“

Beispiel 3: Wirtschaftliche Rezessionsphasen

In Rezessionsphasen gibt es breites Verständnis bezüglich den damit einhergehenden unangenehmen Maßnahmen wie Personalreduktion, Umstrukturierungen oder Kosteneinsparungen – solange es nur die anderen trifft. Ansonsten wird ruckartig wieder auf bekannte Argumentationsschienen umgeschwenkt (siehe Kosteneinsparungen). Die persönliche Situation überstrahlt dann jede globale Sicht und macht das Erkennen von wirtschaftlichen Zusammenhängen nachhaltig unmöglich. Sachlichkeit oder theoretische Erklärungen haben dann kaum noch Chancen. Das folgende Zitat ist dem veröffentlichten Protokoll eines Gesprächs zwischen einem Geschäftsleiter und Arbeitnehmervertretern entnommen. Es ist der wahrscheinlich vergebliche Versuch gewesen, die Wirkung von (überzogenen) Gehaltserhöhungen auf die Inflationsrate mittels korrekter betriebs- und volkswirtschaftlicher Zusammenhänge zu erklären. Es lautet: „Kaufkraft entsteht durch das Erarbeiten des Bruttosozialprodukts. Wenn man künstlich mehr Kaufkraft schafft, als erwirtschaftet wird, ist Inflation die Folge. Diese trifft erfahrungsgemäß die kleinen Leute.“ Volkswirtschaftlich eine präzise Definition. Bezweifelt werden aber darf deren Allgemeinverständlichkeit. Gemeint war damit wohl, daß eine Lohnerhöhung nur Sinn macht, wenn im gleichen Verhältnis auch die Produktivität gesteigert wurde, weil andernfalls – auf Dauer gesehen – nur die Kaufkraft sinken würde. Aber das ist immer noch wenig verständlich. Vielleicht hätte man es auch so sagen können: „In einer Volkswirtschaft können reale pro Kopf Einkommenssteigerungen nur dann erzielt werden, wenn auch reale pro Kopf Produktionssteigerungen (also Produktivitätserhöhungen) stattgefunden haben.

Keine Volkswirtschaft kann mehr verteilen, als sie produziert." Ob dies wirklich besser verständlich wäre, sei dahingestellt. In der bildhaften Sprache der Kamelmetaphern würde es dagegen lauten:

„Wenn in einer Oase das Wasser gerade für die tägliche Trinkration der Kamele reicht, kann nicht die Ration erhöht werden (weil es dann eben nicht mehr für alle reicht), sondern es muß erst die Wassermenge erhöht werden. Wenn man es trotzdem täte, dann wäre es so, als würde man auf denselben Schöpfeimer statt vorher fünf, nun eben sieben Liter schreiben."

2. Bootsmetaphern

„Wenn du ein Schiff bauen willst, trommle nicht die Männer zusammen, Holz zu beschaffen, sondern lehre sie die Sehnsucht nach dem endlos weiten Meer". (Antoine de Saint-Exupéry)

Diese Äußerung Antoine de Saint-Exupérys liefert uns neben einer Erklärung zum Wesen der Motivation auch das Sinnbild für eine Reihe von Metaphern für die Führungspraxis. Das Schiff steht dabei für das Unternehmen, und die Schiffsbesatzung entspricht der Belegschaft. Der das Schiff umgebende Ozean – als Sinnbild für den Markt – stellt mit seinen Stürmen, Riffen und Piraten eine latente Existenzbedrohung dar. Konkurrenten sind Schiffe, die das gleiche Ziel ansteuern und vielleicht schneller oder wendiger sind. Schiffsmetaphern eignen sich besonders gut, um die Bedeutung gruppenorientierter Grundwerte hervorzuheben, wenn es also darum geht, die Begriffe Solidarität, Zurücktreten zugunsten des Gemeinwohls, Kommunikation, Konsens oder Gemeinschaftsgefühl bildhaft zu beschreiben.

Beispiel 1: Zielvereinbarungen und Konsens

Es muß Einigkeit über die Richtung geben, in die das Schiff steuert. Wenn auf einem Schiff kein Konsens bezüglich des zu erreichenden Zieles besteht, dann wird das Schiff einen Zick-Zack-Kurs steuern, im Kreis fahren oder vielleicht auf ein Riff laufen. Allen muß klar sein, wohin das Schiff fahren soll und warum es lohnend ist, dorthin zu fahren. Notwendig werdende Kursänderungen müssen mit der Mannschaft abgestimmt, zumindest aber erklärt werden.

Beispiel 2: Solidarität und Gruppendienlichkeit

Beim Bau eines neuen Schiffes muß sich jeder auf jeden verlassen können, soll es nicht beim ersten Sturm auseinanderbrechen. Jeder muß dabei den von ihm zu verantwortenden Teil des Schiffes in der erforderlichen Qualität erstellen. Wenn auch nur einer schlampig gearbeitet hat, dann läuft das ganze Schiff Gefahr, leckzuschlagen – egal, wie gut die anderen waren.

Wenn einer der Ruderer besonders schnell (oder langsam) rudert, wird dies dem Vorwärtskommen des ganzen Bootes eher hinderlich sein als nützen. Denn wer im falschen Takt rudert, bringt die anderen aus dem Rhythmus, auch wenn er für sich alleine betrachtet noch so elegant oder perfekt rudert.

Beispiel 3: Wir-Gefühl

Wir sitzen alle in einem Boot. Niemand kann sich heraushalten und so tun, als beträfen ihn die Probleme des anderen Teils der Crew nicht. Denn wenn das Boot in gefährliche Gewässer gerät, sind immer alle davon betroffen. Entweder erreichen wir gemeinsam das Ziel oder keiner von uns.

Beispiel 4: Veränderungen

Wenn die Konkurrenten schnellere oder wendigere Schiffe haben, dann erreichen sie vor uns das Ziel. Wir müssen also unser (zu träges, mit zu hohem Tiefgang versehenes oder mit ungeeigneter Crew ausgestattetes) Schiff, gegebenenfalls auch während der Reise, so ändern, daß wir wettbewerbsfähig bleiben.

3. Kapitel: Die Führungskultur eines internen Dienstleistungsbereichs – ein Vorschlag

Die Formulierung einer bereichseigenen Führungskultur hilft ein Wir-Gefühl zu erzeugen, ein einheitliches Erscheinungsbild zu formen und bestimmt den für die Delegation von Verantwortung erforderlichen Handlungsrahmen. Beim Aufbau einer Bereichskultur ist es wichtig, daß diese gemeinsam mit den Mitarbeitern des Bereichs, zumindest aber mit den Führungskräften, erarbeitet wird. Die im folgenden dargestellte „Verfassung" entspricht einer bereits in die Praxis umgesetzten Bereichskultur. Sie soll Anregungen für ähnliche Modelle geben und eignet sich am besten für alle betrieblichen Bereiche, die sich als Dienstleister (auch immaterieller Leistungen) verstehen.

Der Entwurf ist in fünf Teile gegliedert. Im ersten Teil werden die Ziele und Aufgaben des Bereichs und die Zielgruppe (Kunden) beschrieben. Im zweiten Teil folgen allgemeine Prämissen, die auf die Einbindung des Bereichs ins Unternehmen hinweisen. Im dritten Teil schließen sich Hinweise an, die für das gesamtheitliche Denken und Handeln der Mitarbeiter wichtig sind. Der vierte Teil erläutert sechs allgemeine Verhaltenshinweise. Im fünften Teil wird Stellung zu wichtigen „Dauerthemen" bezogen. Diese sind: Personalknappheit, Arbeitsqualität, Image und Akzeptanz, Kundenzufriedenheit, Umgang mit Lieferern, Umgang mit Mitarbeitern und Außenpolitik.

1. Ziele und Aufgaben

(Hier erfolgt die Darstellung der eigenen Ziele und Aufgaben. Zusätzlich zur hier aufgeführten allgemeinen Darstellung sollte noch eine konkretere Spezifizierung der Ziele und Aufgaben folgen.)

▷ Wir sind ein unternehmensintern tätiger Dienstleistungs- und Know-how-Bereich, der andere Bereiche unseres Unternehmens bei der Erledigung ihrer Aufgaben unterstützt.

(Hier wird die Zielgruppe näher erläutert. Welche betrieblichen Funktionsbereiche gehören zum Kundenkreis? Welchen besonderen Beitrag

kann der Dienstleister erbringen, um den Kunden oder das gesamte Unternehmen noch erfolgreicher zu machen? Erforderlichenfalls kann hier auch eine genaue Abgrenzung des Wirkungsbereichs gegenüber anderen Dienstleistern erfolgen.)

▷ Unser Ziel ist die wirksame Unterstützung aller betrieblichen Funktionsbereiche wie Geschäftsleitung, Controlling, Verkauf, Entwicklung und Fertigung. Durch unsere Arbeit helfen wir mit bei der Reduktion der Entwicklungs- und Fertigungszeiten, Verminderung der Kosten, Verbesserung der Produktqualität, Erhöhung der Flexibilität in Produktentwicklung und -fertigung, Verbesserung der Effizienz der kaufmännischen Geschäftsprozesse und grundsätzlich bei der Produktivitätssteigerung aller betrieblichen Bereiche.

(Klare und deutliche Positionierung als Dienstleister und der Bedeutung des Dienstleistungsprinzips.)

▷ Unsere Tätigkeiten richten sich nach den Bedürfnissen unserer (internen) Kunden. Sie bestimmen die Qualitätsanforderungen, Kosten und Liefertermine unserer Beiträge. Je besser wir unsere Kunden unterstützen, desto erfolgreicher können diese ihre Arbeit wahrnehmen und desto erfolgreicher ist unser gesamtes Unternehmen.

(Nachdrückliche Hervorhebung der Bedeutung des einzelnen Menschen für den Bereich und das Unternehmen.)

▷ Neben der Erbringung geeigneter Dienstleistungen stellt vor allem die Ansammlung und Bereitstellung von Fachwissen (Know-how) unser wichtigster Beitrag zum Unternehmen dar. Dieses Wissen gehört den einzelnen Menschen unseres Bereichs. Der einzelne Mensch ist daher die bei weitem wichtigste Ressource, die wir haben.

2. Prämissen für unsere Arbeit

(Weitere Vertiefung der Kundenorientierung und des Beitrags des einzelnen und des Dienstleistungsbereichs zum Unternehmensergebnis.)

▷ Für die langfristige Sicherung der Wettbewerbsfähigkeit unseres Unternehmens in wichtigen Marktbereichen können wir mit unserer Arbeit wirksame Beiträge liefern. Hierfür gibt es einige Prämissen:

- Wirtschaftlicher Einsatz aller Ressourcen und volle Kostentransparenz gegenüber unseren Kunden.
- Einsatz technisch ausgereifter und langfristig verfügbarer Produkte.
- Sicherstellung der Verfügbarkeit unserer Dienstleistungen.
- Arbeit auf der Basis von zukunftssicheren und flexiblen Konzepten.
- Begrenzung aller Aktivitäten auf das von den Kunden erwartete Mindestmaß.

3. Allgemeine Handlungsgrundsätze

(Darstellung von Aufgabenstellungen und Zielsetzungen, die für die Arbeit aller Mitarbeiter des Bereichs wichtig sind. Aus ihnen kann jeder Mitarbeiter persönliche Ziele, Aufgaben und Prioritäten ableiten. Neben den fachlichen Aufgabenstellungen stellen sie die Grundlage für Zielvereinbarungen und Leistungsbeurteilungen dar.)

▷ Für das erfolgreiche Operieren des Bereichs wichtig und daher vorrangig sind alle diejenigen Tätigkeiten, die uns Fortschritte in einem der folgenden Sektoren einbringen:

- Beim Aufbau von Partnerschaften mit Kunden, Lieferern und mit internen und externen Stellen.
- Beim Aufbau und der Pflege von Beziehungsgeflechten.
- Bei der Pflege und dem Ausbau einer kooperativen Bereichskultur.
- Beim Ausbau des Controllings nach innen und außen.
- Beim Vermarkten unserer Dienstleistungen.
- Beim Zeigen von professionellem Dienstleistungsverhalten (den Kunden ernstnehmen, schnelle Reaktion, keine falschen Versprechungen, keine Ausreden).
- Beim Aufbau von virtuellen Strukturen.
- Beim Steigern unserer Effizienz (Kennzeichen: regelmäßige Reduktion der Verrechnungspreise von Dienstleistungen).

4. Allgemeine Verhaltensgrundsätze

(Konkrete Aussagen zu Themen, die das Außenbild des Bereichs prägen. Gleichgültig, wieviel Leitlinien Sie entwickeln, wichtig ist, daß diese von den Mitarbeitern auch tatsächlich akzeptiert und verinnerlicht werden können.)

▷ Einige Vorbemerkungen:

- Die Erfolge unseres Bereichs sind das Ergebnis der gemeinsamen Anstrengung aller Mitarbeiter.
- Durch die klare Definition von Zielen, Erfolgskriterien und des Handlungsspielraums auf der Basis von Konsens, schaffen wir die Voraussetzungen für ein erfolgreiches Arbeiten.
- Durch konsequentes „Vorleben" unserer Grundsätze schaffen wir die für unsere Arbeit erforderliche Vertrauensbasis bei Mitarbeitern und Kunden.

▷ Die folgenden sechs Grundsätze stellen die Leitlinien unseres Handelns dar. Sie sind die Basis für unsere Bereichskultur.

Grundsatz 1: Betätigungsgebiete, Geschäftsfelder

„Besser, als alles richtig zu machen, ist es, das Richtige zu tun."

Anbieten von Dienstleistungen und Produkten nur auf Anforderung des Kunden und hohem Nutzen-Potential für das Unternehmen. Die 90 %-Lösung mit Allgemeingültigkeit hat Vorrang vor der mit hohem Aufwand optimierten Einzellösung. Auf- bzw. Abgeben von Tätigkeitsfeldern bei geringem Nutzen für das Unternehmen, geringer Effizienz bei uns oder geringer Kundenbasis. Wir müssen uns generell auf die wichtigen Tätigkeitsbereiche beschränken und ständig prüfen, ob wir noch das richtige Dienstleistungsportfolio haben. Nutzung vorhandener Lösungen, wo immer möglich.

Grundsatz 2: Kunden

„Der Kunde ist König."

Auf Kundenwünsche sofort Feedback geben und unbürokratisch handeln. Kompromißlos konstruktiv sein. Niemals „Das gehört nicht zu meinen Aufgaben" sagen! Nichts versprechen, was wir nicht liefern können. Beim Kunden vor Ort sein. Persönliche Kontakte werden gerade im Zeitalter der elektronischen Kommunikation immer wichtiger. Den Kunden ständig fragen: „Was können wir für Sie tun?", „Sind Sie mit uns zufrieden?" Geduldig zuhören. Auf missionarischen Eifer verzichten.

Grundsatz 3: Expertise und Qualität

„Alles, was wir tun, muß erstklassig sein oder erstklassig werden."

Technisch und fachlich up-to-date sein, „Competence-center" sein oder werden. Aufbau des erwarteten Maßes an Expertise. Tätigkeitsfelder, für die das nicht gelingt, ab- oder aufgeben. Grundsätzlich gilt: Qualitativ bestmögliche und raschestmögliche Realisierung unserer Aufgaben unter Beachtung unserer Bereichsgrundsätze und Leitlinien.

Grundsatz 4: Mitarbeiter und Führungskräfte

„Förderer der Mitarbeiter sein, nicht deren Richter."

Schaffung eines positiven Arbeitsklimas. Führung über vorher vereinbarte Ziele und Erfolgskriterien. Übertragung von Verantwortung und Gewährung von Freiräumen für das Umsetzen der Aufgaben. Verzicht auf demütigende Kontrollen, Manipulation oder Zurückhaltung von Informationen.Weiterbildung im fachlichen und außerfachlichen Bereich wo erforderlich. Offenheit und Ehrlichkeit gegenüber Mitarbeitern; Vertrauen in Mitarbeiter setzen; Achtung und Respekt vor ihren Persönlichkeiten bekunden.

Grundsatz 5: Partnerschaften

„Kooperation statt Konfrontation."

Partnerschaftliche Beziehungen zu Kunden, zu anderen Stellen des Unternehmens und – mit der gebotenen Vorsicht – auch zu Lieferern. Ständiges Suchen nach neuen sinnvollen Partnerschaften. Eine Partnerschaft ist dann sinnvoll, wenn beide Seiten einen Nutzen aus der Zusammenarbeit ziehen. Wechsel von der gegnerischen zur partnerschaftlichen Beziehung auch mit traditionell feindlichen Gruppen.

Kompromißlose Integrität und Loyalität im Umgang mit unseren Partnern und Kollegen.

Grundsatz 6: Effizienz

„Es gibt nichts, was nicht noch effizienter erledigt werden könnte."

Mit dem geringstmöglichen Aufwand die maximale Wirkung erzielen (Hebelwirkung!). 80 % unserer Aufgaben können wir mit 20 % unseres Leistungsvermögens erledigen (Pareto-Prinzip[1]). Ständiges Suchen nach neuen Möglichkeiten zur Effizienzsteigerung (die Zwangsläufigkeit von Investitionen bei Rationalisierungsmaßnahmen durchbrechen), Nutzung verlängerter Werkbänke, Aufbau von Partnerschaften. Abgeben von Tätigkeiten, die andere effizienter erledigen können.

5. Aussagen zu wichtigen „Dauerthemen"

(Statt der expliziten Formulierung eines „Gesetzbuchs", ist es lohnender, sich auf der Basis von sechs Problemkreisen, die uns immer wieder begegnen, Verhaltens- und Vorgehensweisen für die Führungskräfte und die Mitarbeiter des Bereichs abzuleiten.)

Problemkreis Personalkapazität

- Personal und Investitionsmittel werden immer knapp sein.
- Typische, immer wiederkehrende Aussagen von Mitarbeitern sind:
  „Wir haben zuviel Arbeit!"
  „Wir stopfen nur noch Löcher, zu der eigentlichen Arbeit kommen wir nicht mehr!"
  „Wir können nichts mehr richtig tun!"
  „Die Kunden fordern immer noch mehr!"
  Und als Fazit: „Wir brauchen mehr Personal, sonst bewältigen wir unsere Aufgaben nicht!"
- Ebenso typisch dann der darauf folgende Dialog (M: Mitarbeiter; F: Führungskraft):

[1] Pareto, Vilfredo (1848–1923): Italienischer Nationalökonom und Soziologe

F: „Was könnten wir dagegen tun?"
M: „Mehr Personal einstellen."
F: „Mehr Personal einstellen können wir nicht, gibt es also eine Alternative?"
M: „Nein."
F: „Und was wäre, wenn wir uns z. B. konzeptionell etwas Neues überlegten?"
M: „Dafür haben wir keine Zeit; wir haben viel zuviel Arbeit, als daß wir jetzt Konzepte machen könnten."

Das ist etwa so wie die Antwort des Fahrradfahrers im folgenden Dialog, dessen Rad einen Plattfuß hat und das er schwitzend bergab schiebt:

„Warum flicken Sie nicht lieber den Plattfuß an Ihrem Fahrrad?" – „Für so etwas habe ich keine Zeit, ich muß schließlich sehen, daß ich vorwärtskomme!"

Unser Ziel muß sein, mit dem geringsten Aufwand die größtmögliche Wirkung zu erzielen.

Dies heißt konkret:

- Zurückziehen aufs Kerngeschäft. Verzierungen und Schnörkel weglassen.
- Sich mit der 80 %-Lösung zufriedengeben.
- Dezentrale operative Aufgaben, die Personaleinsatz vor Ort erfordern, aufgeben. Ersatzstrukturen aufbauen (z. B. Partnerschaften).
- Neue Formen der Zusammenarbeit suchen (z. B. virtuelle Teams oder Partnerschaften).
- Konzeptionell und organisatorisch die Voraussetzungen zur Delegation der Aufgaben schaffen.
- Keine Energie in Tätigkeitsbereiche stecken, die nicht unserem Kerngeschäft entsprechen.

Problemkreis Arbeitsqualität

So frühzeitig wie möglich muß der Kunde in unsere Arbeit einbezogen werden. Die Qualität unserer Arbeitsergebnisse und unsere Flexibilität auf Kundenwünsche bestimmen weitgehend unseren Erfolg.

Ein typischer Dialog (M: Mitarbeiter; F: Führungskraft):
M: „Die Qualität unserer Arbeit wird immer schlechter."
F: „Wer hat das festgestellt?"
M: „Ich."
F: „Sagen unsere Kunden das auch?"
M: „Nein, die haben noch nichts gesagt."
F: „Woran merken Sie es dann?"
M: „Früher hatte ich viel mehr Zeit für meine Arbeit und konnte alles viel sorgfältiger erledigen."

Qualität ist, was der Kunde für angemessen erachtet, und nicht, was nach unseren eigenen Kriterien für ideal erachtet wird.

Wir müssen

- die Meßkriterien der Kunden anlegen (diese sind nicht unbedingt die gleichen, die wir haben)
- uns von Zeit zu Zeit fragen, ob unsere Qualitätsansprüche noch realistisch sind oder ob sich Verschiebungen ergeben haben
- uns selbst die Meßlatte nur so hoch hängen, wie es der Kunde verlangt.

Problemkreis Image und Akzeptanz

Als Dienstleister werden wir immer auch unsachlichen Angriffen unserer Kunden ausgesetzt sein. Unsachliche Kritik ist verletzend und in hohem Maße demotivierend. Wir müssen daher lernen, damit umzugehen und vor allem durch die Verbesserung unseres Images den Angriffen vorzubeugen. Wer kennt nicht solche Kundenzitate:

„Von Euch kriegt man doch keine Lösungen!"
„Was tut Ihr eigentlich?"
„Ihr seid doch viel zu teuer!"
„Bei Euch dauert doch alles viel zu lange!"
„Ihr seid doch wie alle Zentralstellen: fett, faul und träge!"
„Ihr versteht unser Problem ja sowieso nicht!"

Zur Verbesserung von Image und Akzeptanz gibt es drei Möglichkeiten, die isoliert für sich nicht dauerhaft wirken und daher immer gleichwertig zu sehen sind: Werbung für die eigenen Leistungen machen (1), stärkeren Kundenbezug herstellen (2) und dauerhaften Wissensvorsprung sichern (3).

(1) Akzeptanz durch Werbung

Hierfür steht die ganze Palette von Möglichkeiten zur Verfügung, die wir von unseren Zulieferern her zur Genüge kennen (Informationsschriften, Präsentationen, Testinstallationen, elektronische Informationsverteilung, Kundentreffen, ...). Hierbei gilt es, die teilweise recht unterschiedlichen Sichtweisen der Zielgruppen zu berücksichtigen. Ziel muß sein, dem Kunden unsere Leistungsumfänge so transparent und geläufig wie möglich zu machen (seinen Bedarf zu wecken und auf unser Dienstleistungsportfolio zu fokussieren).

Die beste Werbung für uns ist aber die Qualität unserer Arbeit und die Geschwindigkeit, mit der wir die Lösungen liefern.

(2) Akzeptanz durch Kundenbezogenheit

Imageprobleme lassen sich durch eine noch stärkere Kundenbezogenheit lösen. Es gilt, die Kunden durch enge Partnerschaften in die Verantwortung einzubeziehen. Dadurch können wir auch neue Tätigkeitsbereiche erschließen und Projekte bearbeiten, die sonst unsere Kapazität überschreiten würden. Wir müssen bereichsübergreifende, wo nötig auch unternehmensweite Aktionsteams bilden (nicht zu verwechseln mit Arbeitskreisen, denn deren Arbeitsergebnisse sind „Empfehlungen“; Aktionsteams dagegen realisieren Aufträge im Rahmen von gegebenen Zielen). Der Kunde muß dazu eigene Mitarbeiter zur Verfügung stellen. Die Teammitglieder müssen räumlich nahe beieinander sein. Als Führungskräfte müssen wir die erforderlichen Ressourcen beschaffen, ergänzend notwendige administrative Maßnahmen ergreifen und dafür sorgen, daß es den Beteiligten Spaß macht, gemeinsam an dem Problem zu arbeiten.

(3) Akzeptanz durch Wissen

Die beste Hilfe für unsere Kunden sind wir dann, wenn wir ihnen qualifiziert Unterstützung bieten können. Dies können wir nur, wenn wir stets einen fachlichen Vorsprung haben. Hierzu gehört, daß wir neue Trends erkennen und rechtzeitig aufgreifen.

Was das Know-how anbelangt, müssen wir stets versuchen, „im Schaum der ersten Welle“ zu sein.

Problemkreis Kundenzufriedenheit

„Nach oben" werden nur die eskalierten Probleme sichtbar. Das Meinungsbild der Kunden wird hauptsächlich durch negative Vorgänge in Zusammenhang mit unserer Arbeit geprägt, was u. U. ein verzerrtes Bild von uns entstehen läßt. Die Kundenmeinungen müssen daher eine Steuergröße für unser Verhalten sein. Zur Kontrolle der Kundenzufriedenheit müssen wir systematisch jährliche Prüfungen vornehmen. Hierzu müssen für jeden unserer Tätigkeitsbereiche spezifische Fragebögen erstellt werden.

Wenn Kunden nicht genügend Aufmerksamkeit gewidmet wird, machen sie auf sich aufmerksam. Dies geschieht dann vor allem durch Beschwerden (da der Mensch von klein auf gelernt hat, daß man sich dann sofort um ihn kümmert).

Im Umgang mit Kunden müssen wir bedingungslose Integrität bewahren. Wir machen niemals vorsätzlich falsche Versprechungen oder verkaufen um des Umsatzes willen. Wenn wir keine optimale Lösung haben, sagen wir dem Kunden das und helfen ihm bei der Suche nach einer Alternative. Im Zweifelsfall verzichten wir eher auf Umsatz, als daß wir zweitklassige Lösungen verkaufen[1] .

Kunden sind nie zufrieden. Schweigen, das heißt, das Fehlen von Klagen, ist schon als Lob aufzufassen.

Wir müssen

- dafür sorgen, daß wir Know-how-Vorsprung haben,
- professionelles Dienstleistungsverhalten zeigen,
- den Kunden klar sagen, was wir für sie tun können (und was nicht),
- bereichsübergreifende (virtuelle) Teams bilden,
- regelmäßig Imageprüfungen durchführen,
- unseren Kunden ständige Aufmerksamkeit widmen.

Problemkreis Lieferer

Typische Dialoge (M: Mitarbeiter; F: Führungskraft):

M: „Ich brauche dringend personelle Unterstützung."
F: „Wir könnten den Lieferer damit beauftragen."

[1] vgl. Peters, T. (1988)

M: „Nein, sonst erhalten sie Einblick in die internen Abläufe und nutzen uns aus.

oder:

F: „Wir könnten mit dem Kunden zusammenarbeiten."

M: „Nein, Kunden dürfen nicht bei uns mitarbeiten, sonst werden wir zu sehr von ihnen gesteuert."

Wir müssen alle möglichen und sinnvollen Ressourcen nutzen, die uns bei der Erreichung unserer Ziele helfen können.

Wir müssen uns klarmachen, wer die wirklich wichtigen Partner sind, zu denen wir Beziehungen unterhalten. Mit diesen müssen wir enge Partnerschaften eingehen. Eine Partnerschaft ist nur dann sinnvoll, wenn beide Seiten einen Nutzen davon haben (mutual benefit). Verlust von Know-how oder Insider-Wissen sind dann von untergeordneter Bedeutung. Wichtiger ist die Frage nach dem Gesamtnutzen.

Problemkreis Mitarbeiter

Kooperativer Umgang miteinander und partizipative Entscheidungsfindung sind die wichtigsten Merkmale unserer Führungskultur.

Aber: Partizipativer und kooperativer Führungsstil kann manchmal nicht „a priori" gewährt werden. Es kann nötig sein, daß sich ein Mitarbeiter das Recht, partizipieren zu dürfen, erst erarbeiten muß. Voraussetzung hierfür ist, daß er die Gelegenheit dazu erhält. Dazu ist zunächst ein Vertrauensvorschuß zu gewähren.

Und: Es gibt Mitarbeiter, die mit diesem Führungsstil nichts anfangen können oder wollen.

Und: Es gibt Mitarbeiter mit übersteigerter Anspruchshaltung („Der Champagner könnte etwas kühler sein, und außerdem ist er mir zu trocken").

Dennoch: Es lohnt sich trotzdem den Führungsstil beizubehalten und auszubauen. Personal ist die wichtigste und kritischste Ressource, die wir haben, und sie bestimmt wesentlich den Erfolg unseres Bereichs. Es gilt, die Kreativität und Kompetenz der Mitarbeiter zu erkennen, zu fördern und sie optimal einzusetzen. Unterforderung durch zu geringen Handlungs- und/oder Entscheidungsspielraum ist ein häufiger Grund für Demotivation.

Nicht nur die Einzelleistung des Mitarbeiters ist letztlich wichtig, sondern auch sein Beitrag zum Gruppenerfolg.

Wir müssen

- dem Menschen in unserem Bereich die erforderliche Aufmerksamkeit widmen,
- dafür sorgen, daß es den Beschäftigten Spaß macht, bei uns zu arbeiten,
- vermeiden, daß uns Leistungsträger verlassen,
- Mitarbeiter über Zielvereinbarungen führen,
- Ziele und Aufgaben im Konsens vereinbaren.

Problemkreis Politik

Die Politik ist Sache der Führungskräfte. Mitarbeiter müssen zwar die Ursachen und Hintergründe verstehen, sie dürfen aber nicht ihre eigene Politik machen.

Wir müssen

- nutzlose politische Überzeugungskriege vermeiden,
- unternehmensinternen Auseinandersetzungen aus dem Weg gehen,
- bei allen schriftlichen Äußerungen von Mitarbeitern (Vorträge, Briefe, elektronische Medien) auf politische Verträglichkeit achten,
- Mitarbeiter vor öffentlichen Auftritten „briefen“,
- im Umgang mit anderen Abteilungen stets kompromißlos konstruktiv sein,
- traditionelle Feindschaften mit anderen Stellen beenden.

Dank

Dank gilt es all jenen zu sagen, die zu diesem Buch beigetragen haben:

Herrn Dr. Jan-Bodo Sperling, ohne dessen Anregung dieses Buch nie entstanden wäre, für seine Unterstützung während der Erstellung und seine einführenden Texte im Vorwort.

Meiner Kollegin aus dem Personalbereich, Ute Gärtner, für viele engagierte Diskussionen über die Rolle der Frau in der Industrie und für die Durchsicht der Manuskripte.

Der Firma Coverdale Team Management Deutschland GmbH, für die Erlaubnis zur Nutzung von Seminarunterlagen und die Genehmigung zur Darstellung eines Teils ihrer methodischen Ansätze zur Verbesserung der Teamarbeit.

Vielen, namentlich unerwähnt bleibenden Kollegen, Vorgesetzten und Mitarbeitern, die durch ihre Aussagen oder Verhalten den Stoff zu diesem Buch geliefert haben.

Etlichen Bewohnern des Tals von Diano Marina/Ligurien, für ihre Gastfreundschaft, Unterstützung und Hilfsbereitschaft während einiger langer und arbeitsreicher Tage.

K.H.M, deren Geduld ich nicht nur manchmal sehr strapaziert habe, für ihre dennoch gewährte Unterstützung und Nachsicht.

Literaturverzeichnis

Aburdene, Patricia; Naisbitt, John: Megatrends: Frauen. Düsseldorf (ECON) 1993

Akao, Yoji: QFD – Quality Function Deployment. Wie Japaner Kundenwünsche in Qualität umsetzen. Landsberg (Verlag Moderne Industrie) 1992

Bierich, Marcus: Ethik in der Wirtschaft. Aufzeichnung eines Gesprächs mit der Zeitschrift „Evangelische Kommentare", Ausgabe 1/1989

Blanchard, Kenneth; Johnson Spencer: Der Minuten Manager. Hamburg (Rowohlt) 1983

Bleicher, Knut: Organisation: Kundenorientierte Strukturen verstärken. Beitrag in IBM Nachrichten 41 (1991), Heft 304, S. 15–23

Bleicher, Knut: Organisation: Strategien – Strukturen – Kulturen. Wiesbaden (Gabler-Verlag) 1991

Bosch, Robert: Lieber Geld verlieren als Vertrauen, Beitrag zum Bosch-Zünder (Hauszeitschrift), 1. Jahrgang, Heft 2; 5.4.1919

Bresch, Carsten: Zwischenstufe Leben; Evolution ohne Ziel? München (Piper Verlag) 1977

Buckland, John A.: Total Quality Management in Information Services. Boston (QED Technical Publishing Group) 1992

Bühler, Charlotte: Psychologie im Leben unserer Zeit. München, Zürich (Droemersche Verlagsanstalt Th. Knaur Nachf.) 1962

Carter-Scott, Chérie: Negaholiker: Der Hang zum Negativen, Wege aus der Selbstblockade. Frankfurt/M. (Campus) 1990

Cringlely, Robert X.: Wie die Jungs vom Silicon Valley die Milliarden scheffeln, die Konkurrenz bekriegen und trotzdem keine Frau bekommen. Düsseldorf und Wien (Econ) 1992

Cusumano, Michael A.: Japan's Software Factories. Oxford (Oxford University Press) 1991

Davies, Stanley M.: Future Perfect. Reading (Addison Wesley) 1987

Dönhoff; Miegel; Nölling; Reuter; Schmidt; Schröder; Thierse; v. Weizsäcker, E.: Weil das Land sich ändern muß; Ein Manifest. Reinbek (Rowohlt) 1992

Drucker, Peter F. (1992): Die ideale Führungskraft. Düsseldorf (ECON) 1992

Drucker, Peter F. (1993): Die postkapitalistische Gesellschaft. Düsseldorf (ECON) 1993

Drucker, Peter F.: The coming of the new organization. Beitrag im Harvard Business Review 66,1 (1988)

Dumaine, Brian: The new non-manager managers. Fortune, S. 38–42, 22.2.1993

Einstein, Albert: Mein Weltbild. Frankfurt/M. (Ullstein) 1974, Erstdruck Amsterdam, 1934

Eyerer, Peter: Spurwechsel; Unternehmer und Professor überholen Konkurrenten. Freiburg (Haufe) 1989

Fisher, Roger: Gute Beziehungen, Die Kunst der Konfliktvermeidung, Konfliktlösung und Kooperation. Frankfurt/M. (Campus) 1988

Fuchs, Jürgen: Vom Taylorismus zum Organismus – wie Unternehmen leben lernen. Beitrag in IBM Nachrichten 42 (1992) Heft 308, S. 14–23

gfmt Verlags KG (Hrsg.): Lean Strategie, Wege zu mehr Effizienz in Produktentwicklung, Produktion, Service und Vertrieb, Tagungsbericht, gfmt-Verlag 1992

Hammer, Michael; Champy James: Business Reengeneering. Frankfurt (Campus) 1994

Handy, Charles: Balancing Corporate Power: A New Federalist Paper. Beitrag zu Harvard Business Review November – December 1992

Handy, Charles: The Age of Unreason. Boston (Harvard Business School Press) 1990

Henes-Karnahl, Beate: Kurs auf den Erfolg; Karriere-Strategien für die Frau im Beruf. Planegg/München (WRS Verlag) 1989

Helgesen, Sally: Frauen führen anders, Vorteile eines neuen Führungsstils. Frankfurt (Campus) 1991

Hilb, Martin (Hrsg.): Innere Kündigung, Ursachen und Lösungsansätze. Zürich (Verlag Industrielle Organisation) 1992

Höhler, Gertrud: Spielregeln für Sieger. Düsseldorf (ECON) 1993

Homann, Karl; Blome-Drees, Franz: Wirtschafts- und Unternehmensethik. Göttingen (Vandenhoeck und Ruprecht) 1992

Hoyer, Rudolf (Hrsg.); Kölzer, Georg (Hrsg.): Wirtschaftlichkeitsrechnungen im Bürobereich, Konzepte und Erfahrungen. Berlin (Erich Schmidt Verlag) 1987

Huda, Fahmia: Kaizen: The applicability of Japanese techniques to IT. Beitrag im Software Qualtity Journal 1, S. 9–26, London (Chapman & Hall) 1992

James, Barrie G.: Wirtschaftsmacht Japan – Das Trojanische Pferd. Freiburg (Rudolf Haufe Verlag) 1990
Khadem, Riaz; Lorber, Robert: Das MEMO-Management, Erfolg durch richtige Informationsarbeit. Reinbek (Rowohlt) 1988
Kieser, Alfred (Hrsg.): Handwörterbuch der Führung. Stuttgart (C. E. Pöschel Verlag) 1987
Kurtzig, Sandra: Die Chefin, Wie ich ein 400-Millionen-Dollar-Unternehmen aufbaute. Frankfurt (Campus) 1992
Lay, Rupert: Ethik für Wirtschaft und Politik Frankfurt/Main (Ullstein) 1991
Macharzina, Klaus: Leistungsmotivation in der Krise? Beitrag in IBM-Nachrichten 40 (1990), Heft 303, S. 7–15
Machiavelli, Niccolò: Der Fürst. Frankfurt (Inselverlag) 1990
Mackenzie, Alec: Die Zeitfalle. Heidelberg (Sauer-Verlag) 1991
Martiny, Lutz; Klotz, Michael: Strategisches Informationsmanagement. München (Oldenbourg) 1990
Meier, Bernd: Wettbewerb als Chance, Antworten auf die japanische Herausforderung. Köln (Deutscher Instituts Verlag) 1992
Merkle, Hans L. (1987): Führung durch Manager, Beitrag zum Handwörterbuch der Führung, Stuttgart (C. E. Pöschel Verlag) 1987
Merkle, Hans L.: Die Zukunft unserer Arbeitswelt, Vortragsmanuskript. Schwäbische Gesellschaft e.V. Stuttgart, 1983
Mill, John S.: The principles of political enonomy. New York, 1848
Miller, G. A.: The magical number seven, plus or minus two: some limits on our capacity for processing information. Beitrag zur Zeitschrift The Psychological Review 63, S. 81–97, 1956
Molcho, Samy: Körpersprache. München (Mosaik-Verlag) 1983
Naisbitt, John; Aburdene, Patricia: Megatrends 2000: Zehn Perspektiven für den Weg ins nächste Jahrtausend. Düsseldorf (ECON) 1990
Ogger, Günther: Nieten in Nadelstreifen; Deutschlands Manager im Zwielicht. München (Droemer Knauer) 1992
Otala, Matt: Lean Management, Lean R & D. Beitrag zum Tagungsbericht Lean Strategie, S. 49–57 (gfmt Verlags-KG) 1992
Peter, Lawrence J.; Hull, Raymon: Das Peter-Prinzip oder Die Hierarchie der Unfähigen. Reinbek (Rowohlt) 1970
Peters, Tom (1988): Kreatives Chaos, Thriving on Chaos, Hamburg (Hoffmann und Campe) 1988

Peters, Tom (1993): Jenseits der Hierarchien, Liberation Management. Düsseldorf (ECON) 1993

Porter, Michael E.: Competitive Strategy, Techniques for Analyzing Industries and Competitors, New York (The Free Press) 1980

Porter, Michael E.: Competitive Advantage, Creating and Sustaining Superior Performance. New York (The Free Press) 1985

Porter, Michael E. (1990): The Competitive Advantage of Nations. London (The Macmillan Press) 1990

von Rosenstiel, Lutz; Molt, Walter; Rüttinger, Bruno: Organisationspsychologie, 5. Auflage. Stuttgart (Kohlhammer-Verlag) 1983

Savage, Charles M.: Fifth generation management: integrating enterprises through human networking. Maynard (Digital Press) 1990

Scheer, A.-W.: Wirtschaftsinformatik. Informationssysteme im Industriebetrieb. Berlin (Springer Verlag) 1988

Schimansky-Geier, Dagmar: Womit Manager ihre Arbeitszeit verbringen. Office Management 4/1993

Schork, Erika: Eine Frau ist kein Mann. Die Grenzen der Emanzipation. München (Herbig-Verlag) 1977

Scott Morton, M. S.: The Corporation of the 1990s, Information Technology and Organisational Transformation. Oxford (Oxford University Press) 1991

Seitz, Konrad: Die japanisch-amerikanische Herausforderung, Deutschlands Hochtechnologien kämpfen ums Überleben. Bonn (Bonn Aktuell Verlag) 1991

Seiwert, Lothar J.: Managen Sie Ihre Zeit bewußt – so schaffen Sie mehr in weniger Zeit! Landsberg (Verlag Moderne Industrie) 1990

Siegel, Monique R.: Frauenkarrieren zwischen Tradition und Innovation. Führungsfrauen der Geschichte. Stuttgart (C.E. Pöschel-Verlag) 1989

Sprenger, Reinhard K.: Mythos Motivation, Wege aus der Sackgasse. Frankfurt (Campus) 1992

Steinbuch, Karl: Falsch programmiert, Über das Versagen unserer Gesellschaft in der Gegenwart und vor der Zukunft und was eigentlich geschehen müßte. Stuttgart (DVA) 1968

Steinmann, Horst; Löhr, Albert: Grundlagen der Unternehmensethik. Stuttgart (1991)

Strassmann, Paul A.: The Business Value of Computers. New Canaan (The Information Economics Press) 1990

Sveiby, Karl Erik; Lloyd, Tom: Das Management des Know-how, Führung von Beratungs-, Kreativ- und Wissensunternehmen. Frankfurt/Main (Campus-Verlag) 1990

Tannenbaum, A. S.: Social psychologie of the work organization. London (Belmont) 1969

Taylor, Frederik W.: The principles of scientific management. New York 1911

Taylor, Max: Coverdale On Management. Oxford (Butterworth-Heinemann) 1992

Topsoe, Flemming: Informationstheorie. Stuttgart (Teubner) 1974

Trauboth, Heinz: Handbuch der Informatik; Software-Qualitätssicherung: Konstruktive und analytische Maßnahmen. München (Oldenbourg) 1993

Warnecke, H. J. (Hrsg.): Nutzen, Wirkungen, Kosten von CIM-Realisierungen; Tagungsbericht zur 21. IPA-Arbeitstagung. Berlin (Springer-Verlag) 1989

von Weizsäcker, Carl Friedrich (1988): Bewußtseinswandel. München (Carl Hanser Verlag) 1988

von Weizsäcker, Carl Friedrich (1986 u. 1987): Die Zeit drängt; Das Ende der Geduld. München (Carl Hanser Verlag) 1986 und 1987

Wittlage, Helmut: Quantitative Personalbedarfsrechnung im Verwaltungsbereich von Unternehmen. Zeitschrift Führung und Organisation Ausgabe 4 (1994) S. 239–243

Womack, James P.; Jones, Daniel T.: The machine that changed the world. New York (Rawson Associates) 1989

Stichwortverzeichnis